KB274492

털어놓은 거꾸로 세상

한국경제신문

명(名)논객이 펼치는 대하 논픽션

거꾸로 털어놓은 세상

김덕중 지음

한국경제신문

청춘, 어디로?

웬 난데없는 청춘? 꼭 한번 쓰려던 주제인데 본문에서 놓쳐 서둘러 내 의견을 피력해볼까 한다. 어떤 판사가 대통령이 나라를 팔아먹었다고 비난했다지만, 요즘 내 눈엔 애꿎게도 청춘 팔아먹는 사람이 한둘이 아니다.

취직시험 준비에 지칠 대로 지친 사람들 붙잡아놓고 화려한 언사(言辭)를 늘어놓아 젊은이들을 최면에 빠뜨린다. 그들이 늘어놓은 이야기들을 채집해봤다.

말 그대로 무릉도원이 펼쳐지는가 하면, 일컬어 학벌 없고 배경 없는 청춘들의 가슴 속 상처들에 소금 뿌려 가며 같이 아파하는 척한다. 더 가증스러운 건, 이렇듯 가여운 청춘들을 앞세워 크고 작은 권력 쟁취에 나서고 있는 사람들이 나날이 늘어나고 있다는 점이라 할 만하다.

이른바 정치 교수, 곧 폴리페서들의 암수에 걸려들지 말아야 한다. 이들은 학교와 서울 여의도를 번갈아 오가며 청춘들을 상대로 교언영색(巧言令色)하는 게 시골 장터에 나타나 바람 잡던 약 장수를 연상케 한다.

'나꼼수'가 인기를 모으고 있는 세상, 또 연예 시장에서 낙오한 배우·코미디언들이 '희망버스'에 가득 실려 있는 세상은 결코 좋은 세상이 아니다. 차라리 대학생들이 대오를 지어 경무대(청와대 전신)로 향하던 4·19와 6·3의거, 혹은 피바다가 되었던 광주의 5·18행진 등에서 청춘들이 교훈을 얻는 게 득책이 될 걸로 판단된다.

누구 말마따나 청춘은 칼집 속에 든 시퍼런 칼날이다. 그 어느 세대보다 더 강력한 무기를 갖고 있다. 그건 곧 용기라 할 만하다. 여기에다 옛 현인들의 지혜가 담긴 서적들을 섭렵하고, 오래 참고 기다리며 자신의 힘을 비축한다면 그 빛나는 보검(寶劍)을 빼들 날이 반드시 오고야 말 것이다. 이른바 정치를 스스로 바꿔 놓으라.

장년층에게도 던져 주고 싶은 이야기가 있다. 직관력, 그리고 세상을 꿰뚫어 보는 안목을 기르란 것이다. 세상은 날이 갈수록 더 혼탁해질 게 뻔하다. 이런 맥락에서 내가 장장 5년 7개월에 걸쳐 세상의 먼지들을 한번 털어봤다.

'뉴미디어'란 월간지가 내게 기회를 줬다. 다달이 정치·경제·사회 세 부문으로 나눠 그달의 '이슈'들을 분석했다. 다소 많은 분량이라 역순(逆順)으로 편집했다. (2012년 1월─2006년 7월)

제한된 범위이긴 하지만, 월간지 독자들로부터 뜨거운 호응을 얻었다. 그 발행인의 양해 아래 우선 책으로 꾸몄다. 흥미 있는 항목부터 이곳저곳 들춰 읽는 것도 좋겠다.

행여 이미 지난 얘기들이라 재미없을 것이라고 지레짐작하면 큰 후회(?)를 남기게 될 것이다. 나는 가령 조선왕조 승정원 일기를 쓰듯 역사적 사건들을 깊이 있게, 또 흥미롭게 재해석해 놓으려 애썼다.

이부영(李富榮)의 노래

임진년 새해 벽두부터 세상이 또 떠들썩하다. 김정일 이후의 북한 모습을 놓고 백가(百家)가 쟁명(爭鳴)하고 있지만, 정작 김정은의 왕사(王師)라는 장성택 자신도 지금 큰 그림 그리기에 진땀을 흘리고 있을 법하다.

남쪽에선 하필 이런 때에 권력투쟁 2개 라운드가 펼쳐진다. 의회가 새 판을 짜게 되고 뉴 페이스 대통령이 등장한다.

제발 경기가 차분하게 진행되면 좋으련만 낌새가 수상쩍다. 천둥소리 요란한 가운데 뇌성벽력도 곁들여질 전망이다. 내가 늘 하는 소리이지만, 관중이 똑똑해야 한다.

노상 잘못 뽑아 놨다고 뒤늦게 한숨 짓던 추태(?)는 마감되어야 할 것이다. 국민 모두가 공부해야 할 필요가 있다.

모든 이들을 안타깝게 한 김근태의 죽음을 바라본 이부영의 심경은 어떤 것이었을까? 차마 묻지 못했다.

그 역시 목숨 걸고 독재에 맞서 민주화 운동을 한 장본인이다. 오죽했으면 자식들을 학교에 보내지 않았다.

"이런 세상에서 뭘 배우겠나?" 그때는 그가 너무 야멸차 보이더니 이젠 연민의 정(情)으로 다가온다.

그가 마지막 노래를 부르고 싶은 모양이다. 어떤 곡조일까?

그 노랫소리를 듣고 싶다.

장문의 책을 출간하느라 애써준 한경BP 편집진에게 감사드린다.

2012년 2월

김덕중 씀

거꾸로
털어놓은
세상 | 차례 |

프롤로그 1 | 청춘, 어디로?

프롤로그 2 | 이부영(李富榮)의 노래

| 제1부 | **판사와 승려**

- 끝남 뒤엔 새로운 희망이 ____ 014
- 폴리페서가 득실거린다 ____ 020
- '도가니'를 향한 두 개의 잣대 ____ 025
- 대통령의 노래, 민초의 노래 ____ 031
- 참을 수 없는 가벼움 ____ 037
- 낙수 효과만 기대할 것인가 ____ 041
- 통치력의 빈곤을 한탄한다 ____ 045

■ 저축은행 사태에 엮인 부정들 _____ 051

■ 부끄러운 3류 정치 _____ 055

■ 종교가 정치를 압박하다 _____ 060

■ 선진국 문턱의 노인 자살률 _____ 065

■ 미래 권력의 콩밭에 있는 정치가들 _____ 071

■ 김정일의 노림수 _____ 077

■ 새는 양 날개로 난다 _____ 083

■ 북한의 3대 세습을 바라보며 _____ 089

■ 기아차의 무파업을 축하한다 _____ 095

■ 차이완의 시대 _____ 101

■ 구로디지털단지의 컬처노믹스 _____ 105

■ 외교의 기술 _____ 109

■ 선진국 콤플렉스에서 벗어나라 _____ 113

■ 춘래불사춘 _____ 117

| 제2부 | **물신주의 망령**

■ 박근혜의 기묘한 정치 행보 _____ 124

■ 반대를 넘어 대안 제시로 _____ 130

■ 재벌에도 순기능이 있다 _____ 136

■ 군산, 상전벽해의 도시 _____ 142

■ 기형 헌법은 개정되어야 한다 ____ 146

■ 벗과 라이벌 ____ 152

■ 우리 정치의 중도 ____ 158

■ 북한 디스카운트와 안전 불감증 ____ 164

■ 사돈이 땅을 사면 ____ 166

■ 이회창은 세월을 낚았을까 ____ 172

■ 절망 속의 희망 ____ 176

■ 언론, 언론인의 자존심 ____ 180

■ 소의 꼬리보다 닭의 머리 ____ 186

■ 종부세를 다시 보자 ____ 192

■ 찰나의 인생 ____ 196

■ 철학이 있는 정치 ____ 202

■ 서울대 타령은 이제 그만 ____ 206

■ 민주 사회에서 언론의 몫은 뭔가 ____ 212

■ 리더십의 빈곤 ____ 214

■ 표현의 자유에도 원칙이 있다 ____ 218

■ 투표장에 가지 않은 이의 변명 ____ 222

| 제3부 | **서울 종로의 정치학**

■ 종로의 빅 매치 ____ 228

■ 왜인이 왜 조선말을 하누 _____ 232

■ 오만은 필경 재앙을 부른다 _____ 236

■ 이건희 신경영의 시험대 _____ 240

■ 언론의 말 바꾸기 _____ 246

■ 손학규 패착의 출발점 _____ 252

■ 선정 보도가 알 권리를 위해서라고? _____ 258

■ 논쟁에도 품위를 갖춰야 한다 _____ 264

■ 정치 원로들의 신사도를 배워라 _____ 269

■ 노조원의 푸른 머리띠 _____ 275

■ 호랑이보다 무서운 세금 _____ 281

■ 얼마면 될까요 _____ 285

■ 정치엔 낭만 같은 게 좀 있어야 해 _____ 289

■ 열린 보수, 닫힌 경제 _____ 293

■ 모피아가 무엇일까 _____ 297

■ 아직도 제조업을 하십니까 _____ 301

■ 야당의 한 길을 걸은 정치인 _____ 305

■ 북핵 소동으로 여론이 들끓는다 _____ 309

■ 한국 경제 밑지는 장사 했나? _____ 315

■ 노병은 죽지 않는다 _____ 319

■ 김우중의 휴머니즘 _____ 324

제 1 부

판사와 승려

끝남 뒤엔 새로운 희망이

2012년 1월

법륜(法輪)의 정치

좀 결례되는 말이긴 하지만, 법륜 스님의 정체(?)를 잘 모르겠다. 중의 복장을 하고 다니는데, 지금 승적(僧籍)도 없다 하고, 언제 어느 곳에서 사미계를 받았는지는 물론 어떤 고승(高僧)으로부터 가르침을 받았는지 등 나로선 궁금한 게 너무 많다. 그저 세상에 하고많은 승려들 가운데 한 사람이려니 하다가도, 그가 빈번히 매스컴에 오르내리는 가운데 일컬어 킹 메이커로 나서 안철수 신당을 추진한다는 보도(報道)까지 나온 마당에선 한마디 안 할 수 없게 되었다. 지금 나는 칠순을 눈앞에 두고 있지만, 그는 아직 세속 나이 50대인 걸로 알고 있다.

법륜, 그는 중의 길이 어떤 것인지를 알고 있는가? 혹시 그의 법계(法界) 대선배 효봉(曉峰)의 일화를 들어 본 적이 있는가? 이 어른이 얼마나 치열한 중의 삶을 살았는지….

그는 본디 법관(法官)이었다. 왜정(倭政) 당시 일본 고등문관시험 사법과에 합격했다. 조선인은 이태에 고작 네댓명을 뽑았다.

타고난 천재가 아니면 엄두도 못 낼 일이었다. 친일파(親日派)라고 몰아세울 셈인가?

가당치도 않은 이야기다. 그들은 늘 피가 끓고 있었다고 한다.

어찌 하면 억울한 조선인 피고를 한명이라도 더 구출해 낼 것인지, 어떻게 해서 조선인 재산이 약탈되지 않도록 할 것인지…. 조선인 법관 모두가 사실상의 독립 운동을 했음이 여러 자료들에서 밝혀진 바 있다.

효봉은 평양 복심(覆審)법원의 판사였다. '노블레스 오블리주'를 실천이라도 하듯 그는 늘 청빈 속에 살았고, 무슨 청탁 같은 걸 친지가 하면 그들과 의절해 버렸다고 한다.

냉혹한 사람이란 비난도 받았지만, 그는 묵묵히 성직자처럼 살았다고, 지금은 다 타계한 그의 후배 법조인들이 증언하는 걸 들은 적이 있다. 왜 그가 중이 되었는지, 또 어떤 승려의 길을 걸었는지를 다음에 압축해 본다.

효봉은 어느 날 자신의 판사 집무실에서 명상에 잠겨 있다가 화들짝 놀란다. 몇 달 전 사형 선고를 내린 사람이 기실(其實) 살인한 건 아니었음을 깨닫는다. 허둥지둥 형무소로 달려 갔다. 형(刑)은 이미 집행된 뒤였다.

그는 넋을 잃고 몇달 며칠을 떠돌아 다닌다. 평양판사 실종! 마침내 금강산 작은 암자에서 발견된다. 가족들에게 그는 선언했다. 속가(俗家)의 인연이 끊어졌다고…. 법륜 스님, 그는 중의 도(道)가 어떤 것인지를 새삼 성찰해 봐야 할 것이다.

FTA와 법관

한·미 FTA(자유무역협정) 체결을 둘러싸고 또 한바탕 나라가 시끄럽다. 나는 이 협정 전문을 읽어 본 적이 없다. 신문이나 방송, 하다못해 요새 새로 나온 종편 채널들이라도 이걸 좀 와이드 특집으로 다뤄 한국 측 득실관계를 소상히 밝혀 주면 좋으련만 아직 그런 곳을 못 찾아 봤다. 기껏 방송 토론에 여·야 의원 한 명씩에 대학교수 둘이 나와 갑론을박을 벌이지만 요령부득이긴 마찬가지다. 이런 판에 난데없이 몇몇 법관들이 끼어들어 뼛속까지 친미(親美)인 대통령과 통상 관료들이 나라를 팔아 먹었다느니, 왜 법관에겐 표현의 자유를 안 주려 하느냐는 둥 소리를 질러대 대다수 국민들을 어리둥절케 하고 있다.

이 사람들이 과연 FTA전문을 샅샅이 훑어 보고 나서, 또 따로 공부도 좀 열심히 하고 난 뒤 이렇듯 목청을 높이고 있는 건지, 자못 의문이다. 대저 자유민주주의 국가 간 협정체결이란 건, 대통령이 먼저 결단을 내린 걸 의회가 추인함으로써 이뤄지는 것이다.

의회는 물론 다수결원칙에 따라 투표를 통해 비준 여부를 결정짓게 된다. 왜 이런 상식적인 이야기를 되풀이하고 있는 것인가?

혹시 급진 진보주의자들, 더 나아가 광범위한 의미의 좌파 세력들이 또다시 촛불 켜 들고 거리로 나서 반대의 뜻을 나타낼 순 있을 것이다. 이른바 표현의 자유 행사라 할 만하다.

그러나 행정·입법부가 한 일을 사법부가 용훼한다? 또 그 구성원인 판사란 사람들이 언필칭 표현의 자유를 내세워 대통령을 포함한 행정부를 능멸하는 건 상식 밖의 일이다. 그것도 SNS란 신형 흉기를 통해…?

애시당초 물의를 일으킨 인천지법 부장판사의 말마따나 공무원에게도 표현의 자유는 부여되어야 할 것이다. 그러나 법관이 가령 주민센터 직원처럼 예사로운 공무원인가?

늘 하는 말이지만, 법관은 국민의 재산과 인신(人身)을 헌법과 실정법, 또 그 양심에 따라 보호하는 막중한 권리이자, 의무를 지니고 있는 사람이다. 비단 FTA 경우만이 아니다. 개인 차원의 표현의 자유는 스스로 유보할 필요가 있다.

걸핏하면 구미(歐美)의 사례를 들먹이는데, 그 또한 뼛속 친미(親美)가 아닐는지 모르겠다. 무엇보다 국민 정서가 중요할 터이다.

ISD(투자자·국가소송제도) 문제는 정부 측에서도 재협상할 의지를 밝혔으니 더 좀 기다려 볼 일이다.

에필로그란?

에필로그란 단어엔 끝맺음 말이란 단순한 의미 외에 매우 깊은 또 다른 뜻이 함축돼 있다.

제왕신(帝王神) 제우스는 프로메테우스를 암벽에 묶고, 독수리들로 하여금 그의 간을 쪼아 먹도록 했다. 그가 인간세계에 불을 훔쳐다 준 걸 응징한 것이다.

불을 이용하게 된 인간들이 당초의 순박성(淳朴性)을 잃고 교만해

지자 제우스는 또다시 보복에 나선다. 판도라란 이름의, 자신이 빚어 낸 여인에게 상자 한 개를 들려 사람들 사이에 나타나게 한다.

결코 개봉하지 말라는 엄명을 어기고 상자를 열어 젖히자마자 별의별 종류의 사악(邪惡)한 기운, 곧 인류 불행의 씨앗들이 줄줄이 쏟아져 나왔다. 인간들이 공포에 질려 넋을 잃고 있는 가운데 구원자가 나타났다.

에피메테우스다. 프로메테우스의 아우라는 설(說)도 있다. 그가 버려진 상자 속에서 뭔가를 꺼내 들었다.

아, 그건 이름 하여 희망이란 것이었다. 이로써 사람들은 불행의 고초를 겪으면서도 늘 희망의 끈을 놓지 않게 되었다.

다시 에필로그로 돌아와, 끝남 뒤엔 새로운 희망이 움트고 있음을 우리는 이 단어에서 터득하게 되는 것이다.

외경(畏敬)의 선배, 성의경 발행인이 현업에서 마침내 은퇴한다고 한다. 대하(大河)처럼 긴 언론인 생애였다.

불굴의 의지를 지닌 그는 이게 끝남이 아님을 선언했다. 아마도 원래의 전공 학문 철학(哲學)을 되짚어 연찬, 그 심오한 콘텐츠를 세상에 펼쳐 보여 줄 걸로 기대된다. 나는 지금껏 월간 뉴미디어에 장장 5년 7개월에 걸쳐 '김덕중 시사칼럼'을 연재해 왔다. 모르긴 하되, 한국 잡지역사에 신기록으로 남을 듯하다.

독자들에게 뭘 전달했다기보다는 나 스스로 공부를 많이 한 듯하여 오히려 사의(謝意)를 표시해 두고 싶다. 연재 도중 본의 아니게 특정인물들에게 상처 같은 걸 안겨 준 건 없는지 되돌아 보게 된다.

또 내가 무지(無知)의 소치로 사실관계 등을 오해한 부분도 있을

지 모르겠다. 천학비재(淺學菲才)의 몸에게 오래 기회를 준 발행인, 오래 읽어 준 강호제현(江湖諸賢)께 감사드린다. 나도 이게 끝이 아님을 말해 둔다. 쉼 없이 공부를 계속, 내실(內實) 있는 사회평론집 한 권을 더 상재(上梓)해 볼 계획이다.

폴리페서가 득실거린다

2011년 12월

교수(敎授) 정치

좀 부담되긴 하지만, 잠시 내 선친 이야기를 하면서 이번 칼럼의 문을 열어 보고 싶다. 이 어른이 아직 40대 시절, 그러니까 지방의 한 대학 교수로 재직, 헌법과 상법 등을 강의하고 있던 무렵이었다.

췌언 한마디 덧붙이자면, 그는 이른바 학벌도 좋았고, 또 연구도 열심히 해 중앙의 여러 대학에서 스카웃 손길이 뻗쳐지곤 했었다. 당시로선 매우 드물게 지방 교수로서 사법시험과 행정고시 시험위원을 오래도록 역임했다.

"서울로는 안 간다. 시끄럽고, 또 아귀다툼하는 모습들이 싫다." 이런 터에 어느날 갑자기 중앙의 한 고위층이 그에게 도지사를 할 생각이 없느냐고 물어 왔다. 고위층은 그의 대학 선배였다. 나중 장관을 할 수도 있다고 첨언했다고 한다.

하루 한나절을 고심한 끝에 김용태 전북대 교수는 출세의 길을 포기했다. "학문 하는 사람이 뒤늦게 외도할 순 없다."

내 아버지 같은 분은 몰라서 그렇지, 그 뒤로도 제법 많았다. 세월이 한참 지나 고려대 총장을 한 김준엽 교수는 정권이 바뀔 때마다 국무총리직 제의가 들어 왔지만 다 거절한 걸로 알려져 있다. 한국 노동법의 1인자로 꼽히던 심태식 경희대 교수도 여러 차례 노동청장 자리를 거부했다. 그 대신 그는 도하(都下) 유력지의 사설을 썼다. 명문이라는 칭송이 자자했다.

이런 교수 사회의 분위기를 깬 사람이 다름 아닌 황산덕이다. 그는 서울대에서 오래 형법을 강의한 인물이다. 뛰어난 실력과 인품으로 제자들의 찬사를 한몸에 받았다고 한다. 그런 그가 변절(?)을 했다.

박정희 정권의 법무ㆍ문교장관을 지냈다. 그의 어떤 제자는 이렇게 말했다. "황산덕은 그때 이미 죽었다. 안타깝기 짝이 없다."

교수 출신 장관 가운데 둔마(鈍馬)라는 별칭이 붙은 사람도 있었다. 박정희 대통령 면전에서 둔마처럼 일하겠다고 맹세했다고 한다.

상전벽해(桑田碧海)라더니, 요즘엔 언필칭 폴리페서가 득실거린다. 그들 대부분이 장관 하다가 나오면 그날로 교수직에 복귀한다. 마냥 휴직이 받아 들여져 학생들만 불이익에 빠진다.

가령 안철수 교수도 이런 특혜 속에서 그 나름의 정치 저울질에 분주한 듯한 모양새다. 결론적으로 이들 정치교수들은 학계에서 퇴출되는 게 마땅해 뵌다. 대학생들이 들고 나서야 할 듯싶은데, 데모 잘 하는 그들이 왜 침묵하고 있는 건가?

한국 정치의 또 다른 누추한 모습이다.

보수언론의 궤변

동반성장위원회가 모두 합쳐 25개 품목을 중소기업 적합업종으로 선정한 것과 관련하여, 한 보수 성향 신문이 그 사설을 통해 맹공을 퍼부었다. 나도 신문 사설깨나 써 본 사람으로서 참 어이가 없었다.

사설은 본디 해당 신문의 사시(社是)에 입각, 주관적 의견을 피력하는 것이기에 독자에 따라 찬성하기도, 또 거부감을 일으키기도 한다. 따라서 신문 사설은 논리정연해야 함은 물론 사실 왜곡이나 억지 주장 같은 걸 펼쳐선 안 된다. 신문의 공신력에 자칫 치명적 훼손이 따르게 될 수도 있기 때문이다.

이런 맥락에서 내가 읽은 사설은 논리가 빈약하기도 하거니와, 말하자면 그 검은 속내를 끝내 감추는 데에 실패했다. 일방적으로 대기업 옹호에 나선 꼴이 되었다.

당초 중소기업 적합업종 선정은, 시장경제란 낡은 깃발 아래 대기업들이 모든 사업 분야에 무차별 진입, 작은 기업들의 도산을 불러온 걸 좀 광정(匡正)해 보자는 취지에서 시작되었다 할 만하다. 그런 뒤로 불황에 직면, 대기업 투자가 축소되면서 그 미봉책의 하나로 중소기업 고유업종이란 것 자체를 정부가 흐지부지 없던 일로 해 버리기에 이르렀다.

요즘 상황이 어떠한가? 대기업들이 별의별 군소 업종들에 다 발을 뻗어 일컬어 중소기업 생태계가 초토화했다는 비명 소리가 나온 지 오래다.

이로써 동반성장위원회의 이번 중소기업 적합업종 선정은 오히려 때 늦은 느낌이 있다. 이런 사정에 눈 감고, 신문 사설은 겨우 한

가지 사실을 들춰 내 동반성장위를 압박했다.

소수의 외국기업들이 해당 업종에 침투한 걸 과대 포장, 대기업이 이에 맞서야 할 것처럼 주장했다. 또 어처구니 없는 논리 한 가지—. 발광다이오드(LED) 조명의 경우 중소업체 규모가 대부분 종업원 대여섯명 정도에 불과해 보호할 가치가 없는 듯 요설을 늘어 놓았다.

가까운 장래에 저절로 소멸될 게 뻔하니까 차라리 대기업에 흡수시키자는 듯한 막말도 나왔다. 대기업 사람들이 누구라고 전국의 영세업체들을 책임질 것 같은가? 더 좀 발전적으로 생각할 순 없는 건가? 가령 중소기업청 같은 정부 기관이 적극적으로 나서 통합 작업을 펼칠 수도 있을 터이다. 시장경제 타령을 반복하고 있는 것도 이젠 너무 고루해 뵌다. 월가(街) 점령, 또 서울 여의도 점령이 안 보이는가? 미구(未久)에 전경련 점령도 나올 판이다.

고집과 질투

오래도록 우리 사회의 전도(前途)를 가로막고 있는 암초 같은 게 둘 있다. 그 하나가 고집(固執)이다. 가령 해방 전후에 쏟아져 나온 고집들을 들춰 보면 현기증이 날 정도다.

공산주의, 또 그 아류인 인민민주주의 깃발을 든 사람들은 목숨 걸어 놓고 그 기치(旗幟)를 내려놓지 않았다. 이런 고집은 결국 북녘의 김일성 정권 수립에 도움되었을 뿐 당사자들은 포말(泡沫)처럼 역사 뒤로 사라져 갔다.

재일(在日) 사상가 박렬(朴烈)은 무정부주의를 들고 나왔다. 러시아 일각에서 흘러 나온 아나키즘을 흉내 낸 것이었는데, 동조자가 많지 않아 금방 소멸되었다. 일황(日皇) 암살사건에도 연루되었던 그의 고집은 죽음 직전까지도 철회되지 않은 걸로 알려져 있다. 이런 가운데 이승만(李承晩)의 반공(反共) 고집은 가령 조봉암(曺奉岩) 같은 진보주의자의 희생을 불러 오고, 남북 간 냉전체제를 고착시켜 놨다.

근자의 여·야당 간 고집 충돌도 국민을 혼란 도가니로 몰아 넣었다. 한·미 FTA(자유무역협정)를 매국(賣國) 운운한 고집은 아무래도 그 정서가 좀 불안해 보인 게 사실이다.

이렇듯 한국인 DNA에 관습화한 고집은 도무지 양보와 양해란 걸 끌어 내지 못하고 있다. 암초의 또 다른 하나는 질투의 범람이라 할 만하다. 여기에 웃지 못할 일화가 있다.

40년 가까이 친우 관계를 유지해 온 사람이, 갑자기 얼굴이 샛노래졌다. 타방(他方)의 아들이 좀 어려운 신문기자 시험에 합격했다는 이야기를 듣자마자다.

경악할 만한 건, 외국에서 오래 떠돌다 온 지기(知己)란 사람도 밥숟가락을 떨어뜨릴 만큼 놀란 채로 침묵 속에 빠져든 것이었다. 말 그대로 독성(毒性) 질투였다.

심리학에서 말하는 질투의 본래 의미는 애정관계에서 출발한 것이라고 한다. 일컬어 남녀 3각관계에서 파생되는 게 질투의 전형이라 할 만하다.

경위가 이러하고 보면, 한국인들의 질투는 심리학 족보에도 못 들어가는 품질(?) 낮은 투기심 쯤으로 정리될 만하다. 나는 선언한다. 투기도 물론 안 하려니와, 그 투기를 받아도 묵살할 작정이다. 나와 같은 사람이 늘어나 한국사회가 더 좀 성숙되어 나아갈 걸 기대한다.

'도가니'를 향한 두 개의 잣대

2011년 11월

정치 과잉의 물결

한국처럼 정치가 늘 철철 넘쳐 흐르는 나라도 그다지 많지 않을 것 같다. 장삼이사(張三李四)는 물론 갑남을녀(甲男乙女)도 일년 열두달 정치 이야기로 달이 지고, 날이 샌다.

이들의 변덕 부리기도 가위 타국(他國)의 추종을 불허한다. 가령 지자체 선거의 경우를 보면 그 재·보선까지 합쳐 거의 1년 단위로 지지 정당을 바꿔치기함으로써 패배 정당 측 사람들의 얼굴을 누렇게 뜨게 만들기 일쑤다. 더 심각한 건, 이렇듯 경박한 유권자들을 겨냥한 비판의 목소리가 전무하다는 점이라 할 만하다.

그저 민심이 천심이라커니, 또 한편으로 국민들의 매서운 채찍이라는 둥 경조부박한 표심들에 아첨하기 바쁘다.

나는 이름 하여 생각 없는 유권자들에게 경고해 두고 싶다. 자신들이 가령 개구리에게 무심히 던지는 돌이 곧 당사자에게 되돌아와, 이를테면 한국 정치를 하류 수준으로 떨어뜨린다는 걸 깨우쳐야 할 필요가 있다.

지금 나는 기성 정치권을 변호하고 있는 게 아니다. 오래도록 국민들 사이에 퍼져 있는 정치 과잉의 폐해를 지적하고, 또 공부 안 하는 무책임한 표심들이 낳고 있는 정치 아노미 현상에 우려를 표시하고 있는 것이다.

일개 자연과학 전공 교수를 대통령으로 만들자는 사람들에게 묻고 싶다. 그가 혼탁한 세상에 홀연히 나타난 메시아쯤으로 보이는가? 혹시 그가 대권을 잡으면 나라가 온통 '안철수 연구소' 처럼 부유해질 걸로 판단되는가?

만의 하나라도 그가 내년 대통령 선거에 나선다면, 그는 그 길로 자신의 모든 것들을 잃게 될 개연성이 짙다. 벤처 CEO의 명성도, 어렵게 얻은 서울대 대학원장 자리도….

선거에서 이길 공산이란 제로에 가깝다는 얘기이다. 민심이 정치권의 총공세로 말미암아 표변할 것이 어렵지 않게 내다 뵌다.

비록 안철수 바람을 등에 업었다곤 하지만, 시민운동가 박원순의 정치권 등장엔 상대적으로 거부감이 덜하다. 그가 영리하게도(?) 제1야당과 손을 잡았기 때문이다. 이로써 서울시장 선거는 제도권 대 비제도권 싸움이란 파행에서 벗어났다. 한국 정치사의 발전과 관련하여 그나마 천행이라 할 만하다.

신임 시장은 일컬어 중우(衆愚)정치의 유혹에서 꼭 벗어날 걸 촉구해 둔다. 국민들의 정치적 수준 제고(提高)의 필요성도 아직 남아 있

다. "생각하는 백성이라야 산다." 함석헌(咸錫憲)의 사자후(獅子吼)는
아직도 유효하다.

관료의 현학(衒學)

김영삼 정부 말기 시절, 나라가 이른바 외환위기에 몰리고 있었을
적의 일이다. 한국은행 금고에 남은 달러가 곧 동이 날 지경이었다.

　이런 판에 경제부총리, 또 청와대 경제수석비서관이 국민들의 염
장을 지르는 말을 했다. 아직 한국경제 펀더멘털은 양호하다 운운하
면서 선진국들로부터의 달러 추가 차입이 금방 이뤄질 것처럼 말 그
대로 헛소리를 한 것이다.

　결과는 다들 아는 바와 같다. IMF(국제통화기금) 신탁통치가 과도
하리만큼 국민들의 삶을 쥐어짰다. 이 무렵부터 사람들은 언필칭 펀
더멘털, 더 나아가 구미(歐美)지역 경제용어들에 적개심을 갖게 되었
다고 나는 본다.

　더 좁혀 말하자면, 관료들의 현학적(衒學的) 제스처에 불쾌감이 따
르게 되었다는 이야기이다.

　이런 국민정서를 아는지, 모르는지 요즘 또다시 경제학 전공자나
알아들을 선진(?) 경제용어들을 입 밖에 내는 경제관료들이 늘어 나
고 있다. 이런 가운데 더 두드러지는 게 박재완 기획재정부 장관의
무신경이라 할 만하다.

　그는 좀 뚱딴지 같이 일컬어 노시보(Nocebo) 효과란 걸 얘기했다.
그 반대 개념의 플라시보 효과란 것도 암시했다.

　전자는 해악을 입힌다는 라틴어(語)에서 따 온 것이라고 한다. 약

효 없는 약을 먹게 한 뒤 두통을 일으키는 약품이라고 말하면, 그에 속아 실제로 머리가 아프게 된다는 뜻이라고 관련 사전에 나와 있다.

후자는 가짜 약으로 치료효과를 거두게 된다는 것이라고 한다. 요컨대 요즘의 유럽 경제위기와 관련하여 증시(證市) 등 국내 시장이 지나치게 민감한 반응을 보이는 걸 은유적으로 비판한 걸로 풀이됨 직하다.

박재완 장관 본인으로선, 가령 경제란 것이 사람들의 심리상태에 따라 요동치는 걸 강조하려다가 노시보, 또 플라시보 이론이란 걸 무심코 들춰냈을 만하다. 그러나 이건 매우 경솔한 냄새를 풍긴다.

관료는 늘 앞서 말한 바, 무슨 이야기든 시작하기 전에 국민정서란 걸 살펴봐야 할 필요가 있다.

옛날 강경식 부총리가 법정에서 진술하면서 그 지겨운 펀더멘털이란 걸 또 꺼냈다가 재판장으로부터 호통을 들었다고 한다. "국민 모두가 알아 듣게 얘기하라." 그는 풀려 나왔지만, 아직껏 아무도 그를 동정하지 않는 건 정책판단 착오도 착오이지만, 그의 그 현학적 제스처 때문은 아닐까?

사법부의 위기

청각장애 학생들을 담당 교사란 작자들이 지속적으로 성폭행해 온 사건과 관련하여, 법원이 그 대부분의 피고인들에게 집행유예 판결을 내렸다는 사실이 하필 '도가니' 란 제목의 영화를 통해 재조명되면서 뭇 사람들의 분노를 일으켰다. 해당 재판부는 뒤늦게 가해자와 피해자 간 합의가 있었음을 양형(量刑)에 참작했다고 변명을 늘어놓았다.

이게 말이 안 되는 것이, 그렇다면 왜 당시 젊은 관여 검사가 선고를 듣는 순간 온몸의 피가 거꾸로 솟았다고 증언하고 있는가? 가해자 측 변호인과 재판장 사이의 그 무엇인가를 암시하고 있는 건 아닌가? 합의 운운했지만, 이런 인면수심의 사건에 합의란 게 가당키나 한 이야기인가? 또 피해 학생들이 거의 다 빈곤층이었고 보면, 그 합의란 게 순수성을 잃고 있었음을 유독 사법부 측만 모르고 있었단 말인가? 양승태 신임 대법원장이 이례적으로 이 사건 판결 내용에 유감의 뜻을 나타냈지만, 지금 사법부는 일대 위기에 봉착해 있다. 나는 이 위기의 실체가 법관들의 현저한 자질 하락에 놓여 있다고 믿는다. 헌법상 법관은 법률과 양심에 따라 재판하는 걸로 되어 있다.

법률과 양심, 양자(兩者) 모두에 문제가 있어 뵌다. 본디 법률이론이란 난해하기 짝이 없다. 이건 법률의 속성(屬性)이다. 누만(累萬)의 사건들이 법률을 기다리고 있는 까닭이다.

따라서 법관은, 그가 설령 대법관일지라도 사건을 앞에 놓고 법리(法理) 탐구에 혼신의 노력을 기울여야 한다. 요즘 사법부에 공부하는 분위기가 없어 뵌다고 재야의 원로 법조인들이 탄식한다. 동일한 사건을 놓고 전국의 각급 법원들이 전혀 상반된 판결을 내리는 건 물론 일부 불가피한 경우도 있겠지만, 판결의 실력 차이가 너무 크게 나타난다는 것이다.

세칭 튀는 판결은 법률을 모독하는 것이라 할 만하다. 법관은 늘 중립적이어야 한다. 법률에 이념이 끼어들어선 안 되는 이유이기도 하다.

법률만 갖고 판결하기 어려운 경우도 많다. 양형 측정의 문제도 간단치 않다. 여기에 등장하는 것이 법관의 양심이라 할 만하다. 이런 측면에서 법관을 성직자로 묘사한 판관도 있었다. 사도(司徒) 법관 김홍섭(金洪燮)이다. 그는 독실한 가톨릭 신자로서 슬하에 자식들이 많았다. 군복을 물들여 입고, 신문지를 벽지로 썼다. 요즘 판사들이 이 분을 알고나 있는지….

대통령의 노래, 민초의 노래

2011년 10월

정쟁(政爭)의 나라

조선의 개혁 군주 정조(正祖)는 정쟁을 나라의 고질로 간주, 이걸 타파하는 데에 심혈을 기울였다. 오죽했으면 그는 끊임없이 자신을 핍박해 들어 오는 노론(老論) 벽파의 수장을 영의정 자리에 앉혀 당·정쟁을 희석시키려 애써 보기도 했다.

잘 했으면 국가의 명운을 바꿀 만도 했던 개혁 노력도 헛되이, 정조는 그 질긴 정쟁 불길 속에 사라져 갔다. 그 뒤 추악한 권력투쟁 놀음은 대원군(大院君)과 그 며느리의 대결이 절정을 이루더니 드디어 나라의 숨통마저 끊어 놓고야 말았다.

해방 이후는 어떠했는가? 김구(金九)와 여운형(呂運亨), 이승만(李承晩) 등이 손잡지 못하고 정쟁 뒤끝에 왜소한 반쪽 국토 안에 사람들을 가둬 버렸다.

이승만 독재정권을 무너뜨린 건 역시 정치 투혼의 결과가 아니다. 공짜로 얻은 정권을 민주당은 신·구파 내홍 속에 군부에 넘겨 줬다.

또다시 찾아 온 기회를 민주당은 김대중·김영삼 등의 정쟁으로 말미암아 신군부(新軍府)란 집단에 고스란히 갖다 바쳤다. 정쟁, 이건 유구히 흘러 오는 한국인들만의 치명적 DNA인가?

오늘에도 정파(政派) 사이의 협상, 화해 움직임이라곤 없다. 이로써 정치는 가령 국리민복 같은 건 아랑곳 않고, 오로지 권력쟁탈에만 눈 멀어 있다. 오세훈이란 돈키호테가 벌인 정치 이벤트, 이게 실패한 까닭은 그 진정성을 서울시민들이 인정하지 않았기 때문이다.

그는 시민들의 삶을 정쟁의 연장선상에서 그 도구로 삼으려다 패배했다. 박근혜가 뒷북을 친 것도 마땅치 않긴 마찬가지이다. 왜 진작 그를 말리지 않았는가?

가장 강력한 차기 대통령 후보라는 그녀도 이제쯤 정쟁의 울타리 안을 뛰쳐나와 맨 얼굴로 자신의 소신들을 국민들 앞에 펼쳐 보여야 할 것이다.

더구나 더 안타까운 건, 옛 민주당 후예들이 그 무슨 좋은 전통이라고 자중지란의 정쟁을 가열화, 정권교체의 챈스를 스스로 걷어차고 있는 듯한 모습이다. 가령 손학규를 쳐다보는 정동영의 살기(殺氣) 어린 눈빛은 그게 그대로 민주당 막사를 허물어 버릴 것만 같다.

엎친 데 덮쳐 곽노현 쇼크는 전체 진보 진영의 붕괴를 알리는 시그널이 아닐는지 염려스럽다.

말도 많고, 또 탈도 많은 정쟁의 소용돌이 속에서 10월 26일 새 서울시장이 뽑힌다고 한다.

정치는 없고, 권력투쟁의 흙먼지만 벌써부터 자욱하다.

대통령의 노래

임기를 얼마 안 남겨 둔 이명박 대통령의 노랫소리가 유장하다. 아무리 봐도 지금 그의 발등에 떨어진 불은 무엇보다 천정부지로 치솟은 물가일 듯 싶고, 두 번째가 한계에 이른 청년층 실업 문제일 터인데….

노래는 이렇듯 화급한 민생 문제와는 동떨어져 마치 무슨 우아한 가곡처럼 들린다. 한동안 동반성장이란 걸 열창하더니 요즘엔 이른바 공생발전이란 신곡이 출시되었다. 기업 생태계의 조화를 도모하고, 사회책임 경영의 확산에도 힘쓴다는 등 가사 구절이 난해하다. 청와대 경제참모란 이들은 왜 이런 걸 작곡, 결국 대통령을 난처하게 만드는가?

이 모든 것들의 각론이라고 나온 걸 보면 기껏 대기업 윽박지르기들에 다름 아니다. 가령 동반성장은 하청업체 납품 값 현금·일시불 주기 등으로 끝났고, 공생발전의 경우 대기업들의 올해 신입사원 채용 규모가 전년대비 10% 내외로 늘어난 걸 들 만하다.

고졸 채용을 좀 늘린 것도 이 거창한 테마의 일부인 듯 보여 그 후감이 씁쓸하다.

대통령은 이제라도 관련 장관들과 함께 물가 끌어 내리기에 전력을 기울이라는 게 대다수 국민들의, 말 그대로 절박한 노래임을 깨우쳐야 할 필요가 있다. 성장률에 더 이상 부심하지 말고, 서민 고통이 막심한 물가에 몰입할 걸 다시 한번 촉구해 둔다.

불과 1년 몇개월 지나면 이명박 대통령도 역사의 뒤안길로 사라지게 된다. 기화요초들을 다 뭣에 쓸 것인가? 높은 물가를 등에 지고 떠나면 한 아름 원성에 휩싸이게 될 것이다.

행여 한국은행의 무능을 거론, 면피(免避)를 시도하려 해서도 안 된다. 한은(韓銀)이 김중수 총재 취임 이후 그 기능을 다 하지 못한 건 사실이다.

늘 금리 조정에 타이밍을 못 맞춰 자신들의 존립목적이라 할 만한 물가안정 의무 이행에 실패했다. 괜스레 성장률·경기침체 등에 과도하게 신경을 쓴 혐의가 짙다. 대통령은 한은이 소신껏 금리에 임하도록 분위기를 잡아 주라는 게 나의 충고라 할 만하다. 물론 정부의 재정위기와 가계부채 위험성 등 배후의 부작용 요인들도 많다. 그러나 지금 당장 더 급박한 것이 물가임을 잊어선 안 된다. 이 월간지가 출간됐을 무렵 일시 금리 조정이 있었을지도 모르겠지만, 금리와 환율 문제는 예의(銳意) 검토 대상으로 남아 있어야 할 것이다.

실업 문제, 이것도 더 좀 근원적인 접근이 필요해 보인다.

안철수 현상

안철수 현상? 거꾸로 말하자면 이건 한국 민초(民草)들의 불안감을 극명하게 입증한 것이라 할 만하다. 신뢰 잃은 정치와 평온치 않은 사회―. 대중은 아무도 믿지 않았음이 드러났다. 자연과학자 안철수를 대안으로 삼다니…?

아마도 때 안 묻은 맑은 체취, 또 가령 컴퓨터 백신 이미지 같은 게 사람들을 잡아 끈 것 같다. 그러나 사실상 이게 그의 전부라 할 만하다.

청춘콘서트? 이름이 다소 생소할 뿐 이런 행사가 나쁠 게 없었다. 전국을 순회, 불안한 사회를 만나 마음 어지러운 청춘들에게 희망의 메시지를 전달하던 걸 오히려 상찬해야 할 듯하다. 아이러니하게도, 여기에 냄새(?) 나는 정치가 끼어들어 도리어 적지 않은 사람들을 낙담케 했다.

판국이 이렇게 되면, 안철수는 한때의 신기루가 끝내 걷히고 난 뒤 본의 아니게 허무감에 빠지는 마이너스 효과를 거두게 될 것이라는 게 나의 예측이었다. 그가 마침내 융합과학기술 부문 학자로 남기로 한 건 환영할 만하다. 이게 그의 삶의 진면목이지, 이런저런 요설로 권력 욕심을 내 하마터면 자신의 고매한 정신세계를 불구덩이 속으로 밀어 넣을 뻔 했다면 내 표현이 좀 과장된 것일까?

안철수 현상 같은 건 예전에도 있었다. 가령 그 옛적 변영태(卞榮泰)란 인물도 당시 청장년 엘리트들의 환호를 받았다. 그는 일찍이 상하이(上海) 명문이자 영국계 미션스쿨이었던 호강대학을 나왔다.

귀국한 그는 우선 중앙고보(中央高普)에서 영어 교사 노릇을 했다. 한창 왜정(倭政)치하였는데도 이 학교 졸업생들이 정통 영어를 구사하게 된 배경이다.

해방 후 여러 대학에서 영문학을 가르쳤다. 논어(論語)를 영어로 번역하기도 했다. 기품 있고, 청렴한 생활은 외무장관·국무총리 시절에도 그대로 이어졌다. 해외출장 때엔 자신이 직접 걸머진 가방 속에 아령을 넣고 갔다는 이야기, 3류 호텔에 투숙해 남은 출장비용을 반납했다는 일화 등은 그의 제자들에게 신화처럼 전해져 내려온다.

그는 야인(野人)이 돼 하필 시사영어 학원에서 강사로 일했다. 제자들이 만류하자 명언을 남겼다. "총리로 일하건, 학원강사로 일하건 그게 무슨 상관인가?" 만년에 그가 대통령 돼 보려다 실족한 건 지금 회상해도 안타깝다. 변영태도, 뒷날 조순(趙淳)도 같은 소리를 했다. 일컬어, 나무에 바람이 그치지 않으니…. 대통령병 환자들이 늘 하는 이야기 아닌가?

참을 수 없는 가벼움

2011년 9월

품위의 실종

지난 날에도 한 차례 언급한 적이 있지만, 한국 정치는 끝내 3류에서 헤어나지 못할 것인가? 아무리 들여다 봐도 이 나라 정치엔 개전(改悛)의 빛이 보이지 않는다.

이번에 내가 지적하려는 건 한국 정치인들의 품위, 또 국회의원 개개인의 교양 수준 등이 절망적이란 점이다. 이들 이른바 정치꾼의 품위와 교양이 평균점으로라도 올라 서지 않는다면 우리네 정치 장래엔 백약(百藥)이 무효일 터이고, 따라서 그 쇠심줄 같은 3류 정치도 그냥 그대로 흘러 가 어느 날, 성난 군중들의 드높은 저항의 탁류에 휩쓸리게 될 것이란 게 내가 그리는 상상도(想像圖)라 할 만하다.

근자에 국민들의 눈쌀을 찌푸리게 한 저급 정치의 행태들을 보면, 우선 홍준표 한나라당 대표의 이름 하여 참을 수 없는 가벼움들이 도마 위에 오르게 될 성싶다.

그는 한 초청강연회에서 말 그대로 굉장한 실언을 했다.

이명박 대통령이 경제와 외교는 잘 하는데 정치는 너무 못한다고 그는 그 특유의 따발총 발언이란 걸 이어갔다. 이게 여당 대표로서 공식석상에서 할 수 있는 말인가? 겨우 그 이튿날 그는 허둥지둥 해명발언에 나섰다. 경제정책과 외교의 구사가 훌륭한 점을 강조하려다가 본의가 와전되었다면서 진땀깨나 흘렸다.

나는 이걸 정치인이란 자격을 떠난 자연인 홍준표의 교양과 품위에 관한 문제로 파악하고 싶다. 가령 그가 사법시험을 거친 검사 출신이라곤 하지만, 예컨대 인문학을 못 배워 교양을 갖추지 못한 걸로 풀이됨직하다.

그의 두 번째 가벼움 —. 지명직 최고위원을 임명하면서 호남권을 제외, 충청권 인사만 2명을 추천해 당내에 파문을 일으켰다. 그 까닭이 희대의 걸작이라 할 만하다. "호남에선 지역구 당선자가 나오기 어렵다."

과연 공당 한나라당 대표로서 그 정치적 품위를 갖춘 이야기인가?

또 한 가지, 이재오 특임장관 겸 한나라당 의원의 돌출 행동도 우스갯거리가 되고 있다. 일본 의원들이 울릉도 땅을 못 밟게 한다면서 그는 현지에 나타나, 지역주민들의 박수를 받으며 득의양양해 했다. 마침내 그는 독도에 올라가 초병(哨兵) 흉내를 냈다.

이재오, 그는 일국(一國)의 장관이자 의회의원인가, 아니면 일개 보수 시민단체 수장인가?

그 옛날 군사독재정권 당시 가혹한 고문을 당한 그의 진보 성향 문신(文身)은 어디로 갔는가?

도무지 품위가 실종돼 있다.

역사 드라마

세종(世宗)의 차남 수양(首陽)이 어린 조카 단종(端宗)을 폐위시키고 스스로 임금 자리에 오른, 매우 부도덕한 쿠데타를 오히려 합리화해 찬사를 아끼지 않은 작가(作家)가 있다. 놀랄 만한 건, 그가 춘원(春園) 이광수(李光洙)와 쌍벽을 이루던 필명 높은 김동인(金東仁)이란 사실이다.

춘원은 진작 '단종애사'란 소설을 써 요절한 문종(文宗)의 고명, 곧 아들을 지켜 달라는 당부를 받아 수양과 대척점에 서 있던 김종서(金宗瑞)의 순국(殉國)은 물론 단종의 죽음을 눈물겹도록 애도했다. 그러면서 그는 나중 세조(世祖)가 된 수양대군과 그의 건달 출신 막료 한명회(韓明澮) 등을 격렬히 비난했다.

춘원의 이 소설이 낙양(洛陽)의 지가(紙價)를 올린 지 한참 뒤에 금동(琴童) 김동인의 '젊은 그들'이란 작품이 동아일보에 연재되었다. 신문사로 항의가 빗발치듯 쏟아져 들어 왔고, 작가에게도 협박 편지가 날아 들었다고 한다.

요컨대 김동인은 진정한 국가 발전을 위하여 수양이 결단을 내린 것이었고, 그렇지 않았다면 나라 전체가 미증유의 혼란에 빠졌을 것이란 그 자신의 가치관을 피력한 것이었다.

요즘 역사 드라마가 또다시 인기를 모으고 있다. 사실(史實) 그대로 전달하란 건 아니지만, 기본이 되는 내용의 왜곡이 우심하다.

김동인처럼 무슨 새로운 가치관을 선뵈는 것도 아니다. 오로지 말초신경을 건드리는 흥미 유발에만 급급하고 있다. 청소년을 비롯한 일부 시청자들이 오도(誤導)될까 겁난다.

가령 수양대군의 딸과 김종서의 아들이 한국판 로미오와 쥴리엣 역(役)을 한다는 설정은 이게 아무리 연극이라 할 지언정 잘못된 것이라 할 만하다. 셰익스피어의 영혼도, 김종서의 고혼(孤魂)도 둘 다 불쾌해 할 일이다.

백제의 영웅 계백(階伯)을 주인공으로 한 드라마는 아예 창작 일색이다. 그래도 그렇지, 그의 부친이 무왕(武王)의 경호대장 노릇을 하면서 임금의 두 번째 황후로부터 열렬한 연모를 받았다는 이야기, 또 한편으로 그 황후가 테러 조직의 수괴 역할을 하는 것 등 모든 게 다 부자연스럽기 짝이 없다.

역사 드라마가 그저 재미에만 몰입해선 안 된다. 반드시 줄거리는 진실에 기초, 그 많은 여백들에다 테크닉을 활용해야 할 필요가 있다. 조선왕조 궁중 비화 시리즈를 내놓은 바 있는 신봉승(辛奉承) 작가를 멘토로 삼을 걸 권고해 두고 싶다.

낙수 효과만 기대할 것인가

2011년 8월

손학규의 함정

손학규 민주당 대표의 정치적 정체성을 표현해 보라는 주문이 들어온다면, 나는 거리낌 없이 합리적 진보주의자쯤의 응답을 내놓게 될 것 같다. 그는 지금 매우 어려운 처지에 놓여 있다.

안팎으로 진보(進步) 장사꾼들에게 포위돼 정치 행보(行步)가 자유롭지 못하다. 진보 장사꾼? 직설적으로 설명해 보면, 민주당 내부의 행상(行商)으론 정동영 최고위원을 대표적으로 꼽을 수 있으리라.

그는 끊임없이 좌파적 진보주의를 당 강령으로 내세워 손 대표를 압박하고 있다. 이게 장사가 된다고 판단하고 있는 듯하다. 잘만 하면 손 대표의 지위를 흔들어 내년 대선(大選) 후보 자리를 다시 차지할 수도 있으리란 계산을 하고 있는 듯 보인다.

손 대표로선 내부에 큰 함정 하나를 안고 가는 셈이라 할 만하다.

그러나 그는 여기에 굴복해선 안 된다.

이명박 정부의 실정(失政)에 환멸을 느끼고 있는 많은 국민들이 적어도 대북정책에 관한 한(限) 정동영 스타일의 진보 장사 놀음엔 고개를 돌리고 있음을 믿어야 할 필요가 있다. 원칙 있는 대북정책을 표방한 손 대표에게 '원칙' 이란 어귀(語句)를 트집 잡아 보수-반동 쯤으로 몰아가려는 책략이 이제 더 이상 먹히지 않고 있음을 그는 확신해도 좋을 것이다.

이른바 햇볕정책을 유지하되, 인권탄압과 핵미사일 등엔 '비토' 를 분명히 한다는 원칙은 대다수 국민들의 박수를 받을 게 틀림없다.

손 대표의 두번 째 함정은 외부의 적지 않은 진보 장사꾼들 행패라 할 만하다. 일컬어 친북·종북 세력들이 이를테면 민족주의 같은 걸로 자신들의 얼굴을 포장, 진보주의 전선에 서 있는 양 목소리를 높여 오히려 진보의 합리성을 유린하고 있다. 가령 조용환이란 법률 이론가는 스스로 착각하고 있는 바가 너무도 많다. 자본주의 사회에 있어서의 법은 독점자본의 이해관계를 보호한다느니, 한반도에 대소(對蘇) 전진기지를 건설하고자 하는 미 군정의 절대적 영향하에 이승만 정권이 수립되었다느니 하는 얘기를 학술지에 버젓이 기고하고 있다.

이보다 더 아연실색할 건, 안보란 말은 이성적 사고를 마비시키는 마취제라고 주장하고 있는 점이라 할 만하다.

이처럼 진보 장사꾼들은 당장 감옥에라도 갈 만큼 표현 수위를 한껏 올리고 있는 게 특징이다. 손 대표는 이런 함정도 넘어서야 한다.

삼성(三星)의 질주

한 대규모 기업집단의 연간 매출이 국가 전체 국내총생산(GDP)의 5분의 1을 넘긴 나라가 지구상에 또 있을까? 아직 공산주의가 창궐중인 중국을 포함해서도 말이다.

드디어 삼성(三星) 경제력이 그 절정에 다다른 듯하다. 작년중 삼성 계열사들이 올린 매출은 260조 원 턱 밑에 이른 걸로 보도되었다.

같은 기간 명목 국내총생산은 1,173조 원 가량. 삼성이 그중 22.1%를 차지했다는 것이다.

보다 더 심각한(?) 문제는 삼성의 질주 속도가 나날이 빨라지고 있다는 점이라 할 만하다. 2007년 17.7%이던 것이 이듬해 20.1%, 그 다음 21.8%, 그리고 작년에 이른 걸로 금감원 자료에 나와 있다.

보수주의 경제이론가들은 이게 왜 문제인 것이냐고 반문한다. 이른바 '파이'가 자꾸 두툼해져야 분배의 몫도 커질 것이란 소리를 귀따갑게 되풀이한다.

이들에게 직격탄을 날려 본다. 그럼 돈 많이 번, 그것도 하위 소득층에서 바라봐 아스라이 피라미드 탑을 쌓은 삼성이 그들의 '파이'를 조금씩 잘라내 지금쯤 등록금으로도 기부하고, 일부 기초생활 수급자들이 어둑한 지하 셋방에서 나와 살 원룸이라도 지어 줘야 할 것 아닌가?

또 반박할 것이다. 삼척동자 같은 잠꼬대, 자본주의 경제질서의 기초도 모르는 소리 운운할 것이다.

그러나 나는 예언한다. 가뜩이나 빈부 차이가 격심한 나라에서 삼성과 같은 공룡만 살찌다 보면 반드시 거센 저항의 파도가 밀려 와

도리어 삼성 측에도 큰 재앙이 되리란 걸 강조해 둔다. 이런 맥락에서 정운찬 동반성장위원장의 초과이익 공유제란 건 더구나 더 시의(時宜)에 맞을 듯하다.

이건희 삼성 총수가 이걸 공산주의 운운해 가며 힐난했지만, 성급한 단견(短見)이라고 본다.

인류의 경제질서가 모두 다 단일 고정(固定) 이데올로기에서 벗어나 평등 지향의 추세를 보이고 있음을 정부도, 또 삼성도 눈여겨봐야 할 필요가 있다.

삼성의 질주는 삼성 측에도 호재(好材)만이 아닌 걸 알아야 할 것이다. 좌우(左右)를 조심스럽게 살피고, 그들을 보는 국민의 눈도 늘 의식하란 걸 충고해 둔다.

미국 부호들처럼 기부를 많이 하는 걸 시작할 때도 되지 않았는가? 정부도 한 기업 독주를 조정, 다수 기업들이 경쟁을 펼칠 만한 산업정책을 구사해야 할 때에 이르렀다.

통치력의 빈곤을 한탄한다

2011년 7월

위험한 사회

좀 과장된 표현이란 반론이 제기될는지도 모르지만, 나는 지금 우리 사회가 가위(可謂) 지난 십수 년 이래 최악의 혼란 국면에 빠져 있음을 실감하게 된다. 결론부터 얘기하면 이건 통치력의 빈곤 탓이라고 말할 만하다.

국민 일반 입장에서 보면 무엇보다 두려운 게 안보(安保) 불안이다. 천안함 폭침과 연평도 포격 등 북한 측 도발도 도발이지만, 이걸 놓고 남한 내부에서 빚어지는 갈등과 대립이 우리들을 거의 공황 수준으로까지 몰고 간다. 국방 개혁 과제를 둘러싸고 예비역 장성들이 각군(各軍) 이기주의에 빠져 이를테면 군부 권력투쟁이 격화하고 있다는 이야기, 예서 한 걸음 더 나아가 일단의 영관급 장교 등이 이른바 종북 선언을 했다는 보도에 이르게 되면 그 옛날 해방 공간에서 각양각색의 좌·우익이 충돌하던 군대 모습을 떠올리게 된다. 대체 무엇이 군부를 이 지경으로까지 추락시켜 놓았는가?

이른바 제5열(列)의 잠입 때문인가? 나는 단언하거니와, 여기에서도 통치력의 미흡을 절감하게 된다.

한 적색(赤色) 장교가 지금 당장 남북 간 전면전이 개시된다면 남측이 궤멸을 면치 못할 것이라고 떠들었다는 소문도 그냥 흘려 들을 이야기는 아니다. 나라의 앞날을 걱정하는 언론인의 한 사람으로서 이명박 대통령에게 권고해 둔다. 더 말할 나위 없이 해이(解弛)된 군부의 기강을 재확립할 필요가 있다. 국방장관 한 사람의 호언(?)에만 의지할 상황이 아닌 듯하다.

이런 가운데 일컬어 부패 공화국의 활화산 줄기 하나가 또 터진 게 작금의 저축은행 사태란 것이 내가 보는 관점이다. 구(舊)정권에서 그 비리의 싹이 텄다는 걸 핑계로 대충 상황을 봉합하려다간 분노의 민심이 폭발할 가능성이 있다. 썩은 고름들을 일소(一掃)하는 마지막 통치력을 보여줘야 할 것이다.

대통령을 공개적으로 모욕하는 짓을 오히려 극우(極右) 측에서 자행하고 있는 것도 좌시해선 안 될 일이다. 정부의 영(令)이 서지 않고 있음을 반증한다 할 만하다. 가령 극우 논객 유근일은 지난 날 극좌로서 투옥 경험까지 있는 사람이다. 이제 칠순이 넘은 노구를 이끌고 이명박 대통령을 기회주의자라고 공격하는 모습에서 우리는 또한 인텔리겐치아의 인격 장애를 목격하게 된다.

지도자가 독선(獨善)에 빠져드는 것도 경계해야 할 일이지만, 유약한 모습을 보이는 건 더구나 더 큰 실덕(失德)이라 할 만하다. 대통령이 남은 임기 동안 강인한 자세를 유지, 국정(國政)에 임해 주기를 기대한다.

'분리된 경제'

영국의 유력 경제일간지 파이낸셜 타임스는 전통적으로 한국경제의 어두운 측면, 또 그 허상(虛像)들을 예리하게 짚어내곤 한다. 지난 날 나의 언론계 재직 시절에도 이 신문은 우리 경제를 칭찬하는 법이라곤 없었다.

오죽했으면 어떤 경제관료가 이런 말을 다 했을까? "분명 우리에게 콤플렉스를 갖고 있는 것 같다. 그게 아니라면 기울어 가는 대영제국(大英帝國) 경제에 초조감이 커지는 걸 반영하는 것인지도 모른다."

나는 그에게 반론을 폈다. 국내외를 막론하고 쓴소리 하는 매스컴을 시쳇말로 멘토로 삼으라고 충고했던 기억이 난다.

근자에 이 신문이 내가 보기론, 한국경제 실상의 정곡을 찌른 논평을 내놨다. 이 신문은 '분리된 경제(An economy divided)' 라는 제목의 논평에서 한국경제가 겉으론 좋아 보이지만, 실제로는 빈부 격차가 크다고 첫 운을 뗐다.

소수의 진보주의 학자, 또 정치가들을 제외하곤 아무도 말하고 싶어하지 않는 진실을 이 신문이 끄집어냈다.

일컬어 가진 자(者)와 안 가진 사람들의 격차가 얼마나 컸으면 바다 멀리 외지(外紙)의 토픽이 되었을는지를 모두들 반성해 봐야 할 것이다. 정부·여당과 재벌, 또 보수주의 이코노미스트들이 귀담아 듣기를 촉구한다. 아닌게 아니라 20대 80이란 구호가 나돈 지 오래되지 않았는가?

파이낸셜 타임스의 얘기를 조금 더 들어 볼 걸 제의한다.

한국이 과거 독일처럼 급속 성장을 이루면서 성공적 수출주도형 성장 모델로 떠올랐지만, 실제론 부자와 빈민 간 격차가 심각하고, 내수 경제도 빈약하다는 게 이 신문 논평의 핵심이다.

역대 한국 정부의 경제 수장(首長) 가운데 누가 나서 이런 이야기를 했는가?

요즘에 와서도 누가 조금만 복지 얘기를 하면 포퓰리즘으로 매도되곤 하는 게 저간(這間)의 현실이다.

가령 반값 등록금 문제만 해도 그렇다.

재정이 거덜난다 운운하면서 손사래만 칠 일이 아니다. 대학에 다니는 자식들 부모 가운데 더 이상 그 비싼 등록금을 부담할 능력을 상실한 사람들이 부지기수이다. 반값까지는 아니더라도 대폭 인하의 필요성이 끽긴하다. 재벌의 배후에 중소기업 위기가 도사리고 있고, 가계부채 문제의 심각성 등 계층 간 양극화가 더 악화되고 있다는 신문의 지적에도 경청하는 자세가 필요할 듯하다.

세 사람 이야기

초대 대법원장을 지낸 가인(街人) 김병로(金炳魯)는 일제(日帝) 당시 조선인으론 몇 안 되는 변호사였다. 동료 변호사들은 말 그대로 돈 뭉치들을 가마니에 쓸어 담을 만큼 축재를 했다는 것인데, 그는 늘 빈궁한 삶을 살았다.

독립운동 하다가 잡힌 사람들, 또 가난한 조선인들의 무료 변호만 맡아 했으니 당연한 노릇이었다. 정부 수립 이후 대법원장에 취임한 뒤로도 그의 가난은 계속되었다. 지금보다는 엄청 박봉을 받으면서도 주변의 어려운 이웃들을 돕느라 호주머니에 돈이 붙어 있을 날이 없었다고 한다.

그는 애연가였는데, 담배 피우는 방법이 독특했다. 값싼 담배 한 갑을 사면 가위로 개비마다 몇 토막을 내 파이프에 끼워 피우곤 했다는 게 목격자들의 증언이다.

"다른 사람보다 하루는 더 피우게 돼." 가인이 미소 지으며 한 말이다.

사법부 독립을 지켜 내려는 그의 노력도 가위 초인적인 것이었다고 한다. 이승만 대통령으로부터 압력이 들어 올 때마다 사표를 경무대로 들여 보냈다.

박정희 정권 당시 감사원장을 지낸 신두영(申斗泳)은 그 자리에서 물러나게 되자 곧장 고향인 충남 공주 외곽 시골로 내려가 몸소 농사를 지었다. 그 장면이 궁금해진 일단의 기자들이 현장을 방문했다.

베 잠방이를 입고 오물통을 어깨에 짊어진 전 감사원장이 코를 싸쥐고 있는 기자들을 향해 호통을 쳤다.

"기자란 것들이 우리네 전통적 비료 냄새도 못 맡아? 그러면서 여긴 왜 와?"

이런 얘기를 전해 들은 박정희 대통령이 눈시울을 붉혔다는 풍문도 이제 전설이 되었다.

또 한 사람, 김재익(金在益) ─. 그는 뛰어난 수재였다. 대학에서 외교학을 전공하고도 거의 독학으로 경제학을 익혔다.

관직에 들어 와 전두환 정권에서 경제수석 비서관 자리에 앉게 되었다. 전 대통령이 그의 명성을 듣고 그 자리에 발탁했다고 한다.

미얀마 아웅산 폭탄 테러로 요절하기까지 그는 한국경제의 기초를 반석 위에 올려 놨다는 평가를 받는다. 그는 늘 언론계 이코노미스트들과 만나 자신의 정책 구상을 놓고 토론을 벌인 것으로도 이름나 있다. 전 대통령이 그를 가리켜 '경제 대통령'이라고 칭송한 것, 또 그의 청렴성이 아울러 회자되고 있다.

요즘 워낙 혼탁한 세상인지라, 세 분 위인들의 삶을 새삼 되돌아 봤다.

저축은행 사태에 엮인 부정들

2011년 6월

한 정치인과 논객

한나라당이 그들의 텃밭 분당에서 패배하고, 또 강원도에서도 진 걸 놓고 야단법석을 떨고 있다. 반사적으로 민주당은 곧 정권이라도 탈환할 듯 목청들을 한껏 높이고 있다.

나는 이 두 개의 실루엣들이 오히려 국민들을 실망시키고 있다고 믿는다. 한나라당에 표를 던진 사람들은 고작 2%의 실패에 허둥지둥하는 모습들이 역겨울 것이고, 야당 지지자들도 성급한 민주당 행태에 눈꼬리들을 치켜세우고 있을 듯하다.

이런 가운데 한나라당 신흥 세력, 곧 박근혜 계열 사람들의 제스처가 더 못마땅해 뵌다. 가령 홍사덕 의원 같은 정치원로가 나라의 미래를 걱정하기는커녕 밥그릇부터 챙기려 드는 모습에선 절망감 같은 게 밀려 온다.

새로 개편된 지도부에 자신들을 넣어 주지 않으면 분당(分黨)도 각오하고 있다고 그는 말했다. 홍사덕, 그의 정체성은 뭔가? 오로지 박근혜 대통령 만들기가 최후의 그의 정치 지향점인가?

박근혜 대통령 아래에서 그는 뭘 할 것인가? 겨우 임기 2년짜리 국회의장 직위를 전취물로 삼고 있는지 묻고 싶다.

그게 아니라면 그는 국민들 앞에 설명할 필요가 있다. 왜 박근혜가 대통령을 해야 하는지, 또 이즈음 자신의 정치철학이 무엇인지를 소상하게 밝혀 줄 걸 요청해마지 않는다. 그래서 그가 새 벼슬자리 같은 노욕(老慾)에 빠져 있지 않음을 선언할 걸 당부해 두고 싶다.

두 번째로 내가 말하고 싶은 건, J일보 정치 담당 K논설위원의 매우 위험스러워 뵈는 글쓰기 스타일이다. 이게 그만의 일로 그치지 않고, 적지않은 독자들에게 악영향(?)을 끼칠 게 염려스러워 그의 선배 언론인으로서 한마디 해 두고 싶다.

그가 자신의 이름을 걸고 소신껏 이런저런 이야기를 펼치는 건 이상할 것이 없다. 그러나 그가 중견 언론인으로서 너무 함부로, 게다가 객관성을 잃은 주장들을 품위 없는 표현에 실어 내보내고 있는데엔 문제가 있다.

가령 지난번 강원도 지사 선거에서 낙선한 엄기영 전 MBC사장을 정면으로 모욕하고 있는 건, 그의 언론계 후배로서도 할 짓이 못 되었다. 엄 전 사장이 현직에 있을 적에 광우병 보도를 놓고 정부 · 여당과 불편한 관계에 있었던 것과 그의 한나라당 후보 선택은 전혀 별개의 문제이다.

양측이 위험한 탱고를 춤추다가 한 이불 속에 들어 갔다? 판매 부수 2위란 신문에 이런 저질 표현이….

저축은행의 비극

자본가는 결국 부패하고, 따라서 자본주의란 건 머지않은 장래에 붕괴될 것이라고 카를 마르크스는 말했다. 아닌게 아니라 자본주의는 그 시작부터 별로 오래갈 것 같지가 않았다.

여기에 구원투수로 등장한 이가 막스 베버쯤 될 듯하다. 그는 자본주의가 청교도(淸敎徒) 정신을 중심으로 경제주체들간의 신뢰를 형성, 발전되어 나아갈 것이라고 강조했다.

오늘에 이르러 보면 후자의 말이 대체로 맞게 되었다 할 만하다. 그러나 무시로 자본주의 위기란 먹구름이 밀려들어 사람들을 두려움에 떨게 하고 있는 것 또한 사실이다.

무엇이 우리들의 공포를 자아내게 하고 있는가? 무엇보다 큰 요소가 다름 아닌 신뢰의 파괴라 할 만하다. 범인은 자본가 쪽이라 할 만하다.

가령 일부 저축은행 오너들의 패악을 보라. 이건 말이 좋아 은행이지, 서민들의 고혈을 빨아 저희들 뱃속을 채운 사기꾼 집단들이 아닌가?

회장이란 인간이 기(幾)백억, 또 부회장이 수십억, 이 모든 부정을 감찰한다는 감사란 작자도 돈을 빼돌린 뒤 아예 작정을 하고 은행 문을 닫게 했다. 예금 5,000만 원 미만 가입자들에겐 정부가 대신 물어줄 것이고, 그 이상 고객들은 통째로 돈을 날리도록 일컬어 법(法)이 규정하고 있는 걸 악용한 게 가증스럽다.

이게 자본주의인가? 베버가 말한 신뢰의 파괴엔 정부 측도 한 몫 단단히 했다.

금융감독원의 감시 불찰은 말할 것도 없고, 급기야 그 직원들이 영업정지 하루 전날 제 돈을 포함해 친지들의 것까지 인출해 갔다는 얘기에 이르면 벌린 입을 다물지 못할 지경이다. 기껏 대통령이 금감원을 방문, 조직의 최대 위기라고 한마디 한 걸로 보도되었다.

저축은행은 상호신용금고가 그 전신이다. 말 그대로 서민들이 일반 은행보다 금리 몇푼 더 주는 것에 끌려 피 같은 돈을 넣고 있다. 예컨대 6,000만 원 예금 가입자는 고스란히 1,000만 원을 공중으로 날릴 판이다. 정부는 횡령자금 회수에 모든 노력을 다할 걸 촉구한다. 또 한 가지, 이 바닥에서도 전관예우라는 게 있다는 것인데, 진정 자본주의 위기를 온몸으로 느끼게 된다.

이명박 정부가 벌써부터 이른바 레임 덕에 빠져드는 징조의 한 단면이라고 말하는 사람도 있다. 대통령은 재·보선 패배 따위의 권력 다툼에서 벗어나 나라의 기본이 흔들리지 않도록 유념할 걸 당부해 둔다.

부끄러운 3류 정치

2011년 5월

3류(流) 정치

한국에서 민주주의를 찾기란 쓰레기통에서 장미를 발견해 내는 일과 같다—. 자유당 정권 당시 한 인도(印度) 언론인이 한 말이다. 그는 많이 봐 줘야 한국 정치는 3류라고 덧붙였다. 이보다 조금 앞서 있었던 일—. 해공(海公) 신익희(申翼熙)가 영국 엘리자베스 여왕 대관식에 특사 자격으로 참석한 뒤 돌아왔다.

해공 귀국 이후 얼마 안 돼 정가(政街)에 괴이한 소문이 퍼졌다. 해공이 귀로에 인도 뉴델리에 들러 진작 북한으로 갔던 조소앙(趙素昻)과 만나 밀담을 나눴다는 것이다.

둘이 만난 것만 해도 대형 뉴스인데, 게다가 밀담까지? 그 밀담의 내용을 놓고 이런저런 이야기들이 한동안 나돌았다. 개중엔 이런 것도 있었다. 남북한 간 평화통일 방안 논의—. 그 무렵만 해도 으스스

한 얘기였다. 온통 반공(反共) 구호들로 뒤덮여 있던 시대였기 때문이다. 결국 이 소란은 창랑(滄浪) 장택상(張澤相)의 '소설'로 밝혀지면서 끝났다. "창랑은 3류 정치를 한다." 해공의 무서운(?) 응답이었다.

시대가 한참 흘러 김영삼 정부 시절, 이건희 삼성 회장이 중국 베이징(北京)에서 기자들에게 폭탄 발언을 했다.

"한국 기업은 그래도 1류를 향해 나아가고 있는데, 정치는 3류에서 벗어나지 못하고 있다" 이 일로 말미암아 그는 감내하기 힘들만큼 보복당한 걸로 알려져 왔다. 그러나 그의 말은 백번 옳은 것이었고, 그 옛날 해공 이래 지금에 이르러서도 한국정치 3류 지적은 여전히 유효하다는 점에 우리는 동의하지 않을 수 없다.

그의 베이징 발언 이후 많은 것들이 발전의 모습을 보여 온 게 사실이다. 가령 정보통신 강국으로 떠오른 점, 또 기업들의 욱일승천 기세는 세계의 찬탄을 받고 있다. 왜 정치만 3류에서 헤어나지 못하고 있는가? 소통 부족이니 뭐니 여러 얘기들을 하고 있지만, 기실(其實) 정치인 자신들의 의식구조가 오로지 이기주의란 상자 속에 갇혀 있기 때문은 아닐까? 예컨대 동남권 신공항 사태도 지역이기주의란 덫에 걸려 저렇듯 소음을 내고 있는 걸로 판단된다. 대통령이 사과까지 했으니 마음의 매듭들을 풀 만도 한데….

4·27 재·보선만 해도 임기 1년짜리 국회의원 3명에 도지사 한 명을 뽑은, 말 그대로 일부 보완 선거에 불과했다. 여기에 제1야당 대표가 끼어든 건 부자연스러운 일이었다 할 만하다. 더구나 이게 대선(大選) 전초전이라니 정치가 3류라 할 밖에….

소음(騷音) 판매

요즘 뭣이든 영어(英語)로 바꿔 쓰는 것에 저항감을 갖게 된다. 가령 담배인삼공사를 KT&G라고 개칭한 걸 보노라면 쓴웃음이 절로 나온다. 이른바 세계화란 걸 오해, 이런 현상이 빚어지고 있는 듯한데 앞으로 자제해 나아가야 할 필요가 있다고 본다. 자존심 강한 프랑스 또는 독일 사람들이 자국어를 철저하게 우선시(優先視)하고 있는 것에서 교훈을 얻어야 한다. 영어는 필요에 따라 배워 가면 될 일이다. 이런 맥락에서 '노이즈 마케팅'이란 걸 소음 판매로 바꿔 봤다. 이건 아마도 글을 쓰는 사람들이 자신의 저서(著書)나 논문, 칼럼 등에서 상식적이지 못한 이야기나 남을 헐뜯는 내용을 담아 독자 수효를 늘리는, 비열한 행위 쯤으로 정리됨 직하다.

한때 학력 위조, 또 고위 관료와의 애정 행각 등으로 세상을 떠들썩하게 했던 여인이 감옥에서 나와 일기체 형식의 책을 내놨다. 일말의 반성은 커녕 새로운 저명 인사들을 거명, 그들이 자신에게 성적 접근을 감행한 양 묘사했다. 악의적 소음 판매 시도의 사례라 할 만하다.

안타깝게도 한 신문의 논객이 소음 판매의 혐의를 받고 있다. 그는 글을 쓸 때마다 곧잘 상식 밖의 논리를 전개한다.

한번은 이런 적도 있다. "일본의 한국 침략은 역설적으로 우리들에게 긍정적 측면을 더 많이 남겨 놓았다. 이로써 우리는 눈부신 근대화 과정에 편입되었다." 대강 이런 취지의 논설을 게재, 독자들로부터 격렬한 항의가 쇄도한 걸로 들었다.

그 사건 이후로도 그는 소음 판매를 멈추지 않고 있다. 엊그제 그는 돌연 미국 버크셔해서웨이 회장 워런 버핏을 겨냥, 인신공격을 서슴지 않았다.

그가 위선(僞善)의 투기가일 뿐이란 건데, 그 까닭이 기묘하다. 이곳저곳에 기부를 많이 하고 있지만, 사실인 즉 상속세를 물지 않으려는 의도라고 비판했다. 그 증거로 아들이 운영중인 재단에 거액을 기부, 상속·증여세를 물지 않게 하고 있는 걸 제시, 굉장한 발견이라도 한 양 호기를 부렸다. 희한한 건, 불과 그 며칠 뒤 그가 자신의 주장을 뒤집었다는 사실이다.

상속세는 따지고 보면 정의롭지 못한 세금이며 기업 승계 중과세도 한국에서만 존속되고 있다고, 이를테면 재벌 옹호의 기치를 들었다. 전형적인 소음 판매 행위가 아니겠는가?

앞서 말한 여인이나 논객, 두 사람에게 말해 두고 싶다. 소음 판매는 결국 밑지는 장사라는 걸….

'예(禮)'로의 귀환

공자(孔子)의 아포리즘 가운데 단연 돋 보이는 게 '극기복례(克己復禮)'라 할 만하다. 그 연유를 적어 보면—. 고금(古今)을 막론하고 사람의 삶이라는 게 별의별 잡다한 것들로 뒤덮여 종당엔 모두들 혼란스러운 마음을 진정하지 못하게 된다. 한때의 출세, 혹은 경쟁 끝의 승리 등으로 말미암아 환호하다가도 패배의 쓴맛에 몸을 가누지 못할 만큼 절망의 나락으로 떨어지기도 한다. 아마도 가장 비루한 것이 질투의 감정이리라. 무엇보다 치명적인 게 자존심의 손상이라고 심리학자들은 말한다. 끝내 이걸 못 다스리면 자살이란 막다른 골목에 부딪히게 되기 일쑤다. 어차피 인간들 사이의 경쟁이 불가피한 것이긴 하지만, 패자(敗者)에게 반드시 퇴로를 열어 줘야 할 것이라고 믿는다. 곧 이게 승자(勝者)의 아량과 함께 '예(禮)'로 귀환하는 길이 될 것이다.

불행히도 KAIST총장은 경쟁의 묘미만 터득했을 뿐 '예(禮)'로 돌아가는 길을 몰랐다. 한마디로 그의 학사 행정은 후진적, 또는 비문명적이었다는 비판에서 자유롭지 못하다 할 밖에 없다.

오로지 무한경쟁의 길로만 몰아쳤다. 사실 KAIST 입학생들이라면 그 지능의 차이가 거의 없었다고 해도 틀린 말이 안 될 듯하다. 이런 학생들을 대상으로 3.0이란 학점을 내걸고 이른바 징벌적 등록금을 내게 한 건, 좀 과장된 표현으로 일본의 가미가제(神風) 특공대 훈련 같은 걸 연상케 한다.

그가 공부 잘 한 학생을 포상하는 방법을 썼더라면 어떠했을까? 적어도 자살자가 속출하는 일은 없었을 것이다.

비단 KAIST의 경우만이 아니고, 지금 한국 사회 전반이 매우 위험스러워 뵈는 무제한 경쟁 놀음(?)에 빠져 있다는 점에 식자(識者)들이 견해를 같이하고 있다. 그 방식들에서 '예(禮)'가 실종되어 있다.

가령 방송들의 신인 가수 뽑기 오디션이란 걸 들여다보면, 이건 무슨 전쟁터에서 포로로 잡힌 병정들을 차례로 사살(射殺)해 나아가는 듯한, 황당한 느낌 속에 빠져들게 된다. 사회를 보는 여성 아나운서가 노래를 부르고 난 젊은이 그룹들을 차례로 나오게 해 누가 떨어질 것 같으냐는 질문을 반복, 오히려 시청자의 피를 말리게 한다. 공자(孔子)가 환생, 우리 사회의 이런 모습을 보게 되면 뭐라 할까? 극기복례, 하루 빨리 '예(禮)'로 돌아가라고 하지 않을까?

종교가 정치를 압박하다

2011년 4월

핵무장론

제2차 세계대전의 영웅 더글러스 맥아더 원수(元帥)는, 그가 전세(戰勢)를 뒤집어 놨던 한국전쟁이 휴전협정이란 걸로 그 수치스러운 막을 내리게 되자 주먹으로 허공을 치며 분통을 터뜨렸다고 한다.

"내 생애 최초의 난센스 전쟁이다. 역시 트루먼은 미국 역사상 최악의 우둔한 대통령으로 남게 되었다."

맥아더의 트루먼 비난 경위는 이러하다.

그 유명한 인천 상륙작전을 성공적으로 수행, 한반도는 통일을 눈앞에 두게 됐었다. 돌연 중공의 마오쩌둥(毛澤東)이 물경 100만 대군을 지원병이란 이름 아래 한국 전선에 투입, 전황이 역전의 고비를 맞았다. 맥아더는 트루먼 대통령에게 만주(滿洲) 원폭 투하를 건의했다. 마오는 반드시 굴복할 것이라면서…. 그러나 트루먼은 그를 해임해 버리는 강경조치로 핵무기 사용 논의들을 원천적으로 봉쇄했다.

트루먼의 판단은 옳았다. 만약 소련이 한반도 남단에 같은 짓을 벌인다면…? 끔찍한 얘기였다.

요즘 북한이 걸핏하면 대남 핵 공격 운운하는 것에 신경이 거슬린 일단의 오피니언 리더들이 한국의 핵무장을 거론하고 나섰다. 주한 미군에 일련의 전술핵을 재배치하자는 주장에서부터, 아예 우리도 독자적으로 핵무기 개발에 들어가자는 강경론에 이르기까지 열띤 분위기가 연출되었다. 이런 이야기들은 다소 경솔한 듯한 느낌을 던져 주고 있는 것이 사실이다. 먼저 전술핵의 경우 미국 정부에 의해 공식적으로 거부되었다.

북한 측이 조악한 품질의 핵무기 몇 개를 쳐들고 겁박(劫迫)하는 것에 미국이 역설적으로 굴복하는 듯한 이미지를 세계에 보여 주려 하겠는가?

한국 측의 핵무기 개발도 실현 불가능한 테마이다. 무엇보다 미국 등 4대 강국의 격렬한 반대에 부딪히게 될 것이 뻔하다.

성공도 못 하려니와, 국제사회에 북한과 함께 호전적인 집단인 듯 나쁜 인상만 주게 될 것이 어렵지 않게 내다 뵌다.

마지막으로 강조해 두고 싶은 건, 북한의 핵무기는 그 단초에서부터 끝에 이르기까지 시위용에 불과하다는 점이라 할 만하다. 핵무기 자체를 절대로 포기 않을 것처럼 감히 사용하지도 못할 것이란 게 전문가들의 일치된 견해이다. 그들이 핵무기에 손 대는 날, 빌 클린턴 전 미대통령의 말마따나 북한이란 집단은 세계 지도상에서 사라지게 될 것임을 우선 김정일이 숙지(熟知)하고 있을 게 틀림없다.

경제 이데올로기

물가는 드디어 모든 이들이 공포심을 갖게 되었을 만큼 치솟고, 이로써 서민계층의 실질소득이 급전직하(急轉直下)하고 있다. 모두들 일상 생활이 피곤하고, 누구라도 툭 건드리면 짜증이 폭발할 지경에 이르러 있다.

이런 판에 경제학의 대가(大家)인 양 하는 두 명의 이코노미스트가 뚱딴지(?) 같은 새 경제이론들을 들고 나와 이곳저곳에서 반발을 사고 있다. 그 하나는 영국 저명 대학의 교수로 재직중인 인물이다. 그 동안 진보적 색채를 띠어 왔던 이 교수가 갑자기 좌파와 우파, 두 쪽 모두의 공분을 샀다. 진보와 보수 이론들을 한 통 속에 넣고 흔들어 일컬어 23가지 비빔나물들을 세상에 내놨다.

이런 가운데 특히 더 인상적인 건 5 · 16쿠데타의 경제상 실효성을 적극적으로 해석한 점이라 할 만하다. 그는 또 모든 좌파들이 고개를 내젓는 재벌의 공로를 높이 치하, 오히려 재벌들 자신을 어리둥절케 했다.

또 다른 경제 석학은 서울대 총장을 거쳐 방금 전까지 국무총리를 지낸 인사이다. 그도 비교적 진보주의 색깔을 보여 오긴 했으나, 엄정한 시장경제주의 틀을 깨뜨린 적은 없다.

이런 인물이 느닷없는 초과이익공유제란 이름의 괴물(?) 이데올로기를 들고 나와 우파 측 진영으로부터 거센 공격이 쏟아져 나왔다. 심지어 그는 극좌 취급을 받았다. 이 잡지가 출간됐을 무렵, 양측 공방의 결과가 어찌 됐을는지는 물론 모를 일이다. 어찌 되었거나, 초과이익공유제는 자동차 페달로 치면 꽤 과속한 게 분명해 보인다.

장본인의 본의(本意)는 어렵지 않게 짐작될 만하다. 대기업이 예상 밖의 초과이익 가마니를 통째 광으로 져 나르는데, 소작인들은 쓴웃음만 짓고 있는 연극(?) 각본을 좀 고쳐 보자는 이야기 아니겠는가?

그러나 정녕 이건 사회주의적 발상임에 틀림없다. 순이익이건 또는 초과이익이건 그 처리의 칼을 쥔 사람은 주주들이다.

자본주의 체제의 핵심이라 할 수도 있다. 모든 이데올로기는 이를테면 선의(善意)로만 진행돼 나아갈 수 없고, 또 그래서도 안 된다.

경제가 일관성을 잃고, 격랑 속에 이리저리 흔들리게 되면 더군다나 민생은 결딴나게 마련이다.

두 사람 다 더 자중할 필요가 있다. 가뜩이나 민생고(民生苦)가 혹심한 판에 하릴없이 이데올로기 싸움 구경이나 시켜서야 되겠는가?

종교와 정치

21세기의 '카노사(canossa)' 성채(城砦)가 서울 여의도에 자리 잡고 있는가? 또 그 성곽의 소유주, 원로목사란 이는 지금 한국의 교황이란 말인가? 그렇지 않고서야 어찌 이명박 대통령의 하야(下野) 운동 운운하는 발언이 나왔는지 혼란스럽기 짝이 없다.

카노사의 굴욕이란 사건은 다들 아는 것이지만, 또 한차례 정리해 볼 필요가 있다. 중세(中世) 유럽 지역에선 교황과 황제들이 정치권력의 장악을 놓고 끊임없이 다퉈 왔다. 주교 서임권이란 걸 서로 빼앗으려 했다. 정교(政敎) 일치 시대에 이건 권세(權勢)의 상징 노릇을 했다.

교황이 압도적 우위에 있던 시절, 그레고리우스 7세는 신성 로마 제국의 황제 하인리히 4세를 파문했다. 후자는 전자의 용서를 받고

자 알프스 산을 넘어 이탈리아 북부에 위치해 있던 카노사 성채에 이르렀으나 면담이 불허되었다. 그는 사죄의 뜻으로 맨발로 눈밭 위에 사흘 동안 서 있었다. 이런 굴욕 끝에 황제의 위(位)를 회복했다는 얘기이다.

시공(時空)을 뛰어넘어 지금 종교가 감히 대통령을 윽박지르고, 또 무릎까지 꿇게 하고 있으니 국민 일반도 몽땅 그들의 종교에 복속하란 뜻인지 되묻고 싶다. 물론 개신교 측의 불만을 전혀 이해 못할 바는 아니다.

정부의 이슬람 채권 도입 방침에 그들 나름으론 모욕감을 느낄 만도 하다. 이슬람 종교가 본디 예수의 위상(位相)을 격하, 그저 선지자의 한 사람으로 삼고 있는 것에 격분한 건 이미 오래된 일이다.

이제 개신교가 더 좀 높은 포용력을 발휘할 걸 권고해 두고 싶다. 가령 불교는 신(神)의 존재 자체를 부정하고 있지 않은가?

사정이 이런데도 법정(法頂) 스님과 김수환 추기경이 교유, 중은 성당을 방문해 하느님께 예배하고 잇달아 신부는 사찰에 들러 불상 앞에 절을 올렸다. 비구니와 수녀, 원불교의 여성 교무들이 삼소회(三笑會)란 이름 아래 서로의 손을 잡고 있는 모습은 또 얼마나 아름다운가?

개신교의 혁신, 새삼스러운 주제가 아니지만 이걸 실천해야 할 때가 목전에 이른 듯하다. 대통령을 비롯한 정치인 교도들을 무슨 명목으로든 압박해선 안 된다. 정치에 종교가 끼어들면 그 사회는 불안해지게 마련이다. 또 한 가지, 중요한 건 다 른 종교들에의 배타 성향을 버리는 것이라 할 만하다.

선진국 문턱의 노인 자살률

2011년 3월

손학규의 갈림길

이명박 대통령은 손학규 민주당 대표에게 매우 결례된 발언을 한 적이 있다. 아직도 이에 대해 사과하지 않은 걸로 알려져 있다.

두 사람 다 그 경미한(?) 사실을 잊어버린 것인지, 아니면 손 대표 측에서 그냥 너그러이 넘겨버린 것인지는 알 길 없다. 그러나 손 대표가 이제라도 좀 늦었지만, 이 대통령의 유감 표명 정도라도 받아내는 것이 옳으리라고 본다.

그 명예 훼손의 정도가 그렇게 간단한 것이 아니었기 때문이다.

"안에 남아 있어도 춥고, 또 밖으로 나가도 추울 것이다."

이명박 한나라당 대통령 후보가 손학규 최고위원의 탈당설과 관련하여 내놓은 차가운(?) 논평이었다. 결국 그 촌평은 보기 좋게 빗나갔다.

우리가 지금 다 보듯 그는 적진(敵陣)으로 백기를 들고 들어 와 그 수장이 되어 있다. 합리적이고, 또 유능한 중도적 진보주의자—. 이게 몇 년전 어떤 외지(外紙)가 정치인 손학규를 가리켜 뽑아낸 문구(文句)이다.

안타까운 건, 우리가 요즘 보는 손학규는 더 이상 합리적이지도, 또 중도적이지도 않다는 점이라 할 만하다.

그는 마상(馬上)에 높이 앉아 갈림길에서 잠시 멈춰 서더니 자꾸 왼쪽 길로만 말 고삐를 채우치고 있다. 그래서 그 준마가 뿜어내는 게 오로지 외길의 진보요, 온갖 좌파의 집합 구령이다.

요새 또 손학규의 정체성을 의심케 하는 새 상품 하나가 출시되었다. 이름하여 국민 전반을 대상으로 한 무상 복지의 실현이란 것이다.

딴은, 이런 소리 하는 게 전혀 이해가 안 되는 것도 아니다. 민주당 안 라이벌들이 합창이라도 하듯 별의별 종류의 복지 찬가를 불러대고, 심지어 어떤 이는 부유세 도입을 목청껏 노래하고 있기 때문이다. 아닌게 아니라 당수(黨首) 낙마가 두렵기도 할 것이다. 그러나 머리 회전이 빠른 손 대표는 반드시 오른쪽에 늘어 서 있는 긴 행렬에도 눈길을 줄 필요가 있다.

방향이 우측이라고 모두가 보수요, 반(反)민주당 세력이 아니다. 그게 설령 좌측에서 비롯된 것이라도 사안(事案)이 합리적인 것이면 선뜻 받아들이는, 일컬어 '열린 보수' 들이 부지기수이다.

이 많은 사람들 속엔 종래의 손학규 표심들도 적지 않게 혼재돼 있음을 잊어선 안 된다. 말(馬) 머리를 돌려 우측에도 우호의 뜻을 표시할 걸 권고해 둔다. 전면 복지란 건 선택적 복지로 전환할 필요가 있다.

노인 자살의 사회

달포쯤 되었을까, 집 인근의 제법 너른 공원에서 산책하던 도중 끔찍한 소리가 귓가에 들려 왔다.

"한 2억 원 가량 되는 집 한 채가 남았으니 이걸 팔고 시골 내려가 살 작정이야. 농사? 이 나이에 무슨 농사야? 돈 떨어지면 마누라와 함께 약 먹고 죽을 심산이야.

자식들? 그것들 다 소용 없고, 또 오래 살아 뭣 하겠어?"

나이 칠순이 다 돼 보이는 전화의 주인공, 그는 결국 젊어서 서울 올라와 실패한 삶을 끝내고 여우처럼 고향으로 내려가 죽을 차비를 하고 있는 듯했다.

노인 자살이 큰 사회문제로 떠오르고 있다. 워낙 자살률이 높은 나라이기도 하다. 통계청 자료를 들여다보니, 항간에 떠도는 자살 공화국이란 이야기가 마냥 헛된 것이 아니었다. 지난 2009년 한해 자살자는 1만 5,413명, 전년 대비 19.9% 증가한 것이라고 한다. 하루 평균 40명 정도의 생떼 같은 목숨들이 스스로의 손으로 마감되고 있다.

예서 더 기막힌 건 노인 자살이 급증하고 있다는 점이라 할 만하다. 65세 이상 남자 노인 자살의 경우 10여 년 전과 견줘 무려 5.4배가 증가, 젊은 층의 갑절을 넘긴 걸로 자료에 나와 있다.

한심스럽게도, 정부 당국은 이렇듯 비극적인 노인 자살 문제와 관련하여 그저 추상적인 원인 분석이나 하고 있을 뿐 마땅한 방지 프로그램 한 개도 내놓지 못하고 있다. 우울증이 자살의 근인(近因)이며 소득이 없어졌는데도 자식들이 외면, 소외감이 커진 것이 우울증을 불러온다는 상투적 내용의 리포트 따위나 발표하고 있다. 걸핏하면 1인당 국내 총소득이 2만 달러를 넘어 섰느니, 나라 경제규모가 세계 10위권에 진입, 선진국 문턱에 이르렀느니 하면서도 사실상 노인 자살 문제를 방치하고 있는 건 이른바 국격(國格)을 떨어뜨리고 있음은 물론 전체 국민에의 배신행위이다.

또 한 가지, 툭 하면 고령 인구가 늘어 젊은이들의 장차 부담이 커지게 되었다고 염불 외우고 있는 듯한 정부 측 행태도 마땅치 않긴 마찬가지이다. 감세와 무상 복지 등 되지도 않은, 설익은 공약들을 거둬들이고 그 자리에 삶의 위험선에 서 있는 노인들을 대상으로 한 사회안전망을 구축하는 것이 더 애국적인 제스처가 될 것이다.

공원에서 만난 그 초년 노인이 자살하지 않도록 어떤 구조의 밧줄이라도 던져 줄 의무가 정부 측에 있다.

사법(司法) 그물망

전라도 땅 벌교에 가 주먹 자랑 하지 말고, 전국 8도 재판소에 가서 서울법대 나왔다고 큰 소리 내지 말라―. 해방 공간이 지나면서 누항(陋巷)에 떠돌게 된 우스갯소리라고 한다. 전반부 얘기는 금방 알아들을 만하다.

벌교에 이른바 협객이 많아 타관에서 온 무사들이 봉변당하기 일쑤였다는 것이다.

후반 이야기는 좀 긴 풀이가 필요하다. 사시(司試) 합격 200명 시대 이후론 다소 나아졌다고 하지만, 그 이전 법관들의 출신학교 가운데 9할 이상이 서울법대여서 괜히 법원 주변에 가 이 학교 나온 걸

입 밖에 내지 말란 농담 아닌 농담이라고 한다.

우리 사회의 후진적 요소들이 아직도 허다하다곤 하지만, 국민 개개인의 신체의 자유와 재산권 보호를 관장하는 사법부 구성이 이 지경이고 보면 문제가 심각하다 할 수밖에 없다. 이런 모양새를 방치하다가 끝내 기형(奇形) 대법원과 헌법재판소 모습을 국민들 앞에 보이게 되었다.

먼저 헌재(憲裁)의 경우, 작금 대법원장이 공석 재판관에 비(非)서울법대 출신 여성을 지명했다. 이로써 나머지 8명의 남성 재판관 출신교는 영광(?)스럽게도 서울법대로 통일되었다.

대법원의 경우에도 형편이 이곳보다 더 나을 것이 없다. 대법원장을 포함, 14명의 대법관 중 서울법대 출신이 13명이다.

기껏 지방의 원광대 출신 1명이 고독하게 끼어 있다.

사법부 사람들은 항변한다. "따지고 보면 이게 모두 우리 잘못인가? 능력 평가를 시험에, 또 재판 결과에 의존할 수밖에 없지 않은가?"

착시(錯視)가 이만저만이 아니다. 가령 미국 같은 곳에선 시험성적에 집착하지 않는다. 이곳저곳에서 쌓은 실무능력, 또 인품과 각자의 이념, 가치관 등을 따져 봐 대법원을 구성, 말 그대로 다양성을 잃지 않고 있다. 예컨대 대학에서 오래 법률을 연마한 교수 출신 대법관도 출현한다.

현재 9명의 연방 대법관 중 3명이 여성, 이 가운데 1명이 히스패닉계이다. 세계 1위를 자랑한다는 하버드 법대 출신이 절반 정도인 걸로 나와 있다.

두말할 나위도 없이, 재판은 6법전서에만 의존하는 것이 아니다. 끊임없이 변화해 나아가는 사회의 여러 흐름과 이데올로기 등의 분석과 관련, 균형감각을 잃지 말아야 한다. 전면적인 사법(司法) 그물망의 손질이 끽긴하다.

미래 권력의 콩밭에 있는 정치가들

2011년 2월

권력의 열기(熱氣) 속에서

이제 몇 남지도 않았지만, 세계에서 사회주의나 공산권 국가를 제외하고 한국처럼 정치 과잉의 우물에 갇혀 있는 나라가 또 있을까? 버나드 쇼의 운명 직전 언급처럼, 요즘 지식인들마다 진작 그럴 줄 알았다는 반응들이어서 국민 일반의 심사를 더 편편치 않게 하고 있는 것 같기도 하다.

무슨 이야기인가? 2년이나 남은 대통령 선거를 앞두고 벌써부터 정치권 사람들이 경마장에 줄을 선 투기꾼인 양 권력 열기(熱氣)를 뿜어내면서 본업인 민생(民生)은 뒤로 밀어내고 있다는 하소연, 곧 그 시짚스의 돌 같은 얘기이다.

대통령 임기 4년 차에 들어서기만 하면 어김없이 나타나는 열병(熱病), 이름하여 2년 주기 유행성출혈열 같은 것이다. 이명박 대통령이 이른바 권력 누수를 강력 부인, 선거 없는 해 국정(國政) 몰두를 외쳐 보지만 이미 미래권력의 콩밭에 들어간 사람들을 불러내기가 쉽지 않다.

여론 지지도 부동의 1위란 후보는 어느새 대규모 종합 연구소를 설립, 정부 측 정책 개발과 충돌의 소지를 남겨 이를테면 미필적(未必的) 고의 같은 국가 행보 방해의 결과를 낳게 할 염려가 있다. 국제화 정책을 개발할 것이란 한 후보는 본의 아니게 정부의 외교전략, 가령 대북 정책 등과 상충됨으로써 정부 측을 곤경에 빠뜨리게 할는지도 모른다.

여소야대 서울시 의회 결정에 사사건건 맞서 일컬어 포퓰리즘 반대 이미지 확산에 힘쓴다는 또 다른 여권 후보의 경우에도 너무 일찍 대선(大選) 포화에 휩쓸렸다는 비판이 있다. 서울시 의사 결정에선 어찌 되었거나 다수결 원칙에 배반하고, 정작 국회에선 반대의 논리를 펴는 건 자가당착이란 목소리들이 만만치 않음을 놓쳐선 안 된다.

야당 측 후보들의 발걸음도 성급하긴 마찬가지이다. 손학규 민주당 대표는 다수의 종래 지지세력들을 실망의 늪으로 몰아넣고 있다. 너무 빠른 변신(?) 때문이다.

진보와 중도, 여기에 범(汎)좌파까지를 아울러 집권하겠다고 공언하고 있지만, 오랜 우호 세력이었던 중도의 이탈 조짐만 있을 뿐 집 밖의 토끼들은 미동도 않고 있는 듯하다. 지금 그의 마음이 너무 흥분돼 있는 것 같다. 템포를 좀 늦출 수 없을까? 유시민 후보는 여론 인기도에 꽤 거품이 덮여 있다는 게 정치 관측통들의 지적이다. 무

엇보다 재승박덕(才勝薄德)의 냄새를 털고, 갈 데까지 겸허히 가 보는
게 중요하다.

결론적으로 모든 잠룡들이 다 자중할 필요가 있다.

한은(韓銀)의 몫

요즘 한국은행은 뭘 하고 있는가?

한은(韓銀)의 무기력, 혹은 그 보신주의 같은 걸 힐난하는 소리들
이 자못 드높다. 안된 이야기이지만, 그 총재가 바뀐 뒤로 중앙은행
은 긴 동면(冬眠)에라도 들어가 있는 듯하다. 기껏 한두 차례, 기준금
리를 매우 작은 폭으로 올린 적이 있긴 하다. 치솟는 물가에 발을 동
동 구르는 서민들에게 무슨 큰 시혜라도 베풀듯 금리 인상 방망이를
몇 번 두드리곤 곧 또 장막 뒤로 금통위원이란 사람들은 몸을 감췄
다. 근자에 들어 물가의 고공(高空) 행진이 사람들의 눈을 부시게 하
고 있다.

속된 말로 돈 있는 사람들이야 무슨 관계가 있으랴만, 중소기업
하는 사람이나 영세상인, 그리고 그 많은 박봉에 목 매고 있는, 일컬
어 프롤레타리아 계층 인구들의 고통이 막심하다.

한국은행은 머지않은 장래에 금리를 상당 폭 더 인상할 필요가
있다.

정부 눈치 보는 짓, 그래서 자리 보전하려는 행태 등은 이쯤에서
일소되어야 할 것이다.

지금 정부 쪽에서 오히려 물가에 몸이 달아 공급자 측을 압박하고
있는 건 임시 변통이 될는진 몰라도, 장기적으론 거시(巨視)경제에

해독이 될 가능성이 짙다. 아마도 정부 측에서 가령 성장 등에 방해가 된다는 명분을 내세워 한은(韓銀) 금리정책에 용훼하는 듯한 인상인데, 법률상 독립을 보장받고 있는 처지에서 그에 휘둘리는 건 수치스러운 일이라 할 만하다.

정부가 성장 5%, 물가 3%를 올해 목표로 잡고 있는 건 과잉 의욕의 느낌이 있다. 무엇보다 기름값 등 원자재 가격의 폭등 속에서 수출이 삐걱거리고 덩달아 물가 인상의 변주곡이 울릴 판에 한은(韓銀) 발목만 잡으려 해선 안 되리라고 본다.

또 한편으로 중앙은행도 그 독립성의 간판 아래에서 더 이상 행정부의 시녀로 몰락하는 일이 없도록 주의를 기울여 달라는 게 국민들의 일치된 소망일 걸로 짐작된다. 한국은행 독립성 문제와 관련하여 옛 이야기 하나를 소개해 둘 필요를 느낀다.

조순(趙淳) 한은 총재 시절의 일화―. 행정부가 중앙은행에 돈을 좀 풀 걸 요구했다. 그는 들은 척도 하지 않았다.

그렇게 시간이 흐르다가 돌연 그가 마음을 바꿨다. 언론들은 일제히 그를 비난했다. 오로지 한 신문 사설(社說)만이 다른 뜻을 나타냈다.

번의(翻意)도 독립된 판단이라고….

그는 그 신문에 사의(謝意)를 표했다.

불량품 가게

영국이 낳은 불세출의 희극인 찰스 채플린은 그의 만년 시절 미국에서 활동하다가 공산주의자란 누명을 쓰고 모국으로 돌아가 계속 사회비판 작품을 내고, 감독 역할에 주연 배우 노릇까지 했다. 얼핏 봐 툭 하면 넘어지고 바보짓을 일삼는 3류 희극의 연속처럼 보였지만, 그는 영화 속에서 온갖 사회 부조리들을 끊임없이 신랄하게 비판, 관객들의 찬사를 이끌어냈다.

당시 산업사회 초기 기계문명이란 게 시작되면서 공장 노동자들의 해고가 꼬리를 물었고, 또 한편으론 히틀러 같은 세기의 독재자가 출현, 대중들의 가슴 속엔 온통 먹구름이 가득했다. 채플린은 이 슬픈 관중을 때론 눈물로, 혹은 페이소스 넘친 유머로 위무했다.

채플린 이야기를 꺼내 든 데엔 곡절이 있다. 그로부터 까마득한 세월이 흘렀건만, 왜 한국의 희극을 포함한 대중문화는 아직도 품질(品質) 시비의 골짜기에서 벗어날 줄을 모르고 있단 말인가?

무엇보다 작품성의 측면에서 대체 뭘 말하려는 것인지가 불분명하다. 가령 대담하게도 동성애 문제를 건드린 드라마의 경우, 결국 이도저도 아닌 형태로 비빔밥 속에 묻혀 버렸다. 여성 대통령 탄생을 알린 작품도 처음 몇 회 동안은 제법 시선을 끌더니 그 동선(動線)의 탄력을 잃어버린 채 단막극처럼 흐지부지되었다.

이밖에도 숱한 희·비극 영화들, 또 가을날 낙엽 떨어지듯 사라져 간 텔레비전 연극들이 손가락으로 꼽을 만한 몇몇 작품을 빼곤 삶에 지친 관객 위로에 실패했다. 또 다른 이야기로, 우리네 배우들이 말하자면 분수를 잃고, 대중들 앞에서 교만해졌다는 점을 지적해 두고 싶다. 지난 연말의 이런저런 시상식에서 1급 배우란 이들이 뱉어낸 수상 소감 내용은 방자하기까지 하다.

이혼한 뒤 은막(銀幕)에 컴백, 방송연기 대상의 트로피를 손에 쥔 어느 여우(女優)는 대중을 훈계하듯 말했다. "다들 열심히 하고 있으니 시청률에 연연해 하지 말라." 거친 표현을 쓰자면 건방진 소리이다. 시청률이야말로 텔레비전 드라마의 핵심이랄 수밖에 없다. 광고가 더 붙고, 그래서 그들의 출연료가 천정부지로 솟아오르게 된 지렛대가 된 것 아닌가? 드라마 촬영 환경이 열악하다고 불평한 젊은 탤런트도 철딱서니가 없긴 마찬가지이다. 개런티를 좀 낮춰 제작비용에 보탤 용의는 없는가? 특정 희극 불량품(?) 가게엔 안 가겠다는 한 평론가의 선언이 대중문화에 큰 자극제가 되었으면 한다.

김정일의 노림수

연평도 이후

프로이센의 전쟁 영웅 클라우제비츠의 말대로라면, 북한의 김정일은 연평도 도발시리즈 등을 통해 일련의 정치행위를 하고 있는 걸로 판단된다. 그의 노림수가 매우 다양하다.

그 첫 번째의 것이 북한 내부의 정국 안정일 것이란 전문가들의 견해에 동의한다. 3대 세습 주인공 김정은의 정치적 위상(位相)을 하루빨리 제고해야 할 절박한 필요성에 부딪히고 있는 걸로 보인다.

두 번째론 서해 5도(島)를 국제적으로 분쟁지역화, 세계에서 고립되고 있는 그들의 곤궁한 입지 완화란 목적도 띄고 있을 듯하다. 마지막이 이른바 대남 통일전선전술의 구사(驅使)라 할 만하다.

남쪽의 범(汎)좌파를 한데 묶어 세워 그들의 고전 정치철학, 곧 조선반도 적화전략에 복무케 한다는 계략이다. 처음과 두 번째의 것에서 김정일 집단은 패퇴했다.

김정은 영웅화는 남쪽 사람들의 조소(嘲笑)는 고사하고라도, 북한 인민들마저 고개를 돌리고 있다는 여러 정황들이 포착되고 있다. 두 번째, 국제시선 끌기에서도 김정일은 기껏 매만 벌어들였다.

미국의 핵항공모함이 서해에 떠 가공할 화력을 과시했었고, '레이저 김'이란 별칭이 붙은 날카로운 눈의 신임 한국 국방장관은 이미 선언한바, 그들의 추가 도발을 용납하지 않았다.

"조선인민공화국은 지금 적들의 북침 협박에도 고도의 자제와 냉정을 유지하고 있다." 한때 꼬리 내렸던 북한 텔레비전의 보도 태도가 아직도 귀에 쟁쟁하다.

마지막, 통일전선전술이란 걸 클라우제비츠의 말로 의역하면 민심 동향쯤이 될 듯하다. 적(敵)을 향한 민간의 분노가 클수록 병사들의 사기가 오르고, 이게 전쟁의 승패를 가름한다는 게 그의 '전쟁론' 핵심이다.

젊은이들의 해병대 지원율이 오히려 상승하고, 대북 강경기조 유지 찬성이 7할 이상을 기록한 걸로 보도되었다. 이만하면 그 낡은 공산왕조 전략도 폐기해야 할 때가 되지 않았겠는가? 통일이 다가오고 있다는 이명박 대통령의 말도 예사롭지 않게 들린다.

군자(君子)는 홀로 있을 적에, 또 한가로울 때에 주의를 게을리하지 않는다는 공자(孔子)의 말은 늘 유효하다. 여야 간 충돌로 정국이 급랭하고, 유럽 쪽을 진원지로 한 세계경제 위기가 새로이 고개를 들고 있는 이때에 안보 태세 강화는 필수적이라 할 만하다.

재계의 소란

걸핏하면 국민 일반의 이른바 반(反)기업 정서에 불만을 토로하곤 하던 재벌들이 요즘 들어 줄을 이어 세상을 시끄럽게 하고 있다. 가령 한화그룹 김승연 회장은 소란행위의 단골(?) 손님이다.

아들이 술집에서 시비 끝에 좀 맞은 걸 놓고 아랫 사람들을 떼로 몰고 가 융단 보복 폭력을 자행, 사회봉사 명령을 받은 지가 불과 엊그제인 듯한데, 근자에 또 검찰청사 앞에 나타났다. 기자들이 잦은 검찰 소환과 관련하여 소감을 묻자 그는 기발한 답변을 했다.

"팔자가 센 모양입니다."

그가 받고 있는 위법 의혹이 비자금 횡령이고 보면 텔레비전 시청자들이 혀를 찰 만도 했다. 이러고서도 무슨 재벌의 사업보국 운운한단 말인가?

최태원 SK그룹 회장의 4촌, 최철원이란 사람은 아예 폭력 중독 증세를 앓고 있는 듯하다. 무시로 자신이 회장직을 맡고 있던 기업 직원들을 폭행한 혐의가 있고, 지난번엔 또 어떤 이를 두들겨 패고 나서 매값이라며 기(幾)천만 원을 던져 주었다고 한다. 형편이 이렇고 보면, 자본가를 우호적으로 보라는 우파 경제이론가들이 어디에다 몸을 숨길 건가?

지난 연말의 최대 재벌 백병전(白兵戰)은 현대건설 인수를 둘러싼 현대가(家) 집안 쟁투였다 할 만하다. 이건 마치 무슨 드라마를 보는 듯했다. 어쩌다가 입찰에서 기(幾)천억 적게 쓴 현대자동차그룹 정몽구 회장이 그의 계수인 현정은 현대그룹 회장의 약점을 잡아내 양해각서 해지를 거세게 몰아붙였다.

이 잡지가 출간되었을 무렵 최종 소송 절차가 어찌 진행되었을는지는 물론 모르겠다. 그러나 양측은 기업 이해관계를 뛰어넘어 먼저 일컬어 인의(仁義)를 되새겨 봐야 할 것이다.

작고한 정주영 창업주와 정몽헌 회장은 끝내 현대가(家)의 내분을 희망하지 않았다. 큰아들 정몽구 회장에게 현대자동차를 내놓을 걸 요구했었지만, 그의 불복에 오히려 져 주고 말았다.

이걸 가리켜 항간에선 '왕자의 난'이니 뭐니 하며 떠들어댔지만, 당시 현대 집안 사람들은 세상 앞에 결국 평화를 보여 줬다.

지금 정몽구와 현정은, 두 사람은 오로지 전쟁으로만 달려가고 있는 건가? "도대체 현대건설이 뭔가? 이건 애초 정주영 옹이 만들어 놨던 것 아닌가?"

현대 재벌가(家) 사람들, 긴 안목으로 민심을 살펴볼 필요가 있다.

한 지식인의 고뇌

그에게 우호적이었던 한 사람으로, 먼저 성명 표기에 이의(異議)를 달게 되는 점을 고(故) 이영희(李泳禧) 교수께서 애교(?) 삼아 혜량(惠諒)하여 주실 걸 바라마지 않는다. 성씨(姓氏)엔 두음법칙이 적용될 수 없다는 건 나중 북한으로 넘어간 언어학자 김두봉에 의해 주창된 것이다.

그러나 그는 왜정(倭政) 당시 조선어학회 사건으로 투옥되면서 동료들과 무차별적 두음법칙 적용에 찬성한 바 있다. 월북 이후 입장을 바꾼 것에 새삼 따르는 건 진보주의자로서 괜한 또 하나의 오기(傲氣) 아니었겠는가?

이영희 교수와 처음 접촉한 건 1970년대 중반 그가 서울 경동시장 입구의 한 작은 한옥에 살고 있을 때였다. 합동통신 부국장 겸 외신부장 자리에서 물러나 막 한양대 신문방송학과 조교수로 직장을 옮긴 뒤였다.

혼자 찾아간 건 아니었지만, 그의 강론 한마디씩을 들을 때마다 말 그대로 모골(毛骨)이 송연해졌다.

"한반도란 불행한 지역은 두 사람의 권력투쟁으로 제대로 된 독립을 못 하고 있는 겁니다. 북의 김씨와 남의 박씨 욕심 때문입니다." 유신체제가 한창인데, 마침 더위 속이라 봉창을 열어 놓은 채로였다.

"나는 공산주의자는 아닙니다. 그러나 이 열악한 동(東)아시아, 곧 서방 세계로부터 착취당하고 있는 지역 사람들의 생존권을 위해서라도 사회민주주의는 필요한 것입니다." 그런 까닭에서도 자신의 냉전 반공 이데올로기, 곧 이 나라의 우상(偶像) 파괴 노력은 계속될 것이라고 했다.

어찌 들으면 옳은 소리 같기도 했고, 또 한편으론 그의 강렬한 눈빛에서 광기(狂氣) 같은 게 흐르고 있는 듯도 했다. 그가 꼭 무슨 체게바라 같은 목숨 건 혁명가가 아니라, 역시 열정(熱情) 끓어 오르는 자유인, 한 걸음 더 나아가 용기 있는 지식인이었음이 훗날 백일하에 드러났다. 소비에트 연방공화국이 해체되고 동구권 공산주의 클러스트가 붕괴되고 있는 현장을 지켜본 이영희는, 사회주의 실패를 보는 한 지식인의 고민과 갈등이란 글의 고백담(告白談)으로 이를테면 커밍아웃을 했다.

정치권의 반응은 양분되었다. 보수 쪽에선 운동권 대부의 전향으로, 진보 진영은 변절로 쏘아붙였다. 그러나 고인께선 너무 섭섭해 할 것이 없다.

그는 누구보다도 뛰어난 시대를 앞서 간 지식인이었기에, 아무도 억압할 수 없었던 자유인이었기에….

새는 양 날개로 난다

2010년 12월

새의 날개

요즘의 국내 정국 흐름을 보고 있노라면 실소(失笑)가 절로 나온다. 어떻게 된 게 죄다 진보의 깃발을 들고 나와 나라가 마치 하루아침에 사회민주주의 국가라도 된 양 착각을 일으키게 할 정도이다.

가령 전통 보수정당으로 자임해 온 한나라당 쪽에서 개혁적 중도보수론이란 걸 들고 나온 건 좀 유치한 느낌마저 든다. 종래의 보수층 유권자 표에 진보 내지 중도 쪽 표심까지 훑어 보겠다는 계산이 어렵지 않게 눈에 띈다.

한 걸음 더 나아가 진보적인 목소리도 과감히 수용하겠다고 대놓고 덧붙이고 있지만, 이렇게 몸부림친다고 차기 총선이나 대선(大選)에서 좌파 측 표가 넘어오겠는가? 오히려 분노한 보수(保守)들이 대거 기권해 버릴 가능성이 더 크지 않겠는가?

한나라당의 진보 짝사랑 표시는 이뿐만이 아니다. 다름 아닌 복지 찬가(讚歌)의 홍수이다.

대권 잠재 후보들마다 앞을 다퉈 복지 증진을 정부 측에 요구하고 있다. 복지 예산은 늘어나는데 왜 혜택 못 받는 노인이나 여성가구가 많으냐고 힐난하기도 한다.

이런 이야기들보다 더 우스꽝스러운 건 민주당 사람들의 이데올로기 분식 경쟁이다. 매우 안타까운 건 손학규 대표가 나날이 오버액션의 강도(强度)를 높여 가고 있는 점이라 할 만하다.

그는 4대 강 사업은 누가 봐도 운하라고 종래 안 하던 소리를 하더니, 당 강령에서 자신의 트레이드 마크 일부였던 중도 개혁주의를 삭제하는 데에 동의했다. 여기에서 왼쪽으로 성큼 더 전진, 이를테면 극좌(極左)라도 수용할 듯, 범(汎)진보세력을 아울러 집권하겠다고 목청을 높였다. 이로써 그는 온건 진보노선을 수정한 꼴이 되었다.

정동영 최고위원의 좌향 품새는, 가령 진보신당의 그걸 능가한다. 그는 이른바 담대한 진보, 또 부유세의 도입을 서슴없이 주장했다.

이렇듯 정계가 일제히 왼쪽으로 노선 변경을 시도하고 있는 것과 관련하여 경제 상황이 나빠 일시적으로 나타나고 있는 유행일 뿐이라는 견해와 시대정신의 반영이란 의견이 맞서고 있는 걸로 보도되었다.

전자의 진단이 맞기를 희구한다. 만약 후자가 추세라면 한국 정치의 앞날이 암운에 빠질 염려가 있다. 보수가 모두 일탈해 버린 사회는 북한 체제와도 맞물려 위험해질 수 있다.

새가 좌우 날개로 날듯, 보수와 진보, 양자의 균형이 꼭 필요하다.

설전(舌戰)의 논리

자유당 정권 시절, 한 유명 대학교수와 대중 소설가 사이에 치열한 지상(紙上) 설전이 전개돼 세상을 떠들썩하게 했었다. 사건의 전말은 이러하다.

작가 정비석(鄭飛石)이 서울신문에 '자유부인'이란 제목의 연재소설을 썼다. 내용이 당시로선 파격적이어서 신문 발행부수가 대폭 늘어날 만큼 세간의 큰 관심을 끌었다. 왜 아니랴? 그 무렵 더할 나위가 없을 정도로 고귀한 신분계층으로 대접받고 있던 대학교수들의 자존심에 큰 상처마저 입혔으니 ….

소설은 한 교수 부인이 논문 쓰기 등에만 열중해 있는 남편에게 염증을 느껴 가정으로부터 일탈, 일컬어 바람을 피우게 되는 과정을 나날이 육감적으로 묘사, 독자들의 호기심을 자아냈다.

마침내 분노한 서울법대 교수 황산덕(黃山德)이 정비석을 비난하고 나섰다. "문학성도 없고, 작가정신도 찾아보기 어려운 3류 대중소설이지만, 하필 대학교수의 명예를 훼손하고 있는 점이 문제이다."

글쓰기라면 이골이 나 있던 정비석도 가만있지 않았다. "학문 한다는 사람이 특권 계급의식에만 매몰되어 있다."

설전은 몇번 더 이어졌지만, 사람들은 소설가 편을 더 많이 들었던 걸로 기억된다. 한마디로 교수 쪽에서 너무 잘난 척(?)한 것에 거부감이 일었던 듯하다.

달포쯤 전에 벌어졌었던 심야 트위터 설전은 옛 지상 설전과는 반대의 양상을 나타낸 걸로 판단된다. 이렇다 할 뚜렷한 근거도 없이,

나우콤 대표란 이는 오직 적대감만을 신세계 2세 오너에게 퍼붓고 있었다.

신세계 측이 대형 슈퍼마켓을 만들어 골목 상권을 위협한 것처럼 주장했지만, 사실무근인 걸로 드러났다. 또 신세계 부회장이 일 잘한 임직원들을 포상한 걸 놓고도 반말까지 써 가며 이를테면 비난을 위한 비난의 글을 늘어 놓은 것도 매우 군색해 보였다.

많은 중소기업들이 아직도 대기업들과의 부당경쟁에 시달리고 있는 건 사실이다. 그러나 여기에 가령 공정거래 질서 등과 같은 논리로 무장, 상황을 근본적으로 교정하려는 노력을 경주해야 할 필요가 있다.

그냥 징징거리며 대기업의 꼬리만 붙들고 늘어져 봐야 도리어 역공당하기가 십상이다. 노여움만으로 덤벼들어선 안 된다는 이야기이다.

또 한 가지, 트위터 설전에서 아쉬움을 느끼는 건 피차 토론의 예의를 갖추지 못하고 있었다는 점이다. 그저 시정(市井)의 싸움 수준이었다.

종교의 눈

종교란 인간들이 죽음의 공포에서 벗어날 목적으로 만들어낸 소설이라고 시건방진 소리를 한 사람들이 있었다. 문제는 이런 종류의 억설(臆說)이 한창 반항감 많은 청장년들의 심리에 한때나마 각인돼 정서불안을 일으키곤 한다는 점이라 할 만하다.

연전에 작고한 강원용(姜元龍) 목사 같은 이는 늘 형형한 눈빛으로 세상을 깨우치는 청천벽력 같은 목소리를 냈다. 1960년대 중반 무렵, 박정희 정권은 위수령을 선포, 휴업 딱지를 붙인 대학 캠퍼스들에 육군 탱크를 주둔시켰다. 그날 아침, 서울 경동교회에서 강원용의 사자후(獅子吼)를 들었다.

"굴욕적인 한·일 협상에 반대하는 이 땅의 젊은 혼(魂)들을 무력으로 제압했다. 당장 위수령을 걷어 치워야 한다. 아마 오늘 주일(主日)에 경향 각처에서 수백, 수천의 목사란 사람들이 설교란 걸 하면서 나와 같은 목소리를 내는 이는 없을 것이다. 이 나라 민주주의가 짓밟히는 판에 무슨 예수님이니 하나님이니를 불러 가며 제 신상의 복만 빌겠는가? 종교는 제 나라 혹은 사회가 벼랑에 몰렸을 적에 국민들 앞에 목숨을 걸고 앞장 서 투쟁해야 한다."

예배당에 모인 젊은이들이 모두 기립했다. 목사는 박수치지 말도록 손짓을 했다. 종교의 눈이 세상 그 어느 누구의 눈보다 깊고, 또 밝은 걸 느끼게 해 주는 듯 했다. 김수환 추기경의 눈은 또 어떤가? 막 집권한 전두환 대통령을 면전에 두고 한 말이 칼날 빛처럼 우리들 눈에 번뜩인다. "서부활극을 보는 것 같습니다. 총을 먼저 뽑는 사람이 이기니…."

월여(月餘) 전엔 조계종 총무원장 자승 스님이 자신을 예방한 국무총리와 특임장관을 훈도했다. 그는 총리에게 허각이란 청년을 아느냐고 물은 걸로 보도되었다. 모른다고 하자 설명해 줬다. 중졸의 환풍기 수리공이 가요경연 대회에서 청중 직접 투표로 1등을 했다, 이게 공정사회로 나아가는 길 아니겠느냐고 덧붙였다고 한다.

이재오 장관에게도 따끔한 충고 한마디를 던졌다는데, 사물을 보는 그의 눈이 그렇게 매서울 수가 없다.

"늘 90도로 허리를 굽히고 다니면 디스크 발병도 우려되거니와, 얼굴이 감춰져 상대방을 불편케 할 수 있다. 45도 정도로 바꿔 보라." 이재오의 진정성이 의심될 수도 있다는, 또 다른 종교의 날카로운 눈이 아니겠는가? 종교 무용론자들이 그 미망(迷妄)에서 깨어나야 할 필요가 있다.

북한의 3대 세습을 바라보며

2010년 11월

김정일의 선택

소련(蘇聯)의 철권통치 주인공 요시프 스탈린이 죽자 재빨리 정권을 거머쥔 사람이 니키타 흐루쇼프이다. 그는 스탈린 생전에 별 이름 없는 직책에 머물러 있던 인물이다.

아마도 그는 오랜 기간 스탈린 이후를 노려 암암리에 정권 승계 준비작업을 벌여 온 걸로 관측통들은 분석했었다. 그 과정이 어찌나 비밀스럽고, 또 정교하게 진행되었던지, 세계의 내로라 하는 정보기관들이 시쳇말로 몽땅 뒤통수를 맞은 걸로 보도됐었다.

세상 사람들을 더 놀라게 만든 건 그가 공산당 제1서기로서 맨 처음 꺼내 든 정책 카드였다. 스탈린 격하(格下) 운동―. 그는 무참하리만큼 스탈린을 성토했다.

"당 규약을 유린하고, 인민들을 탄압한 소비에트 연방공화국의 최대 원수이다."

이런 와중에 매우 냉소적인 이야깃거리 한 개가 나돌았다.

흐루쇼프가 당 간부 간담회에서 곤란한 질문 한 가지에 봉착했다. "당신은 왜 스탈린 생전에 그의 과오를 비판하지 않았는가?"

그는 소리를 꽥 질렀다. "지금 발언한 사람이 누구요?" 장내가 물 끼얹은 듯 조용해졌다. 그는 미소 지으며 말했다고 한다. "바로 이런 장면 때문 아니었겠소?"

일련의 스탈린 매도(罵倒) 현장을 지켜보면서 경악한 사람이 둘 있다. 마오쩌둥(毛澤東)과 김일성이다.

마오는 문혁(文革)이란 이름의 대대적 숙청극을 벌였고, 후자는 아들 김정일을 일찌감치 후계자로 선포, 지금껏 격하는커녕 대형 금빛 동상들에 빛나고 있다. 모르긴 모르되, 지금 김정일도 그의 부친과 같은 걱정을 하고 있는 걸로 짐작된다. 스탈린의 망령 같은 게 그를 괴롭히고 있는 듯 보인다. 끝내 그의 선택은 3대 세습으로 굳어졌다. 의문이 하나 떠오른다. 그의 나이 이태 뒤면 칠순인데, 왜 이렇듯 후계 책봉이 늦어졌는가?

예단이 틀렸는지도 모르지만, 혹시 개혁·개방 정책으로 돌아서 중국처럼 집단지도체제하에 부강한 나라 만들기를 고민해 온 건 아닌가? 그러다가 몸은 아프고, 시간도 없어 도리없이 아버지의 선택을 물려받은 건 아닌지….

그에게 충고 한마디를 던져 둔다. 앞서의 짐작이 맞다면 그는 지금이라도 개방체제로 전환, 우선 남한의 협력을 얻는 게 옳다. 세습으로 돌파하기엔 이제 북녘 민심의 수준도 어지간히 진화한 걸 알아채야 할 필요가 있다. 핵무기 카드도 미구(未久)에 쓸모 없어질 것이다.

재벌가(家)의 분란

재벌 집안의 내분이 끊이지 않고 있다. 사람들은 재벌가(家) 분란이라고 하면 으례 넓은 의미의 현대그룹 가족 간 다툼만을 연상한다.

언론 매체들도 늘 여기에 초점을 맞춰 왔다. 그러나 이밖의 대부분 재벌들도 각기 정도의 차이는 있을지언정 이런저런 내홍(內訌)을 겪어 왔다.

금방 생각나는 것만 추려 봐도 서너 사례가 넘는다. 가령 두산그룹은 형제들 사이의 혹심한 권력투쟁 끝에 한 사람이 자결(自決)하는, 비극적인 사태로까지 진전됐던 게 기억된다.

한화(韓火)그룹도 형제 간 마찰을 빚다가 겨우 재산 분할에 성공했었다. 또 동아그룹의 경우 장남이 세습, 한때 건설업계를 석권하는 듯하더니 마침내 파산하고 말았다. 그나마 동생 최원영 회장이 지금 몇 개의 문화 관련 사업체를 꾸려가고 있는 걸로 들린다. 대성그룹은 어느 기업보다 형제 간 분쟁이 치열했던 곳이다. 동생이 승기(勝機)를 잡은 걸로 알려져 있다.

이번에 또다시 현대가(家) 집안 쟁투가 빚어져 보는 이들을 안타깝게 하고 있다. 은행 채권단 소유로 되어 있는 현대건설의 매각에 정몽구 현대차 회장과 현정은 현대그룹 회장이 입찰 참가 의향서를 냈다고 한다. 현대그룹이 한 독일 건설업체를 전략적 투자자(SI)로 삼은 걸 빼곤 계수와 시아주버니 간 정면 승부로 떠오르게 되었다. 얼핏 들으면, 양측 입장이 다 일리(一理) 있어 뵌다.

먼저 현정은 회장의 주장이다. "현대건설은 반드시 우리에게로 돌아와야 한다. 작고한 정주영 명예회장이 재산처분 위임장을 내 남편 정몽헌 회장에게 줘 당시 유동성 위기에 몰린 현대건설을 일단 정상화했다. 우리에게 법통(法統)과 명분이 함께 있는 것 아닌가?" 이에 대해 정몽구 회장은 입을 다물고 있다. 그러나 관측통들은 그의 내심을 어렵지 않게 읽어내고 있다.

그가 현대가(家)의 장남으로서 그 옛날 융성했던 현대그룹의 간판기업 현대건설을 되찾아 오는 건 당연하다는 입장일 터이다.

객관적 견지에서 봐 어느 한쪽만 정당하다는 판정을 내리기가 힘들다. 따라서 이를테면 주화론(主和論)을 펼칠 수밖에 없다. 이제라도 양측이 협상해 볼 걸 권고해 두고 싶다. 어떤 형태로든 절충점을 찾아보라는 얘기이다. 아직 시간은 있다.

어느 날, 지하철 안에서 노인들이 현대 이야기를 하고 있었다. 한 노인이 말했다. "집안 간에 타협을 봐야지…."

괜히 듣는 이의 가슴이 훈훈해졌다.

손학규의 배추

아무리 봐도, 손학규 민주당 신임 대표가 지난번 배추 파동 논쟁에 잘못 끼어들었던 것 같다. 그의 주장은 4대 강 사업이 배추 값 폭등을 유발한 것이란 낭설(?)의 합리화에 맞춰져 있었다.

"정부는 4대 강 사업 하천부지의 밭 농지가 전체의 1.4%밖에 안 돼 채소 값 급등과 상관 없다고 한다. 그러나 농산물은 생산량 10% 차이로 가격이 절반이 넘게 변화한다는 걸 간과하고 있다." 손 대표

답게 이로(理路)가 정연한 듯 보이지만, 역시 논리의 비약이라 할 만하다.

하천 경작지가 전체 경작지의 1.4%밖에 안 되고, 이 가운데에서도 배추 경작지는 일부에 불과할 것이란 사실을 그가 오히려 간과하고 있다. 지금 정부측 편을 들고 있는 게 아니다. 민주당이나 손 대표가 무리하게 4대 강 연계에 나섰던 걸 비판하고 있을 따름이다.

무엇보다 고통받고 있는 서민들에게 진정 도움이 될 이야기를 여·야 막론하고 꺼내는 게 순서였다. 차후라도 정부는 기후 불순이 초래할 채소 값 앙등을 끌어내릴 목표하에 안정되고도 항구적인 수급대책을 수립해야 할 것이고, 그 일환으로 복잡한 유통구조 개선의 방안도 내놔야 하리라고 본다.

방금 농민들이 경쟁적으로 배추 심기에 나서 조만간 도리어 가격 폭락 사태가 올 개연성에도 대비할 필요가 있다.

이런 일련의 흐름에서 보면, 손학규 대표의 지난번 배추 접근은 잘못됐던 것이라 할 밖에 없다. 지식인 사회는 그를 이성적(理性的) 진보주의 인물로 오래전부터 평가해 왔다. 지금까지의 그의 정치 행로를 돌이켜 보면, 말 그대로 앞으로 나아가고자(進步) 하면서도, 다른 진보 성향 사람들과는 확연한 차이를 보여 왔다 할 만하다. 가령 다음과 같은 그의 발언을 들어 보면, 그는 유능한 진보주의자로서 지금 당장 집권한다 해도 손색이 없을 듯 보인다.

성장을 부정해선 안 되고, 능력 있는 진보가 되어야 제 역할을 할 수 있다는 그의 말이 우선 매혹적이다. 또 싸우더라도 대안을 제시해야 하고, 국민 속에서 정권교체를 모색하겠다는 선언도 우리들 가습을 친다. 북한 세습을 비정상적인 걸로 규정하고, 그러나 상대 안할 수 없는 실체란 주장에도 공감이 간다.

이렇듯 더 없는 실용적 · 논리적 진보가 배추 발언처럼 이론 유희에 빠지는 일이 없기를 당부해 둔다.

기아차의 무파업을 축하한다

2010년 10월

위험한 인사(人事)

왕조시대의 군왕(君王)에서부터 현대의 대통령, 기업 CEO 등에 이르기까지 인사권(人事權)을 쥔 모든 이들은 하나같이 이른바 의표(意表)를 찌르는 인사 발령 내기를 좋아해 왔다. 예상치 못했던 결과에 혹자는 웃었고, 또 다른 사람들은 절망하곤 했다.

이름하여 깜짝 인사는 그 충격의 강도가 더 높다. 그만큼 실패할 확률도 크다 할 만하다.

오래전, 이 잡지 칼럼에서 잠시 언급한 적도 있지만, 오늘의 인사 파동과 관련하여 먼 옛날의 실패 사례들을 다시 한번 상기(想起), 또 한차례 타산지석(他山之石)의 자료로 삼아 볼 걸 제의해 두고 싶다.

먼저 매천야록(梅泉野錄)에서 읽어 본 이야기—. 머리 좋기로 이름 났던 대원군(大院君)의 인사 실패담이 소개되어 있다.

어느 날, 지방의 한 선비가 그의 사저(私邸) 운현궁을 찾는다. 가까스로 대원위(大院位)의 사랑 문턱을 넘어섰는데, 집 주인은 난초 치기에만 열중, 도무지 알은 척을 않았다고 당대의 칼럼니스트 황현(黃玹)은 기록해 놓고 있다. 선비는 절을 한 번 올렸고, 반응이 없자 또 넙죽 절을 했다.

흥선군이 불 같이 화를 내자 선비는 기지(機智)로 맞선다. "처음 절은 뵙는다는 것이었고, 두 번째 것은 물러간다는 절이었습니다." 대원군은 그를 중용하는 실수를 저질렀다. 그는 농담이나 잘 할 뿐, 자질이 매우 모자란 사람이었다. 의표(意表)를 잘못 찌른 꼴이었다.

이승만 대통령도 경솔한 인사를 했다가 망신당한 적이 있다. 중앙청 앞에 걸게 한 인물천거함에서 시골의 한 면장을 추천하는 쪽지들이 무더기로 쏟아져 나왔다. 농림장관으로 임명했다가 국회의 거센 반발을 샀고, 겨우 사흘 만에 본인이 사퇴했다.

나는 이 사람의 사퇴가, 딸을 자신의 부처에 특채했다가 여론의 반발에 밀려 물러난 오늘의 어떤 장관의 그것보다는 훨씬 진솔하고, 또 낭만(?)도 있어 보인다고 생각하는 사람들 가운데 하나이다. 이렇듯 천박한 심성으로 어찌 한 나라의 외교를 맡아 왔다는 건가? 이명박 대통령의 지방도백 출신 총리 지명도 매우 위험한 인사 실험이었다는 게 내 의견이다.

무엇보다 그는 너무 가벼워 보였다. 트위터의 달걀 부침도 그렇고, 사퇴하고 떠나는 날 마오쩌둥 어록을 시인묵객인 양 읊어 댄 것도 부적절했다. 혹시 총리가 됐더라면 비가 더 많이 내리지 않았을까(天要下雨)?

파업의 경제학

기아자동차가 꼭 20년만에 파업하지 않고, 올해의 임금·단체협상을 마무리 지은 걸로 보도되었다. 기아차 노조는 1991년 출범 이후 작년까지 단 한 해도 거르지 않고 파업을 계속해 왔다.

따라서 올해의 무파업은 이 회사뿐만 아니라, 한국 재계 전반에 걸쳐 매우 중요하고, 또 경이로운 기록으로 남게 되었다. 기아차 노사는 이밖에도 이른바 타임오프(유급 근로시간 면제) 제도 적용에 합의했다. 이것 또한 재계의 표석(標石) 역할을 할 전망이어서 비상한 주의를 끌고 있다 할 만하다.

그동안 이 회사는 이 제도를 둘러싸고 오래도록 큰 마찰음을 내 왔다. 회사측은 제도 시행 직후 업무에 복귀하지 않은 노조 전임자들을 대상으로 무급 휴직 발령을 냈고, 노조는 특근·잔업 거부 등으로 맞서 왔다고 언론들은 적고 있다. 이에 대해 아직 타임오프와 관련하여 결말을 못 보고 있는 많은 다른 회사들이 기아차 측 추이를 날카롭게 주시해 온 모양이다.

노조 전임자를 181명에서 21명으로 기아차가 대폭 줄임으로써 산업계의 희비가 갈리고 있고, 이로써 올 추투(秋鬪) 같은 게 어떤 양상을 보일는지에 민관(民官)이 다 함께 주목하고 있는 듯하다.

나는 기아차의 무파업이 다른 업체들의 전범(典範)이 되어야 한다고 주장하는 사람들의 견해에 반대한다. 이들은 한 가지 사실을 놓치고 있다.

파업은 각사(各社)의 형편에 따라 독(毒)이 될 수도, 또 때론 이득이 될 수도 있다. 매번 노사가 뒷전에서 수군수군 파업을 밀어내면 회사의 근력(根力)이 약화될 것이라는 게 내 생각이다.

물론 이른바 강성(强性) 노조가 해마다 해일(海溢)처럼 회사 측을 파업으로 덮쳐 막대한 생산 차질을 빚고, 이게 나라 경제에까지 주름살을 끼치는 건 말 그대로 독(毒)이라 할 밖에 없다. 그러나 사회 전반에 깔린 백안시(白眼視) 풍조에 밀려 꼭 필요한 파업이 사악(邪惡)한 업주들의 발꿈치에 짓밟혀서도 안 될 일이라 할 만하다. 우리 헌법은 근로자의 단체행동권을 보장하고 있다.

또 노동쟁의조정법은 쟁의행위의 합법성을 명문으로 인정, 파업의 길을 열어 놓고 있다. 파업을 승인하는 헌법정신은 무엇인가? 근로자의 법률상 권익이 촌보(寸步)라도 훼손되지 않게 하려는 배려가 아니겠는가? 쟁의권 행사의 범위 안에서 이뤄지는 파업은 늘 유효하다.

기아차의 무파업을 축하한다.

공정한 사회

둘레에 담이 쳐져 있지 않은, 위험스러워 뵈는 우물 곁에서 한 유아(幼兒)가 기어 다니고 있었다. 행인 갑(甲)은 아이가 그 우물에 빠질는지도 모르겠다고 생각했다. "제 부모가 알아서 하겠지…." 그는 중얼거리며 가던 길을 멈추지 않았다.

잠시 뒤, 행인 을(乙)이 같은 상황을 목격했다.

"이크, 애야 위험하구나." 두 번째 길손은 아이를 우물가에서 몇 걸음 떼어 놓았다.

그는 제법 선행(善行)을 했다고 느끼며 현장에서 사라졌다.

아뿔싸, 행인 을(乙)이 떠난 지 얼마 안 돼 아이가 도로 기어가 우물에 빠져 숨지고 말았다. 누가 더 공정(公正)한가?

얼핏 생각해 봐도, 두 번째 행인이 얄미운(?) 행인 갑보다는 좀 나아 보이지 않는가?

괴이하게도 법률은 행인 을(乙)만을 처벌한다. 이른바 부진정(不眞正) 부작위범(不作爲犯)의 전형적인 사례라고 법률가들은 설명한다.

행인 갑은 도덕적으론 문제가 있어 뵈도, 그를 부작위범으로 처벌할 순 없다는 점에 법률의 한계가 있다는 것이다. 바꿔 말하면, 법(法)은 상식인(常識人)으로서 지켜 낼 만한 도덕을 그 경계 지점으로 삼고 있다는 얘기이다.

행인 을(乙)을 처벌하는 까닭은 간단하다. 처음부터 작위(作爲)의 무가 있었던 건 아니지만, 아이에게 손을 대는 순간부터 법률상 의무가 주어졌다고 한다. 끝까지 아이를 안전하게 보호해야 할 의무, 이걸 위반함으로써 그는 말하자면 의사(擬似) 부작위범의 굴레로 떨어지게 되었다는 것이다.

나는 한동안 이 법률이 불공정하다는 느낌에서 벗어날 수가 없었다. 그러나 이제 낫살이나 먹어 돌이켜 보면 문제의 법률은 공정한 것일 수밖에 없다.

법과 도덕의 상이점(相異点)은 결국 그 준수의 난이(難易) 정도에서 갈라지게 된다 할 만하다.

근자에 이명박 대통령이 공정한 사회 만들기에 힘쓸 것임을 천명하고 나서면서부터 세상이 갑자기 도덕성 논란으로 영일(寧日)이 없게 된 듯하다. 이게 자칫 포퓰리즘으로 흘러 마녀사냥처럼 될까 봐

괜스레 염려스럽다. 너무 높은 수준의 도덕을 요구하면 되레 사람들
은 부도덕해질 수 있다는 게 나의 사견(私見)이다. 공자(公子)의 말이
역시 옳다. 과유불급(過猶不及)—.

차이완의 시대

2010년 8월

아버지와 딸

박정희 대통령이 광복절 기념식장에서 연설 도중 총격을 받는 장면을 나는 텔레비전 중계 방송을 통해 직접 목격했다. 경호실장이란 사람만이 권총을 빼 들고 단상 앞으로 나왔을 뿐, 3부 요인 등 그 많은 귀빈들이 허둥지둥 몸을 숨기는 어지러운 모습들이 한차례 지나갔다.

범인은 현장에서 체포되었다. 대통령은 군인 출신답게 재빨리 연설대 밑으로 몸을 숨겨 위난을 모면했다. 괜스레 억울한 목숨 둘이 희생되었다. 대통령의 아내가 그 하나였고, 합창단에 끼어 있던 여고생이 또 다른 하나였다.

내가 새삼 이 얘기를 다시 꺼내는 데엔 이유가 있다. 이날의 대통령 행동거지가 못마땅했던 걸 말하려 함이다. 자신의 아내가 총에 맞아 피를 흘리며 쓰러져 있는 판에 거기엔 눈길 안 주고 "읽던 연설 원고는 마저 읽어야지 …"라고 한마디를 내뱉더니 말 그대로 무의미한 원고 낭독을 계속했다.

그 무렵은 내가 매우 젊기도 했지만, 독재자의 고집과 오기(傲氣) 같은 것이 느껴져 몹시 불유쾌했던 기억이 지금도 새롭다. 이야기가 좀 비약하는진 몰라도, 박정희란 인물을 정치인으로 보는 경우 뛰어난 정책 집행 능력에도 불구하고 그 후퇴를 모르는 고집스러움, 또 협상 기피 등의 약점이 결국 그를 패퇴시킨 걸로 나는 파악한다.

그의 딸 박근혜 의원에게서도 이따금 아버지의 그런 약점이 발견되는 건 안타까운 일이라 할 만하다. 가령 국회에서 세종시 수정안을 부결시키던 날, 그가 구태여 연단에 올라 반대토론을 한 건 잘못이다.

어찌되었거나, 그는 이명박 대통령과 소속 정당을 같이하고 있다. 따라서 대통령의 마지막 체면만은 지켜주는 것이 차기 대통령 자리를 바라보고 있는 중진 정치인으로서의 도리였을 성싶다. 물론 그가 줄곧 세종시 수정안을 반대할 수밖에 없었던 까닭을 이해 못 할 바는 아니다. 자신의 입으로 충청도민들에게 세종시 원안 고수를 약속한 걸 깰 수 없었을 터이다.

그렇긴 하지만, 이 문제를 둘러싸고 그동안 그가 이 대통령에게 보여 온 겸손하지 못한, 적대적 태도는 적지 않은 잠재 표심들을 이탈시켰을 걸로 난 짐작한다.

지난번 6 · 2 지방선거에서도 그는 중앙당의 지원 요청을 묵살했다. 좋지 않은 결과가 나왔을 경우 입게 될 자신의 이미지 손상을 우려한 때문으로 보인다. 이런 가운데 자신의 지역구 군수 후보를 위해선 신발을 두 켤레나 바꿔 신었지만, 끝내 실패한 것에서 의미 있는 교훈을 얻었으면 한다.

'차이완'의 등장

한국 수출 전선에 일대 복병(伏兵)이 등장, 무역업자들을 긴장시키고 있다. 중국(차이나)과 대만(타이완)이 극적으로 경제협력 기본협정이란 걸 체결한 것이다. 이로써 이른바 양안(兩岸)관계가 어느 때보다 훈풍 속에 휩싸여 곧 통일이라도 될 듯한 기세이다.

지금 당장 석유화학 제품이나 섬유 등 중국 수출에 경쟁력을 갖고 있던 상품들이 관세 면제로 값이 싸질 대만산(産)에 밀리게 될 판국인 모양이다. 또 우리 쪽이 단연 앞서 가던 비메모리 반도체 분야에도 적색 신호가 켜졌다고 한다.

중국의 자본과 대만의 기술이 합작케 되면 종래의 양상(樣相)이 송두리째 뒤흔들리게 될지도 모른다는 얘기이다.

이른바 차이완 리스크에 맞설 일련의 대비책들이 관련업계를 중심으로 논의되고 있는 걸로 알려졌다. 그 하나가 한국·중국 자유무역협정(FTA) 체결을 서두르란 것이고, 대만과 손 잡으란 의견도 제시되고 있다.

이런 이야기들을 전문(傳聞)하면서 나는 참 당혹감에 빠져들지 않을 수가 없다. 도대체 세칭 차이완의 등장을 왜 더 좀 빨리 예측하지 못했다는 것인가?

그런 정보를 진작 입수했더라면 지금처럼 허둥대지 않고 방책을 미리 구사(驅使), 손실을 최소화할 수도 있었을 것이다.

또 한 가지, 안타깝게도 이번의 양안 무역협정이 갖는 높은 차원의 정치적 의미를 죄다 간과하고 있는 듯한 모습이다. 경제는 역시 정치의 하위 개념임을 차제에 숙지해 둘 필요가 있다.

이런 맥락에서 양안 관계의 역사, 또 대만의 지형(地形) 등을 살펴보고 싶다. 대만은 원래 중국 청조(淸朝) 당시 푸젠성(福建省) 산하의 섬이었다. 그 부속 도서로 진먼섬(金門島)과 마쭈섬(馬祖島)이 딸려 있다. 청일전쟁 후 일본의 식민지였던 것이 2차대전 종전과 함께 해방되었다. 푸젠성과 해협을 사이에 두고 동쪽으로 150㎞ 정도 떨어진 곳에 위치, 양안 관계란 정치적 용어가 훗날 탄생했다.

1949년 마오쩌둥 공산군에 패배한 장제스(蔣介石)가 국민당 정부를 이곳에 옮겼다. 미국·중공 간의 냉전체제가 지속되면서 중화민국이란 이름의 대만 정부가 국제적 정통성을 유지했었다.

이제 중국의 집요한 접근 공세로 일컬어 차이완의 시대를 열게 되었다. 여기에 홍콩·싱가포르 등을 덧붙이게 되면 우리는 거대한 신중화(新中華) 그림자와 만나게 된다.

구로디지털단지의 컬처노믹스

2010년 7월

컬처노믹스

공단 안에 굴뚝들이 줄을 이어 늘어 서 있는 가운데 매캐한 일산화탄소 연기가 방문객들의 코를 후벼 판다. 간신히 연기 속을 피해 나오면, 이번엔 난데없이 머리 끝에서부터 발끝까지 검은 분진을 뒤집어 쓴 사람들이 나타나 대형 트럭에 연탄들을 곡예하듯 던져 싣고 있다.

서울 영등포 옛 구로공단 일대의 풍경이다.

뽕 밭이 푸른 바다로 바뀐다더니, 지금 이곳이 미국 실리콘 밸리에 버금가는 정보기술(IT)산업 골짜기로 변신한 지 오래라고 한다.

근자에 여기에서 또 다른 혁명이 진행중인 걸로 보도되었다. 각종 문화시설이 속속 들어서고 있다는 것이다.

경제 특구 같은 곳에 웬 문화? 이맛살을 찌푸릴 보수층 사람들도 있을 것이다.

그들 문자로 괜스레 풍각쟁이 같은 것들이 들어와 경제활동 하는 사람들의 심기를 흐려 놓을까 저어된다는 얘기일 법하다.

이른바 컬처노믹스(culturenomics)의 진수(眞髓)를 모르는 사람들의 푸념일 따름이다. 문화예술과 경제발전을 연계시키게 되면 굉장한 시너지 효과가 양자(兩者) 모두에게서 분출된다는 사실은 이미 구미(歐美) 각국의 사례에서 드러나 있다.

옛 구로공단에서의 실험은 성공적으로 진전되고 있는 걸로 알려졌다. 방금 민관(民官)이 문화의 불모지였던 이 일대를 서울의 문화 중심지로 키워 지역경제를 발전시킨다는 전략을 짜 놓고 있다고 한다.

이런 전략의 바탕엔 이른바 창조도시론이란 것도 깔려 있다는 얘기이다. 미래엔 고속도로나 공항 등과 같은 시설이 집중된 곳이 아닌, 창조적 인력이 모이는 지역이 발전한다는 논거를 이 이론은 제시하고 있다.

창조란 개념은 역시 그 남상(濫觴)이 문화라 할 만하다. 문화란 무엇인가? 서양의 문화란 말 'culture'는 본디 'cultivate(경작하다)'란 어휘에서 출발했다는 게 정설이다. 새로이 시작하는 것, 곧 창조가 문화의 내연(內延)인 셈이다. 심지어는 문화결정론이란 것도 있다.

개인의 행동은 그가 소속하는 문화에 의해 거의 전면적으로 결정된다는 이론이다. 사회학의 뒤르켐 학파에 의해 제창된 학설이다.

너무 문화 우위의 입장에 치우친 느낌도 있지만, 경제 지상(至上)주의에서 탈피, 두쪽이 교호(交互)작용을 하는 계기로 삼아 보면 어떨까 싶다. 문화 플러스 경제라는 컬처노믹스의 진군(進軍)이 기대된다.

기강(紀綱)의 붕괴

기강이란 한 사회의 기본이 되는 질서와 법(法)의 대강이라고 한다. 따라서 기강이 무너지게 되면 그 사회가 구성하고 있는 국가의 운명도 내리막길을 걷다가 미구(未久)에 멸망하게 된다고 한비자(韓非子)는 갈파하고 있다.

꼭 그의 말이 아니더라도, 기강의 붕괴가 역사상 왕조(王朝) 또는 국가들을 무너뜨린 사례는 그 수효를 다 헤아리기가 힘들다. 가령 만년 세월을 구가(謳歌)할 듯하던 로마 제국이 붕괴된 것도 귀족과 지배층의 사치로 대표되는 사회 기강의 문란 때문이었음은 재론할 여지가 없다 할 만하다.

아시아의 호랑이 청조(淸朝)가 영국 군함 몇 척에 손을 든 것도 민관(民官)을 막론하고 아편 따위에 정신이 혼매(昏昧)해진 탓이라고 당시 서양 신문들은 적고 있다.

국가 패망 뒤의 노예적 삶의 형상(形狀)들이 얼마나 가혹한 것인지를 살펴보는 일은 더 멀리 갈 것도 없다.

불과 65년 전, 우리들 식민지 인생살이가 어떠했던가?

농토도, 또 집터도 다 빼앗기고, 종당엔 이름과 성(姓)마저 탈취당하는 곤욕을 겪었다.

이런저런 이유들을 사가(史家)들이 손꼽고 있지만, 나는 조선 왕조 멸망의 원인을 역시 그 사회의 기강 붕괴에서 찾으려는 사람들 가운데 하나이다.

근자에 국내 사회의 기강 무너지는 소리가 곳곳에서 들려오고 있다. 위험 수위를 넘어서고 있다는 일부 사회학자들의 경고도 있다.

불유쾌한 기억들이지만, 무엇이 문젯거리인지를 새삼 탐구해 볼 목적에서 그 사례들을 적시(摘示)해 보고 싶다.

백주에 초등학교 복도에서 8세 여아(女兒)가 납치돼 성폭행을 당했다. 범인은 이미 같은 범죄를 저지른 바 있는 전과자라고 한다. 학교 당국과 관할 경찰의 기강 이완(弛緩) 탓이 크다 할 만하다.

부동산 업자에게서 술과 성(性) 접대까지 받은 이른바 스폰서 검사 사건과 관련하여 내놓은 검찰 자체 쇄신안이란 게 미흡하기 짝이 없다고 시민단체들이 공격의 화살을 내쏘았다. 검찰의 기강 해이가 막다른 골목에까지 밀려 온 듯한 느낌이다.

천안함 사건과 관련한 군부(軍府)측 기강 파탄의 정도를 보여 준 감사원 보고 내용은 국민 일반의 흥분을 자아내기에 충분하다. 피폭 시간을 조작했고, 북한 기습 가능성 보고를 묵살했다. 합참의장은 만취해 있었고….

외교의 기술

2010년 6월

외교(外交)의 본질

외교란 어휘도 어김없이 서양 말(diplomacy)에서 유래했다. 넓은 의미론 국가 간 업무의 일체를, 또 협의론 국제관계의 처리 기술이나 그 솜씨 등을 가리키는 것으로 되어 있다. 이런 정도의 정리도 불과 18세기쯤에 이르러서야 매듭지어진 걸로 알려져 있다.

근자에 이르러 외교의 참뜻은 후자, 곧 비밀스럽게 이뤄지는 국가와 국가 사이의 거래 능력 등을 말하는 쪽으로 그 무게중심이 옮겨지고 있는 듯한 느낌이다. 그리스어(語)로 외교의 어원(語源)이라 할 말(diplomas)의 원래 의미가 '접어 포개진'이란 형용사였다니 역시 그 은밀한 구석이 고대(古代) 때부터 잉태되어 왔다고 주장하는 이도 있다.

이런 맥락에서 왕년의 세기적 외교 비사(秘史)들을 새삼 곱씹게도 된다. 가령 옛 중공(中共) 땅에 번개처럼 들어갔다 나와 핑퐁 외교의 기틀을 마련한 키신저 같은 이는 외교의 달인이었다 할 만하다. 그의 외교력에 힘입어 닉슨 미국 대통령이 베이징(北京)에 입성, 마오쩌뚱(毛澤東)과 악수함으로써 냉전 체제의 한 축을 무너뜨렸다. 근대의 명(名)외교로 치부될 수 있을 것이다. 이렇듯 외교는 그 감춰짐과 전격성(電擊性)에 묘미가 있음이 분명하다.

북한의 김정일이 중국을 방문하기 며칠 전에 이명박 대통령이 방중(訪中), 후진타오 주석과 회담하고 돌아왔다. 이 대통령으로선 적지 않은 배신감이 들었던 모양이다. "뒤통수를 맞은 느낌이다" 아무리 대통령의 언급이라지만, 이건 정말 외교를 잘 모르는 소치(所致)라 할 밖에 없다.

결론적으로 정부의 전체 외교 팀이 외교력의 미숙을 보여 준 걸로 나는 평가한다. 항간에 떠돌았던 얘기엔 분노감마저 일었던 게 사실이다. 중국 정부가 일단 북한보다 한국을 우선시(優先視)할 걸로 믿었단 뜬소문이 곧 그것이다. 경제교류의 활성화 사실 등을 들어 그렇듯 판단했다는 것이다.

외교의 기본도 모른 오판이다. 중국이 북한을 동북3성(省)에 하나 더 얹은 실질적인 그들의 1개 성으로 간주하고 있음을 놓친 판단이기도 하다. 비밀을 탐지하는 측면의 외교력도 영점(零點)이었다. 며칠을 두고 떠들던 김정일의 방중 날짜도 못 맞췄다. 그러길래 당일 한국의 주중 대사가 베이징 공관을 비웠다는 낭설(?)도 있었지 않은가?

이제 지난 허물들을 털고, 중국 쪽에 다시 천안함 외교를 면밀히

펼쳐야 할 계제에 이르렀다. 북한측 만행의 증거를 납득시킬 일이
중요하다.

현대가(現代家)의 유훈

20여 년 전쯤 어느 날, 나는 서울 계동(桂洞) 집무실에서 정주영 현대
그룹 창업주와 마주 앉았다. 그가 대통령 선거에 출마하리란 풍설이
파다하게 퍼져 가고 있던 때였다. 단독 회견 직전, 회장 비서실에서
또 한 번 다짐을 뒀다. 정치 이야기는 일체 하지 말라는 것이었다. 그
럼에도 불구하고 나는 못내 궁금한 것 한 가지를 물어 보고야 말았다.

　—정치 얘기는 않겠습니다만, 어떤 형태로든 계동 자리를 비우시
게 되면 현대의 경영구도는 어찌 될는지요? (나는 목구멍의 침을 꿀꺽 삼
키고 내친 김에 더 나아갔다) 가령 후계 체제 같은 건 구상해 두신 게 있
습니까?

　천하의 왕회장도 잠시 주저하는 빛을 보였다. 그는 이른바 오프
더 레코드(비보도)를 답변의 조건으로 내걸었다. 언설(言說)이 좀 길어
졌다.

　"지금 누구를 후계자로 할는지, 그런 걸 결정해 둔 건 없다. 그러
나 머지않아 결심을 하게 될 것이다. 이 사람에게 전권(全權)이 가는
건 아니다. 예컨대 현대가 삼성 스타일을 쫓아가진 않는다.

　모든 계열사를 한 사람이 좌지우지해선 안 된다. 소(小)그룹들끼
리 오래도록 협력케 할 방침이다."

　나는 그의 말 도중 문득 그때 막 태동 중이던 유럽연합을 떠올렸
다. 그는 이를테면 '느슨한 연합'을 구상하는 듯싶었다. 결론적으로

정주영 옹은 후손들 간의 협력 경영체제 아래에서 현대란 큰 집이 번성해 나아갈 걸 희망했다 할 만하다.

경위야 어찌 되었든, 지금 현대의 종가(宗家)는 현정은 회장이 이끄는 현대그룹이다. 크게 무슨 욕심을 내는 것 같지 않은데도, 이곳이 방금 경영상 난관에 봉착해 있는 걸로 보도되었다.

어려움은 대북(對北) 사업의 파탄에서부터 시작되었다. 북한이 금강산의 남측 부동산을 동결하면서 현대아산 측 부담이 확대된 걸로 알려졌다.

엎친 데 덮쳐 해운업의 불황으로 현대상선의 작년 영업손실이 너무 컸다는 얘기이다.

필경 은행 채권단과 재무구조 개선 약정을 맺어야 할 9개 후보 기업 중 한곳으로 확정되는 수모(?)를 겪게 되었다. 상선의 실적이 좋아져 최종적으론 빠질 듯하다더니, 현대가(家)의 수치로 남게 되었다.

현대란 이름이 붙은 여러 기업그룹들에 창업자의 유훈(遺訓)이 아직도 전달되지 않았는지가 궁금하다.

선진국 콤플렉스에서 벗어나라

2010년 5월

레닌의 어록(語錄)

레닌은 일컬어 붉은 혁명, 곧 10월 혁명을 성공리에 수행, 러시아의 짜르(황제) 정권을 무너뜨렸다. 뒤를 이어 그는 이른바 프롤레타리아 독재 정부를 수립, 지구상에서 처음으로 공산주의란 이데올로기를 실험하기에 이르렀다.

그는 제법 성공하는 듯 보였다. 무엇보다 잠자던 호랑이 중국이 공산화의 길로 들어서 레닌의 후예가 되기를 자원, 지하의 그를 기쁘게 했음직하다. 체코와 폴란드 등 구주(歐洲) 일대의 여러 나라들을 공산화하는 데에도 성공한 건 망외(望外)의 소득일 터이다.

레닌 생전, 그의 휘하엔 두 명의 차기 기대주(期待株)가 있었다. 스탈린과 트로츠키, 둘은 치열한 각축을 벌여 온 숙명의 라이벌이었다.

전자(前者)가 좀 무지한 블루 칼라 출신이었던 반면 후자(後者)는 학문 연찬에 매진, 최고의 공산주의 이론가로 이름을 드날렸던 인물이다.

레닌 사후(死後) 정권은 스탈린에게 넘어갔고, 트로츠키는 이미 추방된 몸이었다. 그는 끝내 스탈린의 자객에게 암살되고 말았다. 주지(周知)하다시피 레닌과 트로츠키 등의 몰락과 함께 공산주의란 건 이제 낙조(落照)의 길을 걷고 있다.

그 본향(本鄕)이라 할 만한 러시아에서 먼저 공산주의란 이념의 허구적(虛構的) 한계로 말미암아 정권이 스스로 무너졌다. 이른바 위성국이란 곳들도 도미노 게임이라도 하듯 줄을 이어 공산주의 탈을 벗어던졌다.

날로 나라의 형세가 강화되고 있는 중국 공산주의는 뭔가? 이 나라의 공산주의는 진작 구각(舊殼)을 벗고 개량화의 길을 거친 변종 공산주의라 할 만하다. 공자(孔子)의 유교가 끼어들고, 시장경제를 받아들인 판국이다.

나는 중국이 역설적으로 레닌의 어록을 원용(援用)했다고 보고 싶다. 레닌이 혁명활동 기간에 내린 유명한 지침—.

"불리할 때엔 적(敵)과 협상도 하고, 인민을 위해서라면 어떤 국면전환도 시도해야 한다." 그는 유리할 경우엔 차한부재(此限不在)라고 했다.

북한의 김정일 정권도 레닌 어록쯤은 알고 있을 것이다. 그렇다면 그들은 조잡한 품질의 핵무기 몇 개 만들어 놓고 자신들이 짜장 유리한 국면에 놓여 있다고 믿고 있다는 건가?

계획경제 자체가 흔들리고, 도처에서 인민들이 굶어 죽어 가는 판에….

저승의 레닌과 트로츠키, 스탈린마저도 혀를 차고 있을 법하다. 정녕 중국을 따라 배울 순 없는 걸까?

선진국 콤플렉스

이른바 좌파 정권 10년 동안 목소리를 못 내던 시장경제 옹호론자들이 요즘 들어 일제히 반격의 포문을 열고 있다. 이들 주장의 핵심은 국민 일반의 시장경제에 관한 이해가 매우 부족하고, 이로써 한국이 선진국 문턱에서 그 안으로 들어설 듯 말 듯 맴돌기만 하고 있다는 것이다.

그 책임이 당연히 김대중·노무현 정권에 있다는 얘기는 구태여 하지 않는다. 아마도 민주당 쪽의 반발을 의식한 결과로 보인다.

아닌 게 아니라 지난 10여 년간에 걸쳐 본래의 의미의 시장경제란 프레임은 썩 많이 손상을 입어 온 게 사실이다. 가령 평등은 결과의 평등을 얘기한다거나 시장경제가 소득과 부(富)의 양극화를 초래한다는 따위의 요설(饒舌)이 횡행한 건 명백히 정권측 잘못이었다.

또 공익은 공조직만이 보호할 수 있다는 미신(迷信)이 나돌고, 경쟁은 최선의 것이 아니라며 기업의 자선행위를 의무처럼 서슴없이 말해 온 세칭 좌파 경제이론가들이 득세한 측면도 한국경제 발전의 발목을 잡은 게 숨길 수 없는 진실이다. 그래서 선진국 진입이 더뎌지고 있다는 데에도 동의한다.

그러나 선진국 타령의 배후에 숨겨진 또 하나의 진실엔 왜 눈들을 감으려 하는가?

선진국이 늦어진 대신 허다한 사회적 약자들이 정부의 도움으로 밥을 먹고, 또 질병을 치유한 것에도 보수 경제이론가들은 주목해야 한다는 게 내 의견이다. 따라서 정부의 시장개입을 무조건 백안시(白眼視)하는 태도는 옳지 않다.

다들 알다시피 시장경제의 발상지인 서양 경제학자들도 그 다수가 제한적인 정부측 시장개입을 지지해 왔다. 존 케인즈처럼 적극성을 보인 사람도 있고, 새뮤얼슨이나 폴 크루그먼 같은 이들이 시장경제의 오(誤)작동을 정부가 감시할 걸 주문했다.

그러고 보면 노동자들의 과도한 행동, 곧 노동운동의 정치화도 문젯거리이지만 기업들의 배신(背信)행위도 예의(銳意) 주시해야 한다는 의견에 귀 기울여야 할 필요가 있다. 예컨대 모럴 해저드, 즉 도덕적 해이(解弛)가 기업 주변에서 부지기수로 발견되고 있지 않은가?

비자금 조성은 무시로 보는 일이고, 편법 상속에 의한 탈세 등이 시장경제와는 상관 없는 일이라서 선진국 진입론에서 젖혀 두는 것인지 묻고 싶다. 경제 논리들이 너무 왼쪽으로 편향된 걸 고칠 필요는 있지만, 지나친 선진국 노래도 그만 불렀으면 한다.

춘래불사춘

2010년 4월

봄의 정국(政局)

춘래불사춘(春來不似春). 봄은 왔는데 도무지 봄 같지가 않다는 얘기일 터이다. 요즘 국내 정국의 모양새가 딱 이러하다.

산천의 언 물도 어느새 그 머리를 내민 봄 기운에 녹아 옛 물줄기를 다시 터뜨리고 있거늘, 이제 입에 올리기에조차 식상감(食傷感)이 뒤따르는 세칭 친이(親李)–친박(親朴) 간 대결과 칼날 같은 여·야 대립은 풀릴 기미가 없다. 우선 이명박과 박근혜, 그들은 왜 화해할 수 없는 것인가?

두 사람의 대치가 결빙 정국의 원인자(原因子)가 되고 있는 걸 정작 그들 자신들은 잘 모르고 있는 것 같다. 그러나 곧 이게 한국 정치를 후퇴시키고 있고, 국민 일반의 불안감을 야기(惹起)하고 있는 걸 이제라도 그들은 깨달아야 할 필요가 있다.

여권(與圈) 안의 1,2인자가 불화 속에 빠지게 되면 둘은 결국 공멸하게 된다는 건 지나간 정치사(政治史)가 선명하게 가르쳐 주고 있다. 가령 이명박 대통령 쪽에선 임기를 마치고 그만두면 다 끝나는 일인 걸로 치부해 버릴 수도 있을 것이다.

이건 착각이다. 정권 재창출에 실패할 경우 엄청난 비판의 세례를 받게 될 것이고, 반대의 경우라도 그는 불화했던 새로운 1인자에 의해 혹독한 푸대접을 받게 될 것임이 분명하다.

지금 대권(大權)후보 랭킹1위의 박근혜 전 대표도 썩 좋지 않은 행보를 하고 있는 걸로 보인다.

지금 이대로 세월이 흐르면 차기 대통령 자리는 떼놓은 당상일 걸로 오판하고 있는 듯한 모습이 언뜻언뜻 우리들 눈에 비친다.

새삼 박 전 대표에게 충고해 두고 싶다. 그 하나는 어떤 형태로든 이 대통령과 손을 잡으란 것이다. 자신의 꿈 달성에 그의 협조가 끽긴하다.

좋은 정치 지도자는 묵은 감정에 얽매이지 않는다는 격언이 있다.

작금의 민주당 행보도 썩 마땅치가 않다. 노무현 일파가 떨어져 나가 새 정당을 만들도록 방치한 건 매우 잘못된 일이라 할 만하다.

또 한편으로 정동영, 또 손학규 등의 숨통을 억지로 막아놓고 있는 듯한 형상도 국민들 눈엔 감점(減點) 요인이다. 야권 내 모든 세력의 결집이 필요하다.

지금의 왜소한 민주당으론 정권 탈환이 불가능함을 미리부터 깨달아야 할 필요가 있다. 국민 심금을 울릴 만한 정책이나 신선한 대안들은 제시하지 못하고, 오로지 세종시 수정안 반대 등 여권 발목

잡기만을 능사로 하고 있는 걸 지양(止揚)해야 하리란 말도 남겨 두고 싶다.

현대 종가(宗家)의 부활

좀 새삼스러운 이야기이긴 하지만, 작고한 정주영 현대그룹 창업주가 하필이면 다섯째 아들 몽헌(夢憲) 씨를 자신의 후계자로 선포했을 적에 세상 사람들은 꽤 많이 놀랐었다. 이른바 장자 우선주의를 파괴한 건 그다지 충격적인 게 아니었다.

그의 장남은 이미 오래전에 윤화(輪禍)를 입어 세상을 뜬 사람인지라 큰아들 승계 같은 건 별반 의미가 없었다. 그렇다면 몽헌 황태자 등극에 우리들은 왜 놀랐을까?

나는 그 무렵 신문사 경제담당 간부로서 정주영–몽헌 부자 두 사람 모두를 몇 차례에 걸쳐 만난 적이 있다. 내가 받은 인상으론 몽헌 회장이 아무래도 좀 유약해 보였다.

말수도 매우 적었고, 초기엔 수줍음마저 보여 줘 저런 사람이 어찌 거대 기업그룹의 조타수 역할을 할 것인지 적이 걱정도 되었다.

머지않아 그는 세인들의 기우(杞憂)를 불식시켰다. 그는 부친과 함께 담대한 남북 간 거래 트기에 나섰다. 도중 그가 정치권의 희생양이 되긴 했지만, 한국동란 이래 줄곧 얼어붙어 있던 남북한 관계에 지금만큼의 숨통이라도 열어 놓은 건 상찬받아 마땅한 일이라 할 만하다.

그의 사후(死後) 현대 종가에 제2차 폭풍이 내습했다. 그에겐 아들이 없었다.

그의 아내 현정은 회장이 팔을 걷어붙이고 나섰다. 가뜩이나 경영 전반이 험로에 빠져 있는 판에 경험도 없는 아낙이…?

솔직하게 털어놓자면, 나도 의구심의 눈초리를 보낸 게 사실이다. 그래서 정씨 가문 중의 한 경영주가 현대 종가를 접수하러 나섰을 당시 은근히 그의 성공을 빌기도 했었다.

그러나 현정은 회장도 그의 부군(夫君)처럼 사람들의 근심을 깨끗이 잠재웠다. 남자 못지않은 뚝심에다 범상치 않은 경영능력을 발휘, 기울어 가던 현대 종가의 부활에 한 몫을 단단히 해 내고 있다.

가령 평양으로 들어가 며칠밤을 더 기다려 끝내 김정일 위원장을 만난 건 예삿일이 아니다. 북측으로부터 금강산·개성 관광 재개를 약속받고도 오래 이게 열리지 않아 국민 일반이 안타까워해 왔다. 정부가 남북관계에 원칙론 일변도로 대응하고 있는 건 고려의 여지가 있다. 북측 협박에 굴종하라는 게 아니다. 다소간의 신축성이 필요하다고 본다.

현대그룹이 새 건물을 구입해 이사했다는 소식이다. 현대 종가의 부흥을 바란다.

교육의 파행(跛行)

미국의 오바마 대통령은 틈만 나면 한국의 교육 열기(熱氣)를 칭찬한다지만, 그가 정작 한국교육의 속 사정을 알게 된다면 아마도 쓴웃음을 짓게 될 것이다. 요즘 정부 교육정책의 목표란 게 고교 평준화, 또 대학입학 기회의 균등화 등일 터이다.

돌이켜 보면 고교 평준화는 이미 작고한 박정희 대통령의 완력(?)

에 의해 시도됐었다. 그는 마치 혁명을 하듯 전국의 명문고들을 사실상 폐쇄시켰었다.

개인적인 얘기이지만, 나는 세칭 명문고를 나오고서도 박 대통령의 결단에 박수를 보냈었다. 정부 수립 이래 당시까지 일류고, 또는 명문고들이란 게 옛날 봉건시대의 이를테면 양반학교인 양 똬리를 틀고 있었다.

서울의 5대 공립, 5대 사립 학교, 그리고 지방 각도의 몇몇 명문고들이란 게 전국의 모든 청소년들 위에 군림해 왔다. 이들 귀족학교 출신들이 세칭 SKY대학이란 또 다른 양반학교로 물밀듯이 몰려들어갔다.

가령 서울의 K고, S고 등은 대학서열 1위의 S대에 5~600명씩을 집어넣었다. 처음부터 양반이 못 된 소년들로선 일류고, 또 일류대 입학을 꿈도 꾸지 못했다.

언필칭 민주주의 세상을 만든다면서 이렇듯 귀족학교 놀이를 하고 있었으니 박 대통령이 칼을 빼들 만도 했다. 불행히도 그의 교육혁명은 미완의 것으로 남고 말았다. 그로부터 오늘에 이르기까지 각양각색의 변칙 귀족고교들이 등장, 한국교육을 파행으로 몰아가고 있다.

엊그제 보도된 걸 보면 한숨이 절로 나온다. SKY대학 합격생의 4할이 외국어고 출신이라고 한다.

놀랄 일은 이뿐만이 아니다. 자립형 사립고(자사고)들이란 곳에서도 서울 소재 5대 대학에 졸업생 절반을 합격시킨 걸로 보도되었다.

이로써 박 대통령의 일류고 박멸 정책은 수포로 돌아간 셈이다.

왜 오늘의 교육정책 당국자들은 늘 긴장의 끈을 놓고 있다가 교육이란 수레바퀴를 되레 후진시키고 있는 건가?

이제 새로이 등장한 이들 귀족학교들을 어찌 손볼 것인지를 사위(四圍)에서 지켜보고 있다. 잡담, 제(除)하고 자칫하다간 대한민국이 외국어고 공화국이 될 지경에 이르렀다.

판사도, 행시 출신 공무원도 외고(外高)졸업자들이 석권하고 있는 현실을 당장 개선할 필요가 있다. 제발 대학 서열화 파괴에도 나서 볼 일이다.

제 2 부

물신주의 망령

박근혜의 기묘한 정치 행보

2010년 2월

박근혜의 정치학

요새 같아서야 정치 칼럼 쓰기도 여간 조심스러운 게 아니다. 하도 날만 새면 바뀌는 것들이 지천이어서 자칫 써 놓은 글들이 식은 감자처럼 되기가 일쑤다. 더구나 가령 세종시 분쟁 결과 같은 건 한 치 앞을 내다 보기가 어려운 탓에 글의 초점이 안 맞게 될 수도 있음을 미리 고지(告知)해 두고 싶다.

어찌 되었거나, 1월 중순 현재의 상태에서 세종시 문제를 들여다 보면 그 실타래가 매우 복잡하게 얽혀 있다. 대통령의 말마따나 문제가 너무 정치화(政治化)해 있다.

정부 측으로선 정운찬 총리가 강조하듯, 이 문제에 어떤 정치적 복선도 없는 걸로 일단 간주된다 할 만하다. 작고한 노무현 대통령이 수도(首都) 이전을 밀어붙이려다 헌법재판소의 이른바 관습헌법

장벽에 막혔고, 이로써 충청도민들에게 진 마음의 빚을 지나치게 의식, 무리수를 두었다는 게 이명박 정부의 시각이다. 나는 여기에 동의한다. 수도 이전이 좌절된 판에 행정부 가운데 9부2처2청을 현지로 옮긴다면 그 폐해가 얼마이겠는가?

나는 충청도민들에게 숙고(熟考)해 볼 걸 새삼 충고해 두고 싶다. 행정부 사람들은 세종시에 결코 머물러 살지 않는다. 괜히 먼지만 날리며 서울-세종 간 도로 교통만 어렵게 만들 것이 분명하다. 정부의 수정안이 결과적으로 세종 시민들의 복지 증진에 도움 될 게 틀림없다. 대기업들과 대학들의 현지 입성이 바람직한 걸 깨우쳐야 할 필요가 있다.

자유선진당이니 민주당이니 몽땅 정부를 곤경에 빠뜨릴 책략, 또 충청도 표심을 잡을 정략에 골몰해 있다는 게 나의 관점이다.

그렇다면 수정안에 반대의 뜻을 분명히 한 박근혜 캠프의 계산은 뭔가? 세종시 문제를 둘러싸고 장차 빚어질 어떤 경우의 수(數)에도 불리할 것이 없다고 판단하고 있는 듯 보인다.

먼저 원안(原案)으로 정부가 후퇴하는 경우, 박근혜의 정치적 승리가 빛나게 되고, 또 그만큼 대권(大權) 레이스에서도 크게 한발 앞서게 될 것이다. 만약 그녀가 이명박 대통령과 모종의 밀약이라도 맺게 될 경우, 그것도 나쁘진 않을 것이다. 이건 물론 수정안 찬성을 고리로 할 게 뻔하다.

대통령이 끝내 수정안을 관철시킬 경우, 그녀는 거꾸로 충청도 표심 굳히기에다 일부 야당 성향 유권자들의 마음도 사게 될 듯하다. 그러나 그녀의 이렇듯 기묘한 정치 행보(行步)에 등 돌릴 표심도 적지 않으리란 걸 잊어선 안 될 듯싶다.

대통령의 추상화(抽象畵)

지난 달 4일, 이명박 대통령의 신년 연설을 듣고 나는 또 좀 실망했다.

"아, 저 양반이 올해에도 구상화(具象畵)가 아닌 추상화만을 그리고 있군….

대체 몇 %의 국민들이 대통령 연설에 감명을 받았을까?"

이게 나의 연설 청취 후감(後感)이다.

솔직하게 말하자면, 나는 이명박 대통령을 처음부터 뭘 그리 열렬히 지지해 온 사람이 아니다. 그러나 뒷날 생각이 꽤 많이 바뀌었다. 수십조 원 상당의 원전 공사를 수주해 오는가 하면, G20 정상회의 개최권을 따 오는 등 제법 알맹이가 굵은 국정 수행능력을 보여 줘서만이 아니다.

무엇보다 그가 높이 치켜든 친(親)서민 정책이란 간판에 매료되었다. 이제 집권 중반을 맞게 되었지만, 지금껏 그는 기회 있는 대로 친서민 중도 실용정책이란 걸 입에 달고 지내왔다. 불행히도 이건 늘 말의 성찬(盛餐)으로 끝나 왔고, 오늘도 이 땅의 서민들은 궁핍 속에 파묻혀 있다.

마이크 잡고 말하기 좋아하는 대통령은 아직도 많은 숫자의 국민들이 겪고 있는 신산(辛酸)한 삶의 고통을 잘 모르고 있는 듯, 서민정책이란 걸 그저 구두선(口頭禪)처럼 외워 오기만 했다. 서민들의 귀에 딱지가 앉은 말, 좀 있으면 온기(溫氣)가 윗목으로도 타고 내려가리란 얘기에 그들은 분노한다.

역대 대통령들마다 써먹어 온 이런 '아포리즘'에 서민들은 아예 등을 돌려 앉은 지 오래이다. 대통령의 추상화 그리기는 이쯤에서 끝나야 한다는 게 나의 주문이다. 가령 일자리 창출이란 해묵은 과제에 대통령이 제발 직접 나서 구상화(具象畵)를 그려 내야 할 것이다.

전경련에서 300만 명 고용창출 구상이란 걸 내놨지만, 너무 막연한 이야기이고, 올해의 채용 계획도 아직 미흡하다. 대통령의 적극 개입을 기대해마지 않는다. 일의 화급성 때문이다.

말이 나온 김에, 또 한 가지 대통령에게 권고하고 싶은 이야기가 있다. 자신이 기업인 출신이란 압박감에서 벗어져 나와야 할 필요가 절실하다 할 만하다. 만기친람(萬機親覽) 스타일은 하루라도 빨리 버리는 것이 좋다. 일언이폐지(一言以蔽之)하고, 장관 이하 고위급 공무원들이 앞장 서 일하지 않는 폐단이 따르게 마련이다.

옛날 전두환 대통령은 자신의 경제수석 비서관에게 말했었다고 한다.

"경제는 자네가 대통령이야. 소신껏 일해 보게나." 그 무렵 한국 경제는 공전(空前)의 호황을 누렸다.

5공(共)의 잔영(殘影)

5공(共)이 사법(司法)과 언론 등을 유린한 폭거는 지금 다시 생각해도 등에 진땀이 난다. 마침 진실화해위원회란 곳에서 지난 1980년 이른바 신군부(新軍部)에 의해 저질러진 언론통폐합의 경위, 또 그 배경을 샅샅이 밝히고 나섰다.

그러면서 피해자들에게 국가는 이제라도 사과하고, 적정(適正)한 배상을 할 걸 요구했다. 만시지탄(晚時之歎)의 느낌은 있지만, 정부는 그에 따르는 것이 옳다고 나는 확신한다.

어떤 이는 원상 회복을 말하기도 하지만, 그건 사실상 불가능한 걸 오히려 피해 당사자들이 인지(認知)하고 있다고 본다. 다만 배상만은 정부의 재정 허락 범위 안에서 최대한 성의를 보이라는 게 중론(衆論)임을 강조해 두고 싶다.

진화위(眞和委) 측에서 피해자들이 겪은 고통의 사례를 몇 가지 소개하기도 했지만, 그건 빙산(氷山)의 일각일 뿐이다. 사례 하나-. D일보에서 반정부(反政府) 케이스로 몰려 난 K기자의 경우, 실직 이후 발에 땀이 날 정도로 취직 자리를 알아 봤지만 모두가 헛일이었다.

그는 뒤늦게 정부 측이 해직 기자의 취업을 막고 있음을 알았다. 마침내 아내와 함께 남대문 시장 속으로 들어가 노점상 좌판을 깔았다. 의복류를 그 좌판 위에 올려 놓고, 그는 소주 한 병 마신 뒤 발을 굴러 가며 호객 행위를 했다.

"골라, 골라! 아주 많이 쌉니다."

그의 곁에 선 아내는 흐느껴 울었다고 한다.

또 한 사람, L기자는 보안사 요원들이 체포, 그 유명한 서울 남영동 대공(對共)분실로 영문도 모른채 끌려 갔다. 낮도깨비 같은 '김일성 주체사상' 전파란 게 그가 뒤집어쓴 혐의였다.

초죽음이 돼서 무혐의로 풀려났음에도 불구하고, 역시 취업이 안 돼 한약종상(韓藥種商) 자격 시험에 도전, 겨우 입에 풀칠을 했다.

5공의 사법부 유린 행위도 낯뜨거운 일이긴 마찬가지이다. 그 대표적인 것이 대법관 집단 구타사건이다. 대법원으로 넘어온 김재규의 박정희 대통령 시해 사건을 놓고 대법관들 사이에 의견이 양분되었다. 한쪽은 군사재판 판결대로 내란죄임을 확인했고, 또 다른 쪽에선 김재규 개인의 단순 살인죄임을 주장했다. 후자(後者)들은 서빙고동 보안사 막사로 붙들려 가 모진 고문 끝에 사표들을 썼다. 5공의 잔영은 아직도 길고, 또 잔인하다.

반대를 넘어 대안 제시로

2010년 1월

민주당의 행보(行步)

요즘 민주당 지도부의 행보를 보면 꼭 50년 전 그들 원조(元祖) 민주당의 그것보다도 못하다는 생각이 절로 든다.

꽤 오래전에 본란을 통해 잠시 소개한 바도 있지만, 새로운 독자들을 위하여 그때 일화들을 다시 언급해 보고 싶다.

당시 민주당을 이끌던 조병옥 박사의 경우 국가보안법 제정에 뜻밖에도 찬성의 손을 들었다. 그는 언론들의 집중 포화를 받았다. 심지어는 매국노란 욕설까지 들었다. 그로부터 얼마 안 돼 국회의원 선거법 개정안에 자유당이 동조, 사람들을 어리둥절케 했다. 야당 후보의 당선을 막는 독소 조항들이 이로써 제거되었기 때문이다. 아니나 다를까, 그다음 총선에서 민주당은 의원 숫자를 갑절로 늘리게 되었다. 조 박사는 이걸 노렸던 것이다. 또 국보법(國保法)은 그 무렵

형세로 봐 불가피한 것이기도 했다. 결국 그는 남는 장사를 한 셈이었다.

세월이 한참 지나 유진산 당수(黨首)는 자신의 철옹성 고향 지역구를 무소속 후보에게 팔아 넘겼다. 그도 어지간히 세인(世人)들의 손가락질을 받았다.

나중 그의 속 사정이 밝혀졌다. 총선을 치를 자금이 태부족이었다고 한다.

그가 신병으로 별세한 뒤 남은 것이라곤 은행 저당들이 잔뜩 잡힌 집 한 채뿐이었다.

작금 민주당 사람들은 뭘 생각하고 있는 것인가? 정부나 여당이 내놓는 정책들에 '올 코트 프레싱'으로 반대만을 일삼고 있다. 이제와, 뒤늦게 정부가 야당 공세에 떠밀리는 건 되레 민심 이반(離反)이란 부메랑이 될는지도 모른다.

무엇보다 민생(民生) 법안들마저 내팽개쳐졌던 건 저들의 직무유기라 할 밖에 없다.

가령 교과위(敎科委)나 환노위(環勞委) 같은 곳에선 지난 해 정기 국회 동안 법안이 단 한 건도 처리되지 않은 걸로 보도되었다. 세비 반납을 요구했던 여당 측 공세가 눈에 거슬리지 않을 지경이었다.

4대 강 사업이나 세종시 원안 수정 등과 관련해서도 반대의 목소리만 높았었지 그들 자신의 정책 구상이라곤 내놓은 것이 없다.

지금 나는 이명박 정부를 향해 환호의 깃발 같은 걸 들고 있는 것이 아니다.

야당의 정치란 게 너무도 졸렬한 듯한 느낌이 들어 안타까울 따름이다. 이런 추세론 정권 교체도 어림없어 뵌다. 민주당 측에 사고(思考)의 쇄신을 촉구해 두고 싶다. 시간은 흘러 어느 덧 또 신년이다.

북한의 몰락

한국 동란 이래 북한에서 전향해 온 인사들 가운데 지식인으론 아마도 연전에 작고한 김창순(金昌順) 옹(翁)이 그중 높은 수준의 인물이었던 걸로 난 추측해 본다.

그는 신의주 출신으로 만주의 명문 하얼빈 학원을 나왔다. 여기에서 노어(露語)와 함께 정치경제학을 전공했다. 그는 특히 공산주의 이론, 또 그 전략·전술에 매료돼 관련서적 탐독에 날밤 밝히기가 일쑤였다고 내게 털어놓은 적이 있다.

해방 이후 그는 북한 김일성 수상의 외교 고문 겸 정무원 기관지 민주조선 주필을 지냈다. 정무원(政務院)이란 우리의 내각에 해당한다.

그 얼마 뒤 그는 평양 감옥에 투옥된다. 미제(美帝)의 간첩이란 딱지가 붙은 국가 반란죄였다.

순진하게도(?) 김일성의 개인 독재·독단을 비판한 글이 문제가 되었다.

국군이 평양에 입성하면서 감옥에서 나왔다가 피란민들과 함께 부산까지 내려왔다. 그는 반공 검사로 이름 난 오제도 씨를 찾아가 전향서를 썼다. 여기까지가 기껏 30대 초반에 이르는, 그의 굵고, 또 짧은 인생 축약도라 할 만하다.

그의 생전에 나는 북한에서 무슨 뉴스거리라도 나왔다 하면 늘 그를 붙들고 물어 보곤 했다. 가령 인민들의 생활이 나날이 피폐해 지는 걸로 들리는 북한 경제의 장래에 관해 물은 적도 있다. 물론 김정일 집권 때의 일이다.

"지금의 부패한 집권세력이 말 그대로 프롤레타리아 인민대표들에게 권력을 이양, 새 지도층이 오로지 인민을 위하여 이른바 계획경제의 인프라를 구축하는 것이 급선무입니다."

답변은 겨우 서론에 그쳤다. 나머지를 말하도록 다그쳤다.

"그래서 어느 정도 공산주의 계획경제 체제가 기반을 잡은 뒤 중국을 따라 배워야 할 것입니다."

중국처럼 시장경제를 접목시켜 나가되, 지금의 어지러운 김정일 개인 호주머니 출납부, 또 당간부·관료들의 축재 등이 먼저 청소되어야 할 것이라고 그는 덧붙였다.

요새 드디어 북한 경제란 풍선에서 바람 빠지는 소리가 들리기 시작했다.

화폐개혁이 그 서곡이다. 인플레를 잡으려는 듯 신권과의 교환비율이 100 대 1이다. 45개월치 월급을 들이밀어야 양복 한 벌을 사입는다니 인플레 잡고 나면 북한 경제에 뭐가 남을는지 모르겠다. 이런 와중에 정권 세습도 노린다는 보도이고 보면 경제회생은 아예 물 건너 간 것 같다.

어떤 코미디언

휴일 오후 무심히 텔레비전 화면을 들여다봤다. 남도의 한 소도시에서 단축 마라톤 대회란 게 열리고 있었다. 무슨 정규의 스포츠 이벤트는 아닌 듯했다.

아마 그 고장의 축제 행사에 덤으로 붙은 종목인 듯했다. 그러기에 일반 시민들 말고도 다수의 연예인들이 참가하고 있는 걸로 보였다.

몇몇 젊은 탤런트들이 눈에 띄었고, 약방 감초 격으로 일부 희극 배우들도 뛰고 있었다. 우리 잇수로 50여 리쯤 될까? 그들은 처음 만면에 웃음을 흩날리며 달려 나아갔다.

웬걸, 한 20리 쯤에 이르면서부터 주자(走者)들의 얼굴에서 웃음끼가 싹 달아났다. 그들은 가쁜 숨을 몰아 쉬며 고민하는 모습들을 보이기 시작했다.

고통을 참고 더 달릴 것인가, 아니면 병원 호송차의 문을 두드릴 것인지를 놓고 장고(長考)하는 듯한 연예인들이 부쩍 늘어났다. 텔레비전은 이걸 재미 삼아, 무자비하게도(?) 이젠 더 뛰지도 못하고 절름발이 발걸음을 사력을 다해 옮겨 가고 있는 사람들의 전신(全身)을 화면 가득 담아 내보내고 있었다.

인기(人氣)를 먹고 산다는 그들을 텔레비전 카메라는 그렇게 고문, 시청자들의 주의를 끌어 모았다. 어찌 되었거나, 좀 젊은 배우들은 두세 시간씩 걸려 기진한 몸으로 목표 지점에 도달했다.

관심거리는 두 코미디언-.

나이 오십 줄이 가까워 뵈는 낯익은 코미디언은 마침내 병원 자동차에 몸을 실었다. 그는 길게 한숨을 내쉬었다.

어느새 흘러간 세월-. 좀 실례되는 표현이지만, 가령 은퇴도 고려해야 할 때가 아닌지 등을 놓고 번민하는 것처럼 내겐 상상되었다.

뜻밖의 사태가 벌어졌다. 그보다 나이는 많이 아래이지만, 평소 매우 허약한 몸인 걸로 소문 난 엘리트(?) 코미디언이 병원 차 문을 열고 말했다.

"형님, 나오시오. '국민 약골' 인 나도 포기 않는데…"

그는 후배에게 무리하지 말고 동승(同乘)할 걸 권유했지만, 비쩍 마른 몸매의 그 후배는 절뚝거리며 가던 길을 멈추지 않았다. 선배는 벌떡 자리에서 일어났다. 절름발이 걸음이 다시 계속되었다. 장장 다섯 시간 만에 그도 단축 마라톤에 성공했다. 후배들도 울고, 그도 울고, 덩달아 내 콧마루도 시큰해졌다.

재벌에도 순기능이 있다

2009년 12월

법(法)과 이념

평생 법률학자로 지내 오신 나의 선친은 까다로운 법(法) 해석에 부딪칠 때마다 매우 쉽고, 또 정곡(正鵠)을 찌르는 용례를 들어 듣는 이의 마음을 후련하게 해 주는 지혜가 있으셨다. 한마디로 이 어른은 법률만능주의자가 아니었다.

그에 따르면 법은 정치가 진군(進軍)하면서 쏟아 내놓은, 그쪽 편의에 따른 오물(汚物)에 지나지 않는다는 것이었다. 그나마 이걸 관련 당사자들이 체 같은 걸로 끊임없이 걸러내 대중의 권익 옹호에 나서 오고 있다는 이야기이다.

다른 말로 바꾸면, 법은 지고지선(至高至善)의 것도 아니며 하자(瑕疵) 투성이 얼굴을 하고 있다는 것이다.

그러나 실망할 필요는 없다고 그는 우리들에게 위로의 말을 건네는 것도 잊지 않았다. 가령 사법(司法) 쪽에 서 있는 사람들끼리 의견 충돌에 빠졌을 적에 2, 3심(審)의 구난(救難)장치가 있고, 그것도 모자랄 때에 대비, 헌법재판소란 보루도 잊지 않으냐고 되물었다.

근자에 한 보수신문이 호들갑을 떨고 나섰다. 한국의 법(法)이 이념 앞에서 길을 잃었다는 것이다. 기사(記事) 내용을 들여다보니 별게 아니다.

사례 하나–. 지난 1월 국회 로텐더홀을 불법 점거한 혐의로 약식 기소된 민주노동당 당직자 12명 전원에게 공소 기각한 것을 물고 늘어졌다.

재판부는 민주당 쪽은 빼고 민노당 당직자만 기소한 것은 공소권 남용이라는 주장이었다. 기자(記者)는 반발하기를, 지난 7월 같은 혐의로 약식 기소된 민노당 당직자 박모씨에겐 70만 원의 벌금형이 선고되었다는 것이다. 물론 단독 범죄였다.

사례 둘–. 지난해 10월 어느 판사가 야간집회 금지 조항을 걸어 헌재(憲裁)에 위헌법률 심판을 제청했다.

이걸 놓고서도 티격태격이다.

어떤 법관은 피고인에게 위헌법률 심판이 아직 내려지지 않은 걸 두고, 그때까지 재판을 미루겠다는 입장이고, 헌법불합치 결정이 난 이상 법이 개정될 때까지엔 현행 법률대로 유죄 판결을 내리겠다는 일컬어 소신파도 있다.

나는 이런 정황을 두고 무슨 사법파동이라도 일어난 양, 또 판사 한 명이 개인적으로 친밀한 민노당 인사 후원회에 들른 걸 두고 이념(理念) 운운하는 국내 유수의 신문 편집 태도에 실망감을 감추기 힘들다.

정말 무서운 건 한국 사회의 좌우 이념 대립을 이른바 메이저 신문이 부추기고 있고, 도무지 주변에 중도·소통의 세력이 뵈지 않고 있다는 점이다.

재벌의 실체

내가 신문사 산업부장을 하고 있던 때의 일이다. 같은 신문 편집국에서 과학부장을 하던 이가 틈만 나면 내게로 와 시비를 벌이곤 했다. 그는 나의 언론계 입문 동기였는데, 그의 주장인즉 내가 너무 대기업, 곧 재벌 위주로 지면을 구성한다는 것이었다.

그러면서 그는 이른바 재벌의 폐해를 죽 늘어놨다.

여러 소리들을 했지만, 독과점의 폐단과 함께 소유권의 세습 등을 비난한 게 기억된다. 추측건대, 절반은 마음에 있는 얘기이고, 나머지 반쪽은 나의 직무가 부러워 질투하는 것처럼 보였다.

나는 그에게 한국 재벌이 거듭나야 할 측면이 있음을 시인했지만, 아울러 우리네 재벌이 지닌 놀랄만한 순기능(順機能)에 관해 설명해 줬다. 무엇보다도 대기업 집단의 세칭 오너가 내릴 수 있는 빠른 의사 결정, 또 과감한 판단에 따른 상황의 개선 등을 강조했다.

그는 내 말을 잘 들으려 하지 않았지만, 나의 예언은 잇달아 들어맞았다. 그 첫 번째로 외환위기 직후 반도체 쪽에 위험을 무릅쓰고 투자를 확대, 큰 소출을 낸 삼성의 성공을 들 만하다.

삼성은 이번에 또다시 재벌로서의 위력을 발휘했다. 3분기 영업이익이 일본 열도의 전기·전자 9대 업체의 이익 합계를 더블 스코

어로 넘어선 것이다.

일본 언론 보도에 따르면, 소니 · 파나소닉 · 히타치 등 현지 관련 업체들은 한국의 한 업체에 실적에서 완패했음을 인정했다고 한다. 니혼게이자이(日本經濟) 등 현지 언론들은 자신들의 패인 분석에 나섰다.

일본 업체들은 경기침체 때 투자를 줄이는 데 급급했지만, 삼성전자는 오히려 불황기를 이용해 적극적인 투자에 나선 뒤 경기 회복기에 대량 생산을 감행, 시장 지배력을 강화했다고 설명했다.

또 이런 전략적 투자가 가능했던 배경을 일본 신문들은 놓치지 않았다.

강력한 경영 리더십을 발휘한 이건희 전 회장의 존재를 염두에 둬야 한다고 날카롭게 지적하고 있다. 전문 경영인들이 흉내 낼 수 없는 오너 경영인의 담력이 최고 수익의 원동력이 되었다고 분석하기도 했다.

이야기는 다시 과학부장과의 설전(舌戰)으로 돌아온다. 지금쯤 그는 어떤 생각을 하고 있을까?

노년에 접어들어 실물 경제의 흐름이나마 알고 살았으면 좋겠다.

인류애(人類愛)

101세의 나이로 장서(長逝)한 클로드 레비스트로스의 이른바 구조주의 인류학에 관해 난 썩 잘 알지 못한다. 다만 나는 그가 전 생애에 걸쳐 인간 본연의 모습, 또 삶의 형식을 구조적으로 천착한 끝에 인간의 동질성을 끌어냈다는 점에서 존경해마지 않는다. 그는 오래전에 작고한 폴 사르트르와 동년배의 인물이다.

그는 사르트르의 실존주의 철학을 맹공했다. 표현을 달리하긴 했지만, 따지고 보면 실존주의를 허구적이며 이를테면 엘리트주의적인 걸로 비웃은 것 같다.

또 그는 놀랍게도 문명과 야만의 경계를 파괴해 버렸다. 이런 맥락에서 경천동지할 만한 선언 한 가지가 튀어 나오기도 했다.

1만 년 전의 인간이나 현대인 사이에 다를 것이라곤 아무것도 없다는 것이었다. 내가 해석하기에 이건 레비스트로스의 인류애와도 연결되는 듯하다.

이로써 그는 브라질 상파울루 대학의 방문교수를 지내는 동안, 상당 기간에 걸쳐 현지 원주민들 속으로 들어가 그들 삶의 애환을 채집하기도 했다. 이걸 르포 형식으로 뒷날 세상에 내놓은 게 그 유명한 '슬픈 열대'였다.

이 책은 세상에 굉장히 큰 반향을 불러 일으켰다. 이게 르포였기에 망정이지 만약 픽션이었다면 여러 군데서 상을 받을 뻔했다는 얘기이다.

평자(評者)들의 말을 빌리면, 비단 '슬픈 열대' 뿐만 아니라 그의 모든 저서들에선 인류애 같은 것이 짙게 풍겨난다고 한다.

현대인에 덧씌워진 물질문명이 시간이 흐를수록 자신들의 발에 채워진 착고 노릇을 하고 있고, 또 이런저런 정신적 허영들이 결과적으로 인류를 피폐하게 하고 있다는 것이 이 글을 쓰고 있는 한 서생(書生)의 지론이었다. 내가 레비스트로스 옹(翁)을 흠모해 온 까닭이라면 까닭이다.

나의 가슴을 시원하게 뚫어 준 것이 아직 하나 더 남아 있다.

자신이 프랑스 국적 소유자이면서도 이른바 서구(西歐) 우월주의를 통렬하게 깨 버렸다. 그가 동양 쪽에서 더 상찬받고 있는 이유인지도 모른다.

요약컨대, 레비스트로스는 인류 평등주의를 맨 앞장에서 선창, 적지 않은 후학들의 제창(提唱)을 이끌어 냈다.

세종(世宗)시 원안 고수가 어떻고, 외국어고를 폐지하는 게 옳으니 마니, 게다가 박근혜의 침묵이 비겁하다는 둥 어지럽기 짝이 없는 세상에서 고담준론(高談峻論)을 늘어놔 좀 쑥스럽다.

군산, 상전벽해의 도시

2009년 11월

삶의 질(質)

L전 의원은 나와 막역한 친구 사이다. 지금 그가 정치후원금 후폭풍에 휘말려 비록 정계 은퇴 상황에 놓여 있긴 하지만, 나는 L전 의원이 가까운 장래에 정계 복귀를 선언할 걸 기대하고 있다.

그가 야당 대통령 후보 경선에 나섰을 적에 난 그의 정책 특보를 맡았었다. 그는 내게 주문했다. 성장 우선의 냄새(?)는 아예 피우지 말라고…. 난 그에게 호소하듯 말했다. 선거에선 이기는 게 중요하고, 따라서 공약은 복합적으로 만드는 게 불가피함을 역설했다.

그는 완강했다. 그래서 나온 게 두 가지이다. 먼저 정치 부문에선 중도(中道)통합을 내세웠다.

내가 놀란 건 그의 경제 철학이었다. 한국이 걸어야 할 길은 강소국(强小國) 지향이 되어야 한다는 것이었다.

사람들마다 입만 열면 G7이니 G13이니 하며 세계 열강 진입을 노래하는데, 이게 모두 백일몽이라고 그는 쏘아붙였다. 그러면서 그는 놀랍게도 유엔개발계획(UNDP)측과 동일한 언사(言辭)를 쏟아냈다. 국민 일반의 '삶의 질'이 지속적으로 상승되도록 하는 게 정부의 책임이란 것이었다.

이번에 사실상 삶의 질을 평가하는 인간개발지수(HDI)순위가 발표되었다. 한국은 4년째 26위를 고수하고 있는 걸로 나타났다.

우리의 L전 의원은 여기에 어떤 반응을 나타내고 있을지가 궁금하다. 모르긴 모르되, 긍정적이지 않을 것 같다.

그가 선망하는 강소국 노르웨이가 1위, 호주와 아이슬란드가 각각 2, 3위를 차지했다. 일본은 10위, 미국은 13위로 작년 대비 한 단계 하락했다.

아시아 국가 중 싱가포르와 홍콩이 나란히 23, 24위를 차지했으며 중국은 작년 81위에서 올해 92위로 곤두박질쳤다. 중국의 추락이 역설적으로 흥미롭다.

L전 의원의 시야에도 이 대목이 인상 깊었을 걸로 추측된다. 그러고 보면 삶의 질은 GNP(국민총생산)나 GDP(국내총생산) 등과는 결코 비례되지 않는다는 걸 정부 당국자들은 잊지 말아야 할 듯싶다.

소득과 교육 수준, 유아 사망률, 여기에다 평균 수명 등까지도 인간개발지수에 합산된다는 얘기이고 보면, 오로지 GNP증대, 또는 세계 무역고 순위 등에만 매달려선 안 된다는 결론이 도출된다. L전 의원이 마음을 바꿔 정계에 복귀, 삶의 질 높이기에 힘써 줄 걸 바라는 소이연(所以然)이다.

어떤 도시

나는 나이 열 살 무렵에 처음으로 바다를 봤다. 하필 밤이 이슥해서다.

촘촘히 늘어서 있는 가로등, 여기에서 뿜어내는 불빛이 선착장 아래의 물결 위에 투영돼 시골 소년의 가슴을 설레게 했다. 내 고향은 충남 서산, 아버지의 직장 이동 관계로 이제 막 항구 도시 군산에 상륙한 것이다.

이곳에서 초등학교 3년, 중학교 3년을 마쳤으니 군산과의 인연이 매우 깊다 할 수밖에 없다. 그 6년의 생활을 지금 회고해 보면, 불행히도 어두운 기억들이 더 많다. 가령 도시가 너무 좁아 늘 답답했던 게 회상된다. 또 말이 좋아 항구이지 그 수심(水深)이 얕아 큰 배들이 들어오질 못했다.

그렇다고 어물 외에 달리 어떤 생산물이 있는 것도 아니었다.

그중 더 나쁜게 시(市) 공무원들의 자세였다. 뭔가 도시 발전 계획을 세워 그걸 시민들에게 알리고 협조를 요구하는 법이라곤 아예 없었다. 시쳇말로 복지부동(伏地不動)이었던 것 같다.

이런 판국이니 사람들마다 형편만 되면 서울 등 대처(大處)로 이사하기 일쑤였다.

이 글을 쓰고 있는 나도 예외가 아니었지만, 중학교 성적이 그래도 상위권이다 싶으면 몽땅 열을 지어 서울행(行) 기차를 탔다. 내 동기만 해도 50명이 넘었던 걸로 기억된다.

이런 군산이 요즘 말 그대로 코페르니쿠스적(的) 변화의 모습을 나타내고 있는 걸로 보도되었다.

현대중공업 조선소가 이곳에 들어와 있고, 두산 인프라코어도 뒤를 이어 이른바 산학관 협약이 체결되었다고 한다.

　군산 시는 옛날 인재를 서울 등지에 빼앗겼던 걸 잊지 않고 교육 발전에도 총력을 기울이고 있는 모양이다. 문맹퇴치 운동도 종래의 자원 봉사 형식에서 벗어나 전문 교사를 채용, 이른바 비문해(非文解) 제로(zero) 학습도시로 떠오르고 있다고 한다. 대도시보다 교육여건이 불리한 점을 보완할 목표로 서울의 유명 학원 강사들을 초빙, 고교생을 가르치고 있는 건 전국 지자체들의 벤치마킹 대상이 되고 있는 걸로 알려졌다. 50여 년 전 항구라기보다 작은 포구(浦口)처럼 내 눈에 비쳤던 군산, 또 좋든 싫든 나의 성장기 6년을 감싸안아 줬던 군산이 저렇듯 상전벽해(桑田碧海)의 모습을 보이고 있다니 기분이 썩 유쾌하다. 도시 행정 컨테스트에서 2위 한 걸 축하해마지 않는다.

기형 헌법은 개정되어야 한다

2009년 10월

개헌(改憲) 논의

국회 헌법연구자문위가 엊그제 헌법개정안 시안(試案)을 내놨다. 그 대강을 훑어 볼 필요를 느낀다.

먼저 대법관과 헌법재판관 전원을 국회에서 뽑도록 하자는 내용은 좀 생뚱맞다는 느낌이 든다. 선출과정의 민주적 정당성을 확보해 보겠다는 명분이 전혀 이해가 안 가는 건 아니다. 그러나 국회가 대법관 전원을 선출할 경우 다수당에 의해 법원이 영향을 받는 사법부의 정치화가 우려된다는 반론에 나도 동의한다.

또 대법관이 정치이념에 따라 뽑히게 되고 결국 사법부가 국회에 휘둘려 3권분립 정신이 훼손될 것이란 목소리에도 오류가 있는 것 같지 않다.

자문위는 또 이른바 2원정부제와 대통령 4년 중임제의 두 가지 대안을 제시했다. 이 가운데 후자(後者)는 우리들에게 매우 낯익은 것이다. 다 알다시피 건국 이래 4·19혁명 직전까지 헌법은 대통령 중심제란 이름 아래 이 제도를 시행케 하고 있었다.

이승만의 장기집권 야망으로 이게 내각책임제로 바뀌었고, 또 헌법은 쿠데타로 얼룩졌었다. 이른바 민주화가 성취된 뒤 지금의 5년 단임 대통령제란 다소 기형적인 시스템 아래 놓이게 되었다.

따라서 이 기형 헌법은 반드시 적어도 2년 안에 개정되어야 할 것이란 점에 모두가 동의하고 있는 듯 보인다. 자문위는 대통령제와 2원정부제로 압축, 국회는 물론 국민 일반의 여론 추이를 지켜보고 있는 것 같다.

두 제도 모두에 장·단점이 걸쳐 있어 선뜻 한 가지를 선택하기가 쉽지 않다. 대통령제는 우선 대통령의 강력한 통치력으로 국가 발전에 일로(一路) 매진할 수 있다는 장점이 있다. 이명박 대통령도 여기에 매료돼 있는 것 같다.

반면 권력이 너무 대통령에게 집중되어 있어 독선, 더 나아가 독재를 부를 수 있는 치명적인 약점이 있다. 가령 이승만과 박정희 등의 독재를 되돌이켜 보면 지금도 소름이 끼친다.

개인적인 생각이지만, 나는 지금껏 우리가 한 번도 해 본 적이 없는 2원정부제 쪽에 매력을 느낀다. 대통령과 총리를 둘 다 국민이 뽑아서 좋고, 권력도 양분시켜 놓은 것이 마음에 든다. 대통령에겐 외교와 국방을, 또 총리에게 내정(內政)을 맡기는 건데, 오래도록 프랑스가 실시해 오고 있다.

어찌 반론이 없을 수 있으랴. 무엇보다 대통령과 총리의 소속 정

당이 달라 이른바 동거 정부가 되면 그 혼란을 어찌하느냐고 되묻는
다. 그렇다면 프랑스는 어떻게 대처하고 있는가?

낙관론의 함정

한국경제가 어둡고 긴 터널로부터 빠져 나와 마침내 그 출구(出口)에
이르렀다고 주장하는 사람들이 눈에 띄게 늘고 있다.

그들은 당장 이른바 출구전략을 수립해야 할 것이라며 목청을 드
높이기도 한다. 그동안 쏟아 부은 재정 지출을 억제하고, 너무 낮은
금리도 올려 물가상승 기류를 차단해야 할 것이라고 주장한다.

요컨대 실기(失機)해선 안 될 것이라고 이들은 조바심 친다.

이들 경기 낙관론자들이 제시하는 각종 경제지표들을 들여다보
면, 일면 수긍이 안 가는 것도 아니다.

가령 통계청이 발표한 7월 산업활동 동향에 따르면 광공업 생산
이 전년 동월 대비 0.7% 늘었고, 전달과 견줘서도 2.0% 늘었다.

이로써 지표상으론 금융위기 이전 수준으로 회귀하고 있다는 얘
기이다.

생산이 늘면서 제조업의 평균 가동률도 80% 가까이로 치솟았다.

현재의 경기상황을 보여주는 동행지수 순환변동치란 것도 5개월
연속 상승 움직임을 나타냈다.

출구 전략론자들은 마지막으로 획기적인 GNI(국민총소득) 증가율
을 들이댄다. 지난 2분기 실질 국민 총소득 증가율이 21년여 만에
가장 높아졌다는 것이다.

2분기 실질 GNI가 전분기 대비 5.6%나 증가, 1988년 1분기(6.2%)

이후 가장 높은 수치를 기록했다고 이들은 어깨를 들썩인다.

나는 왜 이들이 출구 직전의 음지들엔 주목하지 않는지가 자못 의심스럽다. 무엇보다 투자가 동결(凍結) 상태에 놓여 있다.

7월 설비투자는 11.6% 감소로 돌아섰고, 전년 동월 대비론 18.2%나 격감했다.

이 대목이야말로 한국경제의 음울한 미래를 연상케 한다.

지금 기업들이 투자를 꺼리는 이유는 간단하다. 한마디로 경기호전 여부에 관한 확신이 서지 않고 있기 때문이다. 기업인 출신의 이명박 대통령이 그동안 얼마나 기업들의 투자 증대를 호소해 왔는가?

경기 회복을 기원하는 국민들의 여망도 마찬가지였다. 그러나 기업들은 꿈쩍도 않았다. 그렇다고 우리가 그들에게 돌팔매질을 할 수 있을까, 어림도 없는 소리이다.

기업들은 이윤 없는 곳에, 더구나 손해 볼 데엔 절대로 투자하지 않는다. 정부가 더 좀 정교한 전략을 만들 필요가 있다.

인륜(人倫)의 파괴

조선 왕조를 통틀어 최대의 엽기적 사건이라 할 범죄가 하필이면 성군 세종(世宗) 치하에서 튀어나온 건 참말 아이러니컬하다.

어느 날 세종은 지방으로부터 올라 온 장계를 들여다보다가 온몸을 부르르 떨었다. 충청도 땅 어느 오지에서 웬 술에 만취한 자(者)가 제 아비와 말다툼 끝에 그 생부를 때려 숨지게 했다는 것이었다.

세종의 조처는 제신(諸臣)을 경악시킨 걸로 기록돼 있다.

흉악범을 능지처참시킨 건 물론이고, 바로 그 자(者)를 중심으로 한 구족(九族)을 멸(滅)한 뒤, 살인현장인 집을 무너뜨려 그 흔적조차 찾지 못하게 했다.

아마도 세종은 인륜이 파괴된 데에 철저히 응징, 후세에도 아울러 경고를 내린 걸로 짐작된다.

세종이 처리한 또 하나의 파렴치범 경우를 보면 전자(前者)와 견줘 너무 가벼운 게 아닌가 의심된다. 다들 잘 아는 어우동(於宇同) 사건ㅡ.

이 여인은 사대부 집안 유부녀로 뭇 양반 사내들과 놀아났다.

세종은 어우동만을 거열형(車裂刑)에 처하곤 이쯤에서 사건을 묻어 버렸다. 요즘의 간통죄 폐지 움직임 등과 관련지워 보면 그의 선각(先覺) 기질을 보인 건 아닌지 모르겠다.

세종 치세로부터 수세기가 흐른 요즘, 또 인륜 파괴 사건이 터져 사람들을 분노케 하고 있다. 생후 사흘밖에 안 된 아기를 마치 쇼핑몰의 상품인 양 이리저리 팔고 다닌 사람들이 경찰에 붙들렸다. 사건의 전말은 이러하다. 28세 된 여자와 22세 된 남자가 무작정 동거생활을 해 왔다. 그러다가 덜컥 딸아이를 낳았다.

이들은 병원비도 없던 판이라 인터넷을 통해 알게 된 26세 된 여인에게 단돈 200만 원을 받고 아이를 팔아 넘겼다. 이 여인은 또 역시 인터넷으로 지면이 있는 34세의 여자에게 웃돈을 붙여 아이를 되팔았다. 그 값이란 게 고작 465만 원, 265만 원의 이문(?)을 남긴 셈이다.

만약 세종 임금이 이 사건을 맡았다면 그 결과가 어찌 되었을까? 중형이 떨어졌을 것이다.

네 사람 모두에게 사약이 내려졌을는지도 모른다. 까닭은 간단하
다. 짐승이 아닌 인간으로서의 윤리를 파괴했기 때문이다.

법정 최고형은 징역 10년으로 돼 있다.

벗과 라이벌

2009년 9월

숙명(宿命)의 라이벌

사기(史記)에 따르면, 관중(管仲)은 그의 오랜 벗 포숙아(鮑叔牙)가 아니었으면 죽을 뻔했었다. 후자(後者)는 도리어 전자(前者)를 재상의 반열에까지 오르도록 적극 도운 걸로 되어 있다.

이름하여 관포지교(管鮑之交)는 오늘의 21세기에도 세인(世人)들의 부러움을 사고 있다. 그러나 이들 두 사람도 내면으론 라이벌 의식이 꽤 잠재해 있었던 걸로 사가(史家)들은 추정하고 있다. 둘 다 상대의 이름이 거론되면 아연 긴장의 빛을 띤 걸로 기록돼 있다.

조선 시대의 두 인물, 곧 백사(白沙) 이항복(李恒福)과 한음(漢陰) 이덕형(李德馨)도 관포지교의 표본적 관계를 유지한 걸로 알려져 있지만, 서로가 서로에게 부담을 느낀 적이 적지 않다고 재야 사가(史家)는 추리한다.

결국 벗은 곧 강력한 라이벌로도 흔히 변신하는 모양이다.

DJ(김대중 전 대통령)와 YS(김영삼 전 대통령)도 예외가 아니다.

얼마 전 YS가 DJ와의 화해를 선언, 한여름의 청량제가 되었다. 지금 이 글을 쓰고 있다가 DJ의 서거 소식을 들었다.

그렇다고 하더라도 내가 말하고자 하는 건 변함이 없다. 두 사람은 치열하게 경쟁하면서도 협력해 온 게 사실이다.

이들은 처음 옛 민주당 전당대회에서 대통령 후보 경선에 나서 운명의 승부 한판을 벌였다. 둘 다 아직 새파란 40대의 나이였다. 2차 투표까지 가는 접전을 치렀지만, 승부가 나지 않았다. DJ가 전광석화 같은 꾀를 냈다.

"소석(素石)형, 당권"

명함 뒷면에 이렇게 써 이철승(李哲承)에게 건넸다. 소석 계열이 모두 DJ에게 표를 던졌다.

김대중 대통령 후보에게 YS는 적극 협력했다.

DJ가 죽을 고비에 몰렸을 때, 또는 동교동 자택에 연금되어 있을 적에 YS는 군부 독재 정권에 강력히 저항했다.

그들이 반목하게 된 건 잠시 찾아온 '서울의 봄' 때부터였다. 대통령 후보 단일화에 번번이 실패했다.

둘은 완전히 갈라서 각기 한 번씩 대통령을 지냈다. 그러면서도 DJ가 한발 늦게 JP(김종필 씨)와 결합, 대통령 선거에 나섰을 적에 당시 김영삼 대통령은 이를 방해하지 않았다.

나는 이 점을 특히 높이 산다.

골목길의 평화

유년 시절 골목길 풍경―. 또래 동무들과 신명나게 놀고 있었다. 딱지 따먹기도 하고 구슬치기도 했다.

갑자기 빅 브라더 한 명이 나타난다. 그는 우리들의 놀이 기구 일체를 빼앗고 유유히 사라진다. 그 뒤로도 그 큰 형은 무시로 나타나 딱지며 구슬 등을 약탈하곤 했다. 이로써 우리의 놀이터 골목길 평화는 깨져 버리고 말았다.

내가 육순이 된 지금 또 동네 골목길 평화를 유린하려는 작태(作態)가 벌어지려 하고 있다. 다름 아닌 동네 슈퍼마켓들이 바람 앞의 촛불처럼 그 생존권을 위협받고 있는 형국이다.

말이 좋아 슈퍼마켓이지 예전의 구멍가게들에 다름 아니다. 대형 유통업체들이 언필칭 기업형 슈퍼마켓을 경쟁적으로 만들어 동네 상권 침탈을 목전에 두고 있는 걸로 보도되었다.

불길은 예서 그치지 않고 서점과 주유소, 또 제과점·꽃집 등에 이르기까지 공룡들의 먹잇감이 확대되고 있는 듯한 모습이다.

업종별로 동네 상인 연합회가 만들어지고 곧 전국 소상공인단체협의회도 출현, 대기업 횡포에 맞서려 하고 있는 걸로 알려졌다.

이에 대해 이명박 대통령은 영세상인을 보호하는 해법이 필요하다고 진작 강조한 걸로 전해졌다. 너무도 당연한 이야기 아닌가?

아마도 대기업들은 정권이 진보에서 보수로 바뀐 틈을 타 이렇듯 부도덕한 영업행위를 시도하다가 대통령의 발언에 주춤거리고 있는 듯하다.

이런 때에 한 보수 신문의 사설이 나를 충격에 빠뜨렸다. 소비자

선택권을 제한하고 자유시장 경제에도 맞지 않다고 주장했다.

더 가소로운 언급은 그다음의 것이다. 대통령과 여당, 또 야당 할 것없이 영세상인을 숭배의 대상으로 삼고 있으며 이런 포퓰리즘이 갈등을 증폭시키고 있다는 등 별의별 요설(?)을 다 늘어놨다. 이 신문은 자본주의 탄생과 시장경제의 상위에 놓여 있는 기업윤리에 관해선 아는 것이 없는 모양이다. 구미(歐美) 각국에서 자본주의는 처음 청교도들이 창출해 낸 걸 모르는가?

그들은 철저한 윤리의 준수를 전제로 해 시장경제를 작동시켰다. 따라서 윤리가 파괴된 자본주의, 또 시장경제는 정글 속의 동물 투쟁과 다를 것이 없는 비윤리적 시장만능주의로 비판받아야 마땅할 것이다. 대기업과 보수 신문, 둘 다 각성할 필요가 있다.

호화 집무실

사람들은 호화의 극치를 말할 때 곧잘 중국의 아방궁(阿房宮)을 얘기하곤 한다. 대체 아방궁이 어떤 것이었기에…?

이 궁궐은 진(秦)의 시황제(始皇帝)가 축조, 2세 황제에 이르러 완성되었다고 한다. 시황은 이에 앞서 이미 많은 궁전들을 지어 놨다. 그중 제일 큰 것이 함양궁(咸陽宮)이었다.

다 알다시피 진(秦)은 여섯 나라들을 멸망시켜 중국 최초의 통일 국가로 출범한 바 있다. 시황은 이들 6개국의 궁을 본 뜬 육국궁이란 것도 만들어 놨다.

그는 이곳저곳으로 옮겨 다니며 미녀들과 호화판 놀이를 즐긴 걸로 기록돼 있다. 아마도 조선의 연산군(燕山君)이 그를 흉내 냈는지도 모를 일이다.

시황은 여기에도 성이 안 차 함양의 대안(對岸)에 더 큰 궁전 건축을 시도, 그 전전(前殿)이 아방궁이란 것이다. 아방궁의 규모를 보면, 동서로 대략 700m, 남북으로 120m의 2층 건물이었다. 1만 명을 수용할 수 있었고, 죄수 70만 명을 채찍으로 때려 가며 중노동시킨 걸로 알려져 있다. 아방궁을 포함, 이들 궁전군(群)은 끝내 불에 타 주춧돌이나마 남아 있는 것이 없다.

역발산기개세(力拔山氣蓋世)의 항우(項羽)가 진 나라를 멸망시키면서 불태워 버렸다. 그 불길이 석 달 넘도록 이어져 화염이 장관을 이뤘다.

백성들의 고혈을 빨아내 저희 몇 사람의 호사로 삼았으니 어찌 멸실되지 않을 수 있으랴. 왜 역사에서 교훈을 못 얻는가, 요즘 고위 관료들의 호화 집무실이 사람들 입에 오르내리고 있다.

가령 신축된 대전지방 경찰청의 경우를 보면 벌린 입이 다물어지질 않는다. 2만 6,973㎡의 터에 공사비 280억 원을 들여 지하 1층·지상 10층 규모로 지어 놓은 것 까지는 좀 과(過)한 느낌이 있지만, 종래의 충남 도경에서 분리돼 나온 것이라니 그런대로 눈감아 줄 만하다.

그 청장의 집무실이 문젯거리이다.

우선 그 넓이가 규정의 세 배가 넘는 158㎡로 웬만큼 값비싼 아파트 한 채에 버금간다. 침실이 따로 있는가 하면 화장실도 딸려 있다.

지방경찰청 중 최대 수준이라고 대전주재 기자는 적어 놓고 있다.

기껏 나온 변명이 궁색하다. "간부 회의 등을 위해 여유 있게 설정했다."

지금 민초(民草)들이 얼마나 고달픈 삶을 살고 있는지를 모르는 모양이다.

우리 정치의 중도

2009년 8월

중도(中道) 재론

좀 실례의 표현이 될는지 모르겠지만, 이명박 대통령은 정치 철학으로서의 중도(中道)의 의미를 오해하고 있는 듯 보인다. 자신을 가리켜 부자 대통령이라고 하니까 돈 3백억 원을 내놓고 장학재단을 만들어 놨다. 또 어느 날 갑자기 점퍼 차림으로 시장 골목길에 들어 앉아 떡볶이를 사 먹는 연출을 했다.

이로써 자신은 서민 대통령이자, 보수가 아닌 중도주의자임을 내외에 과시한 걸로 생각하는 모양이다. 물론 그가 직업 정치인 출신이 아닌, 비즈니스 맨으로 반평생을 살아 온 걸 감안하면 그럴 수도 있으리란 느낌이 들기도 한다.

그러나 중도주의는 그렇듯 간단한 게 아니다. 그냥 좌(左)와 우(右)의 중간쯤에 머물며 필요에 따라 오른쪽 행보(行步)를 하기도 하고,

또 왼쪽 방향으로도 걸음을 옮기는 건 말 그대로 비열한 기회주의일 따름이다.

한마디로 중도주의 정치 철학이란 보수와 진보의 이데올로기, 또는 그 정책들을 융합시키는 것이라 할 만하다.

이쯤에서 중도주의 역사를 되돌이켜 보면, 이건 본래 이탈리아에서 출현했다. 이 나라가 제2차 세계대전 이후 민주주의 정치 시스템을 작동시키게 되면서 뭇 정당들이 난립했다. 더 골치 아팠던 건 공산당의 침투였다.

따라서 공산당 구축(驅逐)이 선결 과제로 떠올랐고, 이걸 목표로 중도 좌파 연립정권의 탄생을 보게 되었다.

그렇기에 영국이나 미국처럼 진보 · 보수 양당 체제가 확립된 경우에는 중도란 게 애초부터 불필요했다.

중도는 그 뒤 유럽 일원에서 이른바 제3의 길이란 걸로, 이를테면 변증법적 지양(止揚)의 과정을 밟는다. 그 까닭이야 뻔하다. 구주(歐洲) 도처에서 사회주의와 자본주의가 충돌, 혼란이 빚어지면서 또 한 번의 융합이 필요했던 것이다.

우리들 한국의 경우, 해방 이후 정부 수립 이래 제대로 된 양당 체제가 갖춰진 적이 한 번도 없다 해도 과언이 아닐 터이다. 더구나 보수와 진보의 대립이란 것도 그 역사가 일천하다.

아직 이런 과도기에서 의회의 문전에서 육탄전이나 벌이는 후진적 모습만을 되풀이하고 있다. 이른바 국회의원이란 집단, 또 이명박 대통령의 각성이 긴요하다 할 만하다. 정말 중도주의를 해 보려면 우선 대통령의 정치 개입이 끽긴하고, 또 과감하게 야당의 주장도 받아들여야 할 필요가 있다.

협상, 이걸 중시해야 할 것이다.

도적과 세금

임꺽정은 실존인물이다. 조선 명종 때 사람으로 고향인 경기도 양주에서 백정(白丁) 노릇을 했다. 기골이 장대하여 맨손으로 큰 소 한 마리를 때려 누인 적도 있고, 수십 명의 장정들과 싸워 승리했다는 기록도 보인다.

그의 본명은 임거정(林巨正)으로, 당시 양반과 벼슬아치들의 부패에다 정치혼란까지 겹치자 뜻맞는 이들, 또 그 가족들까지 더불고 황해도 구월산, 심산유곡에 시쳇말로 대본영을 구축했다.

그는 두 가지의 군율(軍律)을 세웠다. 그 하나는 백성들의 물건에 손대는 이는 극형에 처한다는 것이었다. 또 전의(戰意)를 잃은 관군은 살해하지 않기를 적극 독려했다.

정본(正本) ‘임꺽정’에 따르면 어느 날 심야, 꺽정 의적단은 황해도 감사 관아에 들이닥친다. 꺽정은 자신의 창끝을 감사 목 줄기에 대고 큰 소리로 묻는다.

“너는 세금이랍시고 백성들의 것을 토색질해 저토록 금은보화로 쌓아 났다. 나는 그걸 본디 임자들에게 되돌려 주려 한다. 그럼 네가 도적이냐, 내가 도적이냐?” 감사가 두려움에 떨어 아무 말도 하지 못한다.

꺽정이 다시 다그치자 그는 자신이 도적이라고 수긍한다. 임거정 일당은 철저히 자급자족한다. 산 고랑에 밭을 내기도 하고 쌀 경작도 시도한다.

그 뒤로도 무시로 요샛말로 호화계층을 털어 가난한 백성들에게 나눠준다. 결국 서림이란 책사의 밀고로 임거정의 난(亂)은 3년여 만에 끝난다.

임거정의 영혼이 두렵지도 않은가, 요즘 사실상 세금 도둑질을 하다가 감사원 감사에 걸려 든 일단의 조직들이 있다. 60개 공공기관을 점검했다는 것인데, 임거정 시대를 방불케 하고도 되레 남음이 있다.

노조 간부란 이유로 호봉이 뛰는가 하면 고과 만점을 조작하기도 하고, 비정규직 월급의 3배까지를 간부 수당으로 지급받기도 했다는 것이다. 이로써 해마다 11억 원의 인건비를 과다 지급한 걸로 나타났다.

일부 공공기관 경영진은 노조와 나눠 먹기 방법을 쓰기도 한 걸로 보도되었다. D사(社)의 사장이란 이가 퇴임 직전 정원보다 현재 인력이 적어 인건비 예산이 남게 되자 이걸 선심성 특별 상여금으로 지급했다는 것이다.

예서 잠시 또 하나의 세금 에피소드를 소개해 보고 싶다. 이승만 정권 초기의 변영태 외무장관은 해외출장에서 돌아오면 꼭 남은 여행비용을 반납했다고 한다. 변 장관, 또 임거정을 스승으로 삼을 걸 강조해 두고 싶다.

도박의 나라

도박의 역사는 길다. 아마도 도박이 인간의 가슴 속에 내재해 있는 사행심을 건드리는 것이어서, 일단 물꼬가 트이면 걷잡을 수 없을 만큼 중독 증세에 빠지게 되는 듯하다. 이미 기원전 1600년 쯤에 고대 이집트에서 본격적인 도박 유희가 성행했던 걸로 기록에 나와 있다. 그 뒤로 때의 고금, 양(洋)의 동서를 막론하고 도박은 횡행해 왔다.

우리 형법 246조는 도박 처벌 규정을 명시하고 있으면서도, 일시적 오락의 경우는 예외로 한다는 단서(但書)를 달고 있다. 그 한계가 모호하다는 비판이 끊임없이 제기돼 왔다. 도박은 한 번 중독되면 그 후유증이 담배나 술은 물론 마약의 그것까지도 뛰어넘는 걸로 알려져 있다.

오죽하면 중국의 청조(淸朝)를 무너뜨린 게 마약과 도박이라고 단정 짓는 사람들이 적지 않다.

구전되어 내려오는 이야기이지만, 이 무렵 중국엔 웃지 못할 도박 해프닝도 곧잘 벌어졌다고 한다. 작은 음식점엘 가 보면 빈번하게 주인과 종업원의 위치가 바뀌어 있곤 했다는 것이다. 둘이 점주(店主) 자리를 걸고 자주 도박을 벌인 것이란 얘기이다. 일설(一說)에 의하면 그 아내까지 도물(賭物)로 삼았다고 하니, 아마도 망국(亡國)의 전조였던 듯 싶다.

지금 다른 나라 걱정을 하고 있을 때가 아닌 걸로 매스컴들이 보도하고 있다. 도박 중독 증세를 보이고 있는 사람들이 나날이 늘어나고 있는 걸로 나타났다.

30년에 걸쳐 모은 재산 3백억 원을 겨우 3년 만에 강원랜드 카지노에 밀어 넣었다는 사람이 카지노 업체측을 걸어 손해배상 청구 소송을 낸 끝에 1심(審)에서 28억 원 배상 판결을 받은 걸로 보도되었다. 얼핏 이해가 잘 안 될 소지가 있다. 어쨌거나 자신의 돈을 자신이 잃은 건데…. 사정이 따로 있었다. 자기 자신을 주체치 못해 출입제한 조치를 업체측에 신청했었던 걸 도박회사가 어겼다는 게 원고측 주장이다. 원·피고가 모두 항소했다니 결과가 두고 볼 만하게되었다. 신문은 원고가 얼마만큼이나 도박 중독으로 이성을 잃고 있었는지를 소개하고 있다. "딸이 교통사고로 숨겼는데도 그 장례식에 안 간 채 베팅을…"

비단 이 사람뿐만이 아니다. 지금 전국에서 카지노 찾는 사람들의 79%가 중독 위험의 과잉 도박을 하고 있다고 한다. 매번 심리학자 의견이나 소개하지 말고, 특단의 대책을 세울 필요가 있다.

북한 디스카운트와 안전 불감증

2009년 7월

북한 디스카운트

디스카운트(discount)를 직역하면 할인(割引)쯤이 된다. 그렇다면 북한 할인이란 뭔가?

알고 보니 이런 뜻이다. 북한이 또 핵 실험을 하고 미사일 등을 함부로 쏘아댐으로써 한반도 긴장이 고조되고 있음에도 불구하고 국제 금융시장이 차분할 뿐만 아니라, 국내의 각종 경제 지표에도 이렇다 할 악영향을 미치지 못하고 있다는 얘기이다. 따라서 북한 디스카운트는 더 이상 없다고 신문들은 적고 있다. 가령 외평채 가산금리도 미국의 리먼 붕괴 이전으로 복귀하고 있고, 이에 대한 신용부도 스와프(CDS) 프리미엄은 1.52%포인트를 기록하고 있는 정도라서 한반도에 전쟁 위험은 없는 걸로 해외 전문가들은 보고 있는 것 같다고 풀이해 놓고 있기도 하다.

덩달아 국내의 시선들도 안보(安保) 불감증을 나타내고 있다. "또 핵(核)이야? 체…" 증권사 객장에서 터져 나왔던 반응이란다. 그러면서 주가(株價)는 오히려 오르기도 했다. 산업 생산 지표도 호전되고 있고, 한국은행이 기준 금리를 2%로 동결할 만큼 물가까지도 위험 수위는 아닌 걸로 보도되었다. 일컬어 되풀이되는 북한 행동에 따른 학습효과라고도 한다. 나는 이런 흐름을 매우 불안한 눈길로 지켜보고 있다. 종합적으로 상황은 아주 나쁘다는 게 내 의견이다. 예컨대 무역수지 연속 흑자 같은 것도 혹심한 불황 속에서 수입이 날이 갈수록 움츠러들어 나타나는 현상이다. 더구나 원화 가치가 자꾸 오르면서 이마저 뒤집힐 가능성이 짙다.

원자재·기름 값 등이 상승 추세인 점은 더 큰 불안감을 안겨 주고 있다. 이 모든 것들보다 더욱 마음 졸이게 하는 건 사람들의 북한 낮춰 보기 풍조라 할 만하다. 세계 전역이 북한을 경멸하고 있지만, 우리 처지는 다르다는 걸 강조해 두고 싶다.

북녘 사람들은 모험주의자들이란 걸 잊어선 안 된다. 또 한 가지, 저들 대부분이 한국 동란 이후의 세대라서 전쟁의 위험성을 잘 모르고 있는 측면에도 주목할 필요가 있다.

"우리는 상황이 불리할 때에만 협상한다." 지구상에서 공산주의를 최초로 실험한 레닌의 말이다.

이게 북한 공산주의자들의 철칙으로 응용되고 있다 할 만하다. 나를 가리켜 패배주의자라고 비웃는다면 더 토론할 의향은 없다. 지금 이명박 정부의 최대 과제는 북한을 협상 테이블로 이끌어 내는 것이라고 나는 확신한다. 이로써 경제도 살게 된다.

사돈이 땅을 사면

정당(政黨) 스케치

나는 한 논객으로서 집권 여당, 곧 한나라당의 내홍(內訌) 문제엔 큰 우려감을 갖고 있지 않다.

그 까닭이야 뻔하다. 차기 대권(大權)후보를 겨냥한 입지 확대 싸움이 벌써부터 그 전초전(前哨戰)에 들어선 듯한 양상인데, 친이(親李) 쪽이든, 또 친박(親朴) 계열이 되었든, 두 파벌이 다 파국으로 가는 것만은 희망하지 않고 있음이 확연해 보이기 때문이다.

만약 당(黨)이 쪼개지기라도 한다면, 결과적으로 꼭 10년 만에 되찾은 정권을 민주당에 반납하는 꼴이 될 것이다. 이런 가운데 잠재 후보군(群)의 정치적 제스처들이 마치 시정배들의 싸움처럼 유치하다는 게 중론인 듯 싶다.

미국에서 영양실조의 몸으로 되돌아 온 이재오의 말은 틀렸다고 말하긴 어렵다. 그는 박근혜에게 직격탄을 날렸다. "계속 새초롬히 침묵하고 앉아 있다가 무슨 일만 터지면 반기(反旗)를 들어 당(黨)의 발목을 잡는다."

방미(訪美) 도중 이 말을 전해 들은 장본인은 벌컥 화를 냈다고 한다.

또 한편으로 정몽준도 좀 유치하긴 마찬가지이다. 자신이 입당한 지가 겨우 엊그제인데, 전당대회를 다시 열자면서 사실상 여기에서 승부를 내자는 듯한 발언을 한 걸로 보도되었다. 무엇보다도 자신을 밀어 준 이명박 대통령의 심기(心氣)가 많이 불편했을 것이다.

정작 걱정거리는 민주당의 앞날이다. 지금의 민주당은 결코 옛날의 그 전통에 빛나는 민주당이 아니다. 김대중 정권 5년간 자민련은 물론 심지어 6공(共)의 잔재까지 끼워 놓았었다.

노무현 정권 5년은 민주당 깃발로 출범했지만, 세상이 다 알 듯 돈키호테 대통령이 그 뿌리부터 뒤흔들어 놨다. 열린우리당이란 간판이 붙었다가 고개들을 쳐들지 못한 채로 자신들의 손으로 현판을 떼어 낸 뒤 민주당으로 복귀했다.

지금 민주당은 아수라장이다. 새 수장(首長)이란 이는 아마 엉뚱한 꿈을 꾸고 있는 듯하다. 그렇지 않고서야 어찌 정동영의 앞길을 막아 서려는 것인가?

좋든 싫든, 차기 대권 후보론 정동영과 손학규밖에 손꼽을 사람이 없다. 이들을 다 받아들여 혹시 나타날지도 모를 뉴 페이스와 함께 경쟁시켜야 할 것임을 잊지 말아야 할 필요가 있다. 더 중요한 건 국민들 마음을 파고들 만한 정책 개발이다. 정당 지지율 10%대 정체의 까닭은 정권 발목 잡기 말고는 봐 줄 것이 없기 때문이다.

구조조정의 의미

60년을 훌쩍 넘게 살아 오면서 별의별 일들을 다 겪어 봤지만, 한번은 이런 황당한 사건도 있었다. 50대 초반의 나이에 나는 어느 신문사의 논설위원으로 재직중이었다.

신문사가 경영난을 겪기 시작하면서 스산한 바람이 부는가 싶더니 곧 구조조정이 있을 것이란 얘기가 나돌았다. 나도 은근히 겁이 났다.

논설위원도 한두 명 쫓겨날 것이란 풍문이 들려 왔기 때문이었다. 이게 웬 날벼락인가? 신문사의 경영주 D그룹은 아예 논설위원실 자체를 폐쇄해 버렸다. 지면(紙面)에서 사설(社說)도 없애버리고….

나중 공중분해되어 버린 D그룹 사람들은 당시 아마 월급이 제일 많이 나가는 곳, 곧 논설위원실을 없애자는 아첨꾼들에게 속은 듯했다.

그 뒤 외환위기 때엔 이런 비극이 연출되기도 했다. 어떤 은행의 한 지점장이 해고 통보를 받았다. 40대 중반의 그 사람은 얼굴이 노랗게 질려 집으로 돌아왔다.

과묵하고, 또 공손한 성격이었다는 그는 그날부터 소주를 마시기 시작했다. 날이면 날마다 그는 술을 입에 털어 넣었다. 가족들이 말리자 그는 밖에 나가 마시고, 또 마셔 업혀 들어오기 일쑤였다.

그의 아내가 협상을 걸어, 하루 한 병만 마시기로 했다. 며칠 뒤 그녀가 외출에서 돌아와 보니, 그는 아파트 거실에서 숨겨 있었다.

시신(屍身)의 주위론 마치 문상이라도 하듯 빈 소주병들이 도열해 있었다. 좀 긴 얘기를 했지만, 이런 게 이른바 한국 구조조정의 맨얼굴이라 할 만하다.

최근의 한 자료를 보니, 전대미문의 경제위기라는 요즘 한국과 일본 두 나라의 구조조정 계획이 극명히 대비되고 있었다. 일본의 경우, 비정규직을 내보내고 정규직은 한껏 보호한다는 것이었고, 한국은 그 반대였다.

결국 돈 많이 드는 사람부터 자르는 게 한국 구조조정의 샘플처럼 굳어져 있는 셈이다.

일본이 10년 불황을 겪으면서도 회사 자체가 파산하면 파산했지 함부로 직원들을 몰아내지 않은 까닭을 아직껏 한국 업주들은 잘 모르고 있는 것 같다. 그래서 일본 노조(勞組)들의 애사심(愛社心)이 강력한 것이고, 이런 바탕 아래 일본이 세계 2위의 경제강국이 됐음을 주지(周知)시켜 두고 싶다.

걸핏하면 고용의 유연성을 쳐드는데, 그런 나라들은 촘촘한 사회안전망이란 그물이 깔려 있지 않은가?

질투의 사회

또 사담(私談)부터 늘어놓게 되었지만, 주제(主題)를 살리려는 의도임을 미리 밝혀 두고 싶다. 꼭 10년 전 얘깃거리이다. 내 아들이 국내의 제법 큰 신문사 수습기자 시험에 최종 합격했다. 나는 이런 사실을 지인(知人)들에게 들려줬다.

그 반응들이 매우 다양했다. "그것, 참 가문의 경사입니다." 맨 처음으로 내 귓전을 울린 치하(致賀)의 말이었다.

"아버지가 언론계에서 (인내심이 부족해) 못 다한 일을 아들이 다 이뤄 냈으면 좋겠군요." 지난 날 언론에 같이 몸 담고 있던 선배의 격려였다.

목례조차 없이 묵묵부답인 사람들도 꽤 많았다. 헛웃음 치며 간신히 축하란 두 글자를 애써 내뱉는 경우도 있었고…. "엥? 네 아들이 ○○일보 기자가 됐어?" 마침 오찬 도중이었는데, 그는 무슨 낭패라도 본 듯 숟가락을 잠시 내려놨다가 그걸 다시 들어 남은 밥을 꾸역꾸역 입에 밀어 넣었다.

질투—. 나는 한국 사람들이 이토록 광범위하게 질투 바이러스에 감염되어 있다는 사실을 뒤늦게 깨달았다.

물론 철학자 푸코 같은 이는 질투야말로 인간이 동물의 한계에서 못 벗어나고 있다는 증거의 하나라고 말하기도 했다. 그러나 그래도 그렇지, 동물에도 급수(?)가 있을 터이다. 이렇듯 사고(思考)의 세계가 하급이고 보면 어느 세월에 한국이 선진국 권역으로 진입할 수 있단 말인가?

엊그제 서강대 장영희 교수가 57세의 나이로 타계, 많은 사람들로 하여금 눈물을 자아내게 했다. 나도 그녀의 유려한 문장, 또 그 필치를 더 이상 못 보게 된 것이 못내 아쉽다.

어려서부터 소아마비로 고생해 온 데다 유방암까지 걸렸지만, 이걸 퇴치하고 다시 강단에 섰다는 소식을 들은 게 얼마 안 된 듯한데, 척추암이란 또 하나의 병마가 덮쳐 끝내 그녀를 눈감게 했다고 한다.

그녀의 전공은 영문학—. 시(詩)가 되었든, 또 소설이 되었든 그녀의 번역능력은 탁월했다. 펄벅의 '대지(大地)'를 번역한 고(故) 장왕록 교수가 부친이다.

청출어람(靑出於藍)이라고 딸의 문장이 더 아름답다는 평판들이 많다. 그녀는 마지막 수상집에서 한국 평균 나이만큼은 더 살고 싶다는 희망을 말했다. "장애인으로 그만큼 행운을 누렸으면 됐지, 뭘 더 살아?" 앙칼지게 말한 이는 슬프게도 장애인이었다.

이회창은 세월을 낚았을까

2009년 5월

이회창의 낚시

방대한 국가부흥 로드 맵을 가슴 속에 품고 있으면서도, 날만 새면 마을 어귀의 강변에 나타나 낚시줄을 드리우고 앉아 있는 이가 있었다. 그것도 줄 끝에 매달려 있던, 정작 고기가 물 바늘은 떼어 낸 채로….

시간이 흐르고 또 흘렀다. 그 뒤로도 긴 시간이 흘러간 다음, 드디어 나라의 주군(主君)이 찾아왔다.

그동안 대체 뭘 낚았느냐고 임금이 태공(太公)에게 물었다. 그는 엎드려 세월을 낚았다고 답변했다.

태공은 재상이 되었고, 나라 발전에 이바지한 바가 매우 컸다.

그러길래 사기(史記) 열전의 반열 위에 우뚝 올라서 있는 게 아닌가 싶다. 이로써 태공은 오늘에 이르러서까지도 모든 욕심 없는 낚시꾼들에게, 또는 더 큰 욕망을 가진 사람들에게 인내의 사표(師表)가 되어 주고 있다 할 만하다.

지금 정치인 이회창은 뭘 낚고 있는 건가? 설마 그 옛날 태공처럼 세월을 낚고 있는 건 아닐 터이다. 거대 야당의 대통령 후보로 두 번씩이나 나서 몽땅 실패한 인물이다. 그 뿐이랴? 대법관과 중앙선거관리위원장, 게다가 감사원장을 거쳐 국무총리의 자리에까지 올랐었다.

이렇듯 화려한 직책들에 걸맞을 만큼 그의 실력, 곧 능력도 출중했었다. 이런 것들 가운데에서도 그의 잔뼈가 굵은 사법부 시절, 이회창의 실력은 가위 경이로운 것이었다.

오죽했으면, 해방 이래 그를 능가할 만한 법관이 지금껏 나오질 못하고 있다는 풍설(風說)까지 떠돌고 있을까? 그러나 그는 정치, 특히 한국 정치 풍토엔 안 맞는 사람이었다는 견해들에 나도 선뜻 동의함을 밝혀 두고 싶다. 그런 그가 정계은퇴 약속을 깨고 제2의 JP를 자처, 새로이 충청도 정당을 만든 건 잘못이다.

더 좀 솔직히 얘기한다면, 지역분할이란 구태(舊態)에 편승, 요즘 무슨 정계 판관(判官) 같은 노릇을 하고 있는 모습이 역겹다는 지식인들도 많다. 그렇다면 그는 지금 뭘 구상하고 있는 걸까?

혹시 제2의 DJP연합 같은 걸 떠올리고 있는 건 아닐까 싶기도 하다. 애초부터 그런 야합은 부도덕한 것이었다. 민심을 왜곡했기 때문이었다.

설령 그런 기회가 온다 해도 그는 제2선으로 후퇴, 자유선진당 중진에게 권한을 넘기는 게 도리일 듯하다. 결론 삼아 말한다면, 존경

받던 법관 이회창이 더 이상 그 명예를 실추시키는 일이 없기를 바라마지 않는다.

독설과 희망 사이

경제학 교수와 고위 관료, 또 야당 의원 등 다채로운 경력의 한 이코노미스트가 텔레비전 방송에 나와 독설(毒舌)을 내뿜었다.

온통 이명박 정부의 경제정책, 혹은 그 접근법 등과 관련한 공격 일변도(一邊倒)였던바, 개중엔 이미 흘러가 버린 지 오래인 이른바 펀더멘털 논쟁까지 끼어들고 있었다.

아직도 정부 관료들 가운데엔 펀더멘털의 상대적 양호 운운하는 어리석은 사람도 있다고 공격의 포문을 열었다. 그러다가 옛 선배 따라 감옥 구경을 갈 참인 모양이라고 으름장을 놨다.

추경 편성에도 시비를 걸었다. 그 쓰임새의 우선 순위가 뒤죽박죽이어서 결국 국민의 혈세만 더 올려 놓을 것 같기도 하다는 게 그의 걱정거리였다.

그의 결론은 이런 것이었다. 무엇보다 먼저 구조조정 작업에 정부는 심혈을 기울였어야 했다는 것이었다. 이제라도 어김없이 이를테면 살생부라도 만들어 재정 지출을 불사(不辭), 살릴 건 살려 놓고, 구제 불능으로 판단되는 건 소멸시키는 게 중요하다고 그는 목소리를 드높였다.

예서 더 기막힌 건, 이 모든 걸 다 끝내 놔도 향후 2, 3년 안에 경제위기가 꼭 극복될 것이라곤 장담 못 한다는 이야기였다.

구구절절 옳은 말인 듯한데, 방송이 끝난 뒤의 내 심경은 착잡하기 그지없었다. 경제엔 심리적 요소가 성패의 요인으로 작용한다는 게 통설이다. 왜 저렇 듯 그는 비관론 일색(一色)인가? 논조(論調)의 순화에 힘써 보기를 충고해 두고 싶다.

때마침 잠시나마 우리들의 우울한 심사를 달래 줄 만한 통계청 자료 하나가 나왔다. 이곳에서 발표된 2월 산업활동 동향에 따르면 실물 경제지표가 썩 많이 개선된 걸로 나타났다.

산업생산은 전년 같은 달에 견줘 10.3% 감소했다. 이건 지난해 12월(-18.7%)과 1월(-25.5%)을 생각해 보면 개구리가 용이 된 격이다.

더 기쁜 건 한 달 동안 생산 자체가 6.8% 증가했다는 사실이다. 한편 공장가동률도 29년 만의 최악이었다는 1월보다는 5%포인트 이상 나아졌다고 한다.

나는 이런 것들이 딱 한 달 새에 호전된 건 얼어붙었던 사람들의 심리가 또다시 찾아 온 새봄과 함께 조금씩 풀리기 시작했다는 신호로 본다. 그렇지 않은가? 겨우 한 달 동안 지표를 바꿔 놓을 아무런 경제적 사유도 없었음을 떠올려 보면 상황은 더욱 분명해진다.

절망 속의 희망

2009년 4월

'가족' 경제학

아일랜드 극작가 버나드 쇼는 유머 감각이 뛰어난 사람이었다. 그는 자신이 죽게 된 날까지 주위 사람들에게 농담을 건넨 걸로 알려져 있다.

"내가 이럴 줄 알았다. 어물어물하다가 죽게 될 줄 알았다." 그의 가족들은 웃을 수도, 또 그렇다고 울 수도 없었음직 하다.

그에 관한 일화는 많지만, 이런 것도 있다. 가정이나 가족의 의미를 정의해 달라는 주문에 우리들의 의표(意表)를 찌르는 응답을 내놓았다.

"천국과 지옥의 장면이 순환하는 곳이다." 그럴듯한 정리 아닌가?

그러나 한국 사람들의 경우, 가족은 희망이란 대답이 압도적으로 많이 나온 걸로 집계되었다. 어느 보험회사가 실시한 앙케트에서 이런 결과가 도출되었다는 것이다. 지금 옛날의 대공황 수준에 거의 육박할 만큼 세계 경기가 침체되어 가는 형편 속에서 국민 의식이 이렇듯 가족 중심으로 결속돼 가고 있다는 건 매우 고무적인 일이라 할 만하다.

아마도 이런 국민 의식 농축은 과거의 쓰라린 외환위기 후폭풍에서 얻어낸 부산물이 아닌가 싶기도 하다. 멀쩡한 장년 남성이 하루 아침에 직장에서 쫓겨 나와 가족들 앞에 차마 나서질 못하고, 하루 이틀 거리를 배회하던 끝에 마침내 노숙인이 된 사람들이 그 얼마인가?

비극은 또 있다. 땡전 한푼 없는 속에서 아이들과의 생활고에 시달리던 끝에 끝내 가출해 버린 여성들도 부지기수였다. 비극의 결론은 가족 해체란 공포가 온 나라를 뒤덮고 있었다는 데에 있다.

이제 이런 악몽이 또다시 되풀이되진 않을 듯한 조짐에 우리 모두는 희망을 건다. 어떤 경우에도 가족들이 힘을 합쳐 대응해 나아간다면 적어도 풍찬노숙(風餐露宿)만은 막아 낼 수 있을 것 아닌가?

문제는 정부측의 자세이다. 자발적으로 생성의 움이 트이기 시작한 이를테면 '가족' 경제학에 정부가 빈틈없이 군불을 지펴 줘야 한다.

터놓고 말하면, 이명박 정부는 지난 1년여에 걸쳐 뭔가 뚜렷한 경제위기 대책을 실현해 놓은 것이 없다. 늘 대통령의 말 소리만 텔레비전 화면을 통해 들려 왔을 뿐, 관료나 공무원들의 움직임이 잘 뵈질 않았다.

칠순 노인들마저 노동 일 따위에 참여, 가족경제에 보탬을 주고 있는, 이런 민심 동향에 주목할 걸 촉구해 두고 싶다. 차후론 가족해체 따위의 언사가 들려오지 않기를 빌어 둔다.

공교육의 희망

1960년 4월— 토머스 엘리오트의 시(詩)가 아니더라도 이달은 참 잔인한 달이었다.

대학생의 시신(屍身)들 너머로 드디어 이승만 정권이 붕괴되었고, 석 달짜리 과도(過渡)정부가 수립되었다. 3개월이 지나면 총선이 치러지고, 처음으로 의회내각 제도가 도입될 판이었다. 전국의 학교들마다 학원 혁명이란 깃발 아래 야단법석들이었다.

내가 당시 3학년에 재학중이던 서울의 Y고교에도 드센 열풍이 몰아쳤다. 끝내 교장과 몇몇 교사가 무능이란 낙인 아래 사표를 쓰고 물러났다.

어수선한 분위기 속에 며칠이 흘러갔다. 40대 후반의 낫세쯤 되었을까, 단단한 체구의 신임 교장이 전교생을 운동장에 불러 놓고 취임인사를 했다.

난 생애에 두 번 다시 이렇듯 기이(奇異)한 연설을 들어 본 적이 없다. 자신의 전직이 문교부 고등교육국장이라고 했다. 고교 교장 수준이 아니란 메시지가 깔려 있었다.

대학 행정을 담당하던 자리여서 4·19혁명에 도의적 책임을 느껴 사직원을 냈다고 한다. 그랬더니 지금 전국의 학교들이 시끄러운데, 서울의 Y고교 사태가 특히 심각하다면서 1년여 남짓 이 학교를 평정(?)시켜 달라는 부탁을 하더란 것이었다.

그래서 그는 한 가지 자신감을 갖고 부임을 승낙했다는 것이었다. 그는 갑자기 목소리를 드높였다. 정치는 정치인들에게 맡기고, 너희들에겐 지금의 1년이 물실호기(勿失好機)라고 했다.

다른 학교들 시끄러운 틈(?)을 타 공부에 매진해 보자는 것이었다. S대 진학률이 전국 4, 5위에서도 밀려나 있는 걸 최소한 3위로 끌어 올려 보자는 제의였다.

그의 이름은 한상봉(韓相鳳). 이튿날부터 교사이고, 학생들이고 간에 모두들 신명이 나 교장 선생님 따라 하기에 여념이 없었다. 오전 수업 전 두 시간, 또 방과 후 두 시간씩 보충학습에 열을 올렸다. 중요한 건 아침·저녁으로 꼭 교장이 교실 순시에 나선다는 점이었다.

돈? 그런 건 필요 없었다. 오히려 교장이 주머니 돈을 털어 교사들에게 점심을 샀다고 한다. 난 불운(?)으로 실패했지만, 이듬 해 Y고교에선 S대에 188명이, 또 K·Y대엔 2백여 명이 들어간 걸로 계산돼 있다.

물론 주변 환경이 많이 달라졌다지만, 지금이라고 공교육이 강화 못 될 까닭은 없지 않은가? 교사가 사교육 강사를 압도할 만큼 노력할 필요가 있다.

언론, 언론인의 자존심

2009년 3월

언론의 퇴락(頹落)

며칠 전 노상(路上)에서 한 젊은이에게 옷 소매를 붙들렸다. 그의 또 다른 손엔 만 원짜리 지폐 5매가 들려 있었다. 그 돈을 몽땅 내게 줄 테니 C일보를 구독하란 것이었다. 그것도 처음 7개월 동안은 무료라고 했다.

나는 벌컥 그에게 화를 냈다. 안 보면 그만이지, 왜 화를 내느냐고 그는 투덜거렸다. 나는 언론인 출신이다.

그 청년에게 성질 낸 게 아니라 저렇듯 퇴락한 한국 언론의 모습에 한숨이 절로 나온 것이다.

말이 나왔으니 말이지, 실망하게 되는 건 그렇듯 치졸한 신문 판매 경쟁만이 아니다. 지금 한국 언론은 그 자존(自尊)의 상(像)이 송두리째 허물어져 내리고 있다. 지난 참여 정부 시절, 일부 보수 신문들은 자고 새면 노무현 때리기에 말 그대로 이골이 나 있었다. 그 세(勢)가 상대적으로 취약한 진보 신문들의 경우 반대의 현상을 보였고….

요즘 신문들을 펼쳐 들면 거의 구토(嘔吐)가 나올 지경이다. 일컬어 진보를 자처하는 매체들은 아예 반(反)MB기사로 도배질을 하고 있다. 대체 이게 무슨 짓들인가? 백척간두의 경제위기 속에서 일단 MB(이명박 대통령의 약칭)정부에 힘을 보태 주는 게 국민을 위하여, 또 나라를 위하여 필요함직 하지 않은가?

보수로 불리기를 사양치 않는, 일컬어 조·중·동 신문들도 언론으로서의 자존심을 잃고 있긴 마찬가지이다. 다소 과장된 표현이 될는지 저어되긴 하지만, 충성 경쟁이 지면(紙面)마다 가득하다.

신문은 단순히 상품으로서만 존재하는 게 아니다. 방송도 마찬가지일 터이다. 또 신문기자는 그냥 샐러리 맨으로서만 봉사하는 것이 아니다. 국민과 나라에 이익되는바, 그걸 지상(紙上)에 뚜렷이 내놔야 할 것이다.

지난날 독재정권 시절, 당신들은 뭘 했느냐고 반문할지도 모르겠다. 그러나 부끄러운 일도 많았지만, 언론의 자존을 위하여 자신의 몸을 불사른 선배들이 적지 않음을 말해 두고 싶다. 가령 해직이란 이름으로, 또는 수갑을 찬 형수(刑囚)의 이름으로 언론인으로서의 자존심을 지킨 이들이 있었음을 잊지 않기를 촉구해 두고 싶다.

가끔 시대의 변화 운운하는데, 하늘이 내린 원칙에서 아무도 자유로울 순 없다.

미네르바의 후폭풍

나는 그리스 신화가 참 마뜩치 않다. 물론 일종의 픽션 시리즈이겠지만, 등장 제신(諸神)의 숫자가 팩션 '삼국지연의' 의 제장(諸將) 수효만큼이나 많아 독자의 머리를 어지럽게 한다. 이런 가운데 하필이면 지혜의 여신이란 미네르바가 근·현대 사람들 입에 회자(膾炙)되게 된 까닭은 무엇일까?

이건 오로지 독일 철학의 비조 헤겔 때문이 아닐까 싶다. 그가 자신의 저서 '법철학' 서문에서 말하기를, 미네르바의 부엉이는 황혼녘에야 날개를 편다고 했다.

부엉이는 의당 미네르바의 지혜로운 후예들이고, 그들은 황혼녘, 곧 세상이나 사회가 혼돈 속으로 빠져든 무렵에야 활동하게 된다는 뜻이라고 헤겔의 후배 철학자들이 풀이해 놓고 있다. 요컨대 철학자들이 사회의 구원 투수 노릇을 한다는 좀 오만한(?) 이야기이다.

아마도 인터넷 논객 미네르바란 사람도 헤겔이나, 혹은 좀 삐딱한 눈으로 이런저런 글들을 써 놓은 오스카 와일드 등에게 매료돼 마치 전문대학밖에 못 나온 자신의 인생에 맺힌 한(恨)을 풀어 보기라도 하듯, 그렇듯 가학적인 글들을 익명 뒤에 숨어 쏟아 낸 걸로 짐작된다.

요즘 구속된 이 사람을 석방하는 게 법률상 타당하다며 왕년의 정치 스타 박찬종 씨가 무료 변호인단에 합류, 뭇 사람들의 눈길을 끌고 있다. 난 이들의 견해에 반대한다.

한마디로 잘라 얘기하면, 표현의 자유가 침해되었다는 것인데, 아닌게 아니라 민주주의 사회에서 이것처럼 소중한 자유도 없다. 가령 미국 연방대법원의 관련 판례엔 이런 것도 있다.

어느 잡지사 편집장이 특정인을 가리켜 공산주의자라고 써 내놨다. 장본인은 길길이 뛰며 허위사실 유포에 의한 심각한 명예훼손이라고 주장했다. 다 이겨 가던 송사(訟事)를 연방대법원이 뒤집어 놨다.

편집장은 그 사람을 공산주의자로 봤고, 따라서 그 의견을 표현한 것이어서 위법성(違法性)이 사라지게 되었다는 것이다. 한국은행 입행시험, 행시 · 사시 합격 등 이른바 3관왕이란 박찬종 씨의 경우, 설마 법률을 착각하고 있는 건 아닐 테고 세상에 다시 자신의 모습을 드러내 놓으려는 제스처라고 말한다면 실례가 될까? 왜냐하면 인터넷 논객 소행은 저렇듯 자비로운 미국 판례에도 맞지 않기 때문이다. 그는 정부가 은행들로 하여금 달러 매수를 못 하도록 명령했다는 허위의 사실을 적시(摘示)한 바 있다.

워낭소리

이야기가 잠시 옆길로 새게 돼 안 되었지만, 그의 친일(親日) 시비는 일단 뒤로 제쳐 두고, 춘원 이광수는 가위 천재였다 할 만하다. 그는 젊은 시절 한때 D일보의 기자 노릇을 했다.

어느 날 꽤 중요한 인사의 합동 기자회견이 베풀어졌다. 곳곳의 신문사에서 중견 기자들을 내보냈다.

괴이한 건 이 자리에 나타난 춘원의 모습이었다. 그는 아예 필기도구 하나 없이 맨 몸으로 나타나 주위를 놀라게 했다. 회견 도중 내내 두팔을 옆구리에 낀 채 눈을 감고 질의 · 응답 같은 걸 듣고만 있었다.

오후에 신문들이 거리에 쏟아져 나왔다. D일보의 기사 내용이 단연 압권이었다. 거기에다 해설까지 붙여 회견 당사자의 답변 내용을 예리하게 분석, 비판도 마다하지 않고 있었다.

언론계 종사자들마다 춘원의 천재성에 차탄(嗟歎)을 금치 못했다고 한다. 그런 그가 또 언젠가 서울 근교의 한 농원에서 농부가 소에 쟁기를 부착, 밭일을 하는 모습을 우연히 목격하게 되었다. 그는 마치 정신을 잃은 듯, 한참이나 그 예사롭기 짝이 없는 광경을 주시, 함께 간 지인(知人)이 어깨를 흔들고 난 뒤에야 흠칫 놀라 귀가(歸家) 길에 올랐다는 일화도 구전되어 온다.

그래서 나온 게 '우덕송(牛德頌)' 이란 글이다. 그는 소를 인류의 스승인 양 묘사하고 있다. 여름날 풀밭에서 되새김질하는 소의 자태, 그건 곧 여유로움의 극치라고 했다. 낮이면 쇠파리떼, 밤엔 모기떼에 뜯겨도 거들떠 보지 않는 건 인내의 표상이라고도 했다. 마침내 춘원은 소가 은일지사(隱逸之士)이자, 지도지사(知道之士)의 모습을 하고 있다면서 사람들의 소 따라 배우기를 촉구했다.

요새 한 다큐멘터리 독립 영화가 나와 일컬어 대박을 터뜨렸대서 세간의 관심을 모으고 있다. 제작비는 1억 원 정도, 출연진은 단 셋뿐이다. 밭 갈이 하는 농부와 소, 거기에 농부의 아내가 말 참례를 하고 있다. 무려 40년간에 걸쳐 삶의 길을 함께 걸어 온 농부와 소는 끝내 말이 없다. 끊임없이 잔소리 늘어놓는 아낙 역할은 영화의 감초 격일 터이다. 드디어 소는 운명한다.

제목은 워낭소리 ─. 워낭은 감히 저희들의 스승인 소의 턱에 사람들이 매달아 놓은 방울을 이름한다. 행여 소가 어디로 달아날까, 기우(杞憂) 끝에 한 짓 같다. 유감스러운 건 신문의 영화평이 매우 현학적이란 점이다.

소의 꼬리보다 닭의 머리

2009년 1월

이상득의 행보(行步)

조선 왕조 태종의 큰아들 양녕은 진작부터 수재(秀才) 아우 충녕에게 임금의 자리를 양보하기로 마음먹었던 걸로 알려져 왔다. 근자에 들어 이설(異說)들이 쏟아져 나오고 있다.

심지어는 개국 공신들이 일찌감치 양녕—충녕 두 파벌로 갈려 치열한 공방전을 벌였다는 이야기까지 나돈다.

결국 양녕이 싸움에서 밀려나 타의(他意)로 그 이름 난 기행(奇行) 행각들을 벌이게 되었다는 게 재야(在野) 사가(史家)측 주장이다.

좀 음험한 성향의 태종은 시치미를 떼고 있었지만, 사태의 전말, 또 그 경위를 소상히 파악하고 있었다. 이런 와중에도 은근히 큰아들 쪽의 승리를 기원했다는 주장들이 많다. 자신의 아픈 과거 때문이란 것이다.

다 알다시피 그는 태조 이성계의 다섯째 아들이다. 쿠데타의 주역으로, 두 번씩이나 왕자의 난(亂)을 거쳐 어렵게 보위(寶位)에 오른 인물이다. 따라서 장자 세습의 원칙으로 그만큼 더 돌아가기를 희망했는지도 모른다. 어찌 되었거나, 세종이 즉위한 뒤 그 형님 양녕은 고달픈 생애를 보내야 했다. 기생 집에서 행패를 부렸다느니, 도박에서 잃고도 다른 이의 돈을 되레 갈취했다는 둥 별의별 상소문이 끊임 없이 올라 왔다.

매우 민주적 품격을 갖췄었다는 세종도 그때마다 골치 아프긴 했지만, 형님에게 그 어떤 작은 권력도 부여하진 않았다.

정치학자들의 말마따나 권력은 나눌 수도, 또 양보하기도 어려운 것인 듯하다.

이명박 대통령의 실형(實兄) 이상득 의원의 경우에도, 시쳇말로 더 행복하긴커녕 머리 아플 때가 되레 빈번할 걸로 추측된다. 어찌 한 번 움직이기만 하면 '형님 정치'란 화살이 쏟아지기 일쑤다.

꼭 필요한 지역구 예산도 안 잘리면 '상왕 정치'란 힐난이 빗발친다. 물론 그가 동생의 은택을 전혀 안 봤다고 말하긴 어렵다.

같은 또래의 노년층 한나라당 의원들이 대거 공천에서 떨어졌던 걸 상기해 보면 더욱 그렇다.

반대의 경우도 상정(想定)해 볼 수 있다. 동생이 대통령 직위에 오르지 않았으면 그는 지금쯤 국회의장 자리에 가까이 가 있을지도 모른다.

그러고 보면 정치란 것도 죄다 운명의 희롱인 걸로 뵌다. 지금 많은 사람들이 이상득의 행보를 주시하고 있다. 대통령에게 가끔, 그

것도 우회적으로 '쓴소리' 는 해야 할 듯싶다.

공무원의 '몽니'

1970년대 중반 어느 날, J그룹 홍보과장 C씨는 좀 착잡한 심정으로 국세청 청사에 들어섰다. 그런 뒤 어떤 종류의 서류였는지는 몰라도, 적어야 할 사항들을 정성스럽게 기술한 다음 이걸 담당 창구 직원에게 제출했다. 나무 의자에 앉아 기다리던 C씨의 이름을 인상을 잔뜩 찌푸린 좀 전의 그 세리(稅吏)가 퉁명스럽게 불렀다.

엊그제까지만 해도 C씨는 D일보 경제부 기자로서 재무부와 그 예하 국세청을 출입하던 처지였다. 그 유명한 D·C일보 광고 탄압 사태 당시 무더기로 해직된 기자군(記者群)의 한 사람으로, 몇 달 만에 가까스로 J그룹에 발을 담갔다.

그런 그가 지금 말단 세무 공무원과 조우하게 된 것이다. 그는 헛기침을 한 번 하고 나서 창구 앞에 다시 섰다. 서류 기재 사항 중 한자(漢字) 이름들을 한글로 바꿔 재작성하란 것이었다.

원래 다혈질이었던 전 D일보 기자 C씨는 숨을 힘껏 몰아쉰 연후, 한참만에 서류를 다시 밀어 넣었다. 얼마나 지났을까, C씨의 이름이 또다시 청사 안에 울려 퍼졌다.

이번엔 또 한글로 된 몇몇 것들을 한자로 바꿔 쓰라고 했다.

왜(倭) 말로 '곤조' 를 부리는 것임이 명백했다. 이게 우리 말로 '몽니' 란 건, DJP 연합이 깨지면서 JP(김종필 전 자민련 총재)가 "우리도 몽니 좀 부리겠다"고 말하면서부터 널리 알려지게 됐었다.

순진한(?) C씨는 그걸 눈치 못 채고 뛰는 가슴을 한 손으로 눌러 가며 세 번째의 서류를 작성했다.

"당신 직책이 뭐요?"

홍보과장이란 대답에 이런 핀잔이 돌아왔다. "뭐 과장? 당신네 사장이 오라고 그래."

C씨는 걸상을 발로 짓밟아 각목 한 개를 만들어 움켜잡고 창구 카운터로 뛰어 올라섰다. 몽니 공무원은 겁에 질려 달아났다. C씨는 고래고래 소리 질렀다. "너희들 다 죽기 전에 청장 불러 와. 이 작자를 내가 손 봐야겠어." 청장은 다행히(?) 외출 중이어서 봉변을 면했다.

C씨는 재무부 기자단의 적극 개입으로 위기로부터 구출되었다.

요즘 공무원 몽니가 되살아 나는 듯싶다. 갑자기 진입로를 넓히라거나, 관련 법에 무지해 인·허가를 안 내 주는 등 횡포가 이만저만이 아니다. 설마 그 급행료란 게 또 고개를 드는 건 아닌지 모르겠다. 몽니는 이제 공공(公共)의 적(敵)으로 떠올라 있다.

손길승의 '삶'

지금으로부터 40여 년 전 어느 날, 서울 을지로 인근의 한 사무실에서 신입사원 채용 면접시험이 이뤄지고 있었다.

"자네, 명색 서울대 상대 출신인데 왜 이런 작은 기업에 들어오려는 건가? 한국은행, 또 행시(行試), 아니면 대기업 공채나 다른 은행들도 많지 않은가?"

응시자가 잠시 머뭇거리는 새에 질문자가 또 거친 말을 쏟아냈다.

"공부 안 해서 다 떨어지고, 여기 좀 있어 보다가 전직(轉職)하려는 심산 아니야?"

응시자는 눈을 부릅뜨고 큰 목소리로 대답했다.

"소의 꼬리보다 닭 머리가 돼 보려고 합니다."

질문자가 한결 부드럽게 말했다.

그의 입가엔 어느새 미소도 흐르고 있었다.

"닭을 키워야 하지. 아주 큰 황소로 말이야."

작고한 최종현 SK그룹 회장과 뒷날 그 회장 자리를 이어받은 손길승은 이렇게 만났다.

그들은 전경련 회장 자리도 주고받았다.

그들이 처음 시작했던 기업은 선경합섬, 수원에 고작 방직기 200여 대의 공장을 두고 서울엔 남의 건물에 전세 들어 사무실로 쓰고 있던 형편이었다. 두 사람은 참말 억척스럽게 일했던 걸로 전해져 내려온다.

그 결실이 지금 재계 서열 4위를 자랑하는 SK그룹이다. 불행한 일로 잠시 옥고(獄苦)를 치렀던 손길승 회장이 다시 일선에 복귀하는 걸로 보도되었다. 지금쯤 이미 '컴백' 해 있는지도 모르겠다.

독자들은 아마도 내가 이 얘기를 새삼 들춰낸 까닭을 눈치 챘으리라고 믿는다.

요즘 취업 재수(再修)는 기본이고 3, 4수가 보통인 걸로 들린다. 젊은 사람들에게 분명히 해 두고 싶지만, 이건 시간 낭비일 뿐이다.

그뿐이랴, 마음도 자꾸 황폐해지기가 십상이다.

가뜩이나 어려운 국가 경제에도 마이너스 효과만 가중될 뿐이다.

과감하게 중소기업의 문을 열고 들어가 그 '닭' 들을 누렇고 덩치 큰 소로 키워 내는 데에 공신(功臣)이 돼 볼 걸 권고해 두고 싶다.

괜스레 덩치 큰 곳만 쫓아다니다가 나이 50도 안 돼 실직자가 되더니, 술만 먹으면 운다는 S대 출신 사람의 이야기— 좀 끔찍한가?

종부세를 다시 보자

2008년 12월

'불'의 경제학

나는 유년기의 대부분을 시골 할아버지 집에서 보냈다. 근동에선 제일 큰 부잣집이어서 사랑채와 안채, 행랑채에다 뒷담 벽에 붙여 목욕(沐浴)채까지 따로 지어 놓고 있었다.

어느 날 하필이면 목욕채에서 불이 나 벌거벗은 어른 한 명이 불이 났다고 목청껏 외치며 마당으로 튀어나왔다. 동리 사람들이 바가지에, 또 물통에, 함지박에까지 물을 퍼 담아 들고 몰려들었다. 이상한 장면 하나가 내 시야에 들어왔던 걸 지금도 기억한다.

정작 내 조부가 발화 지점과는 먼 사랑채로 들어가려는 게 아닌가? 조부의 친척 형님뻘 되는 노인 한 분이 버럭 소리를 질렀다.

"이 사람아, 지금 돈 금고 챙기러 가나? 급한 불부터 꺼야지…"

퍼뜩 정신이 든 듯 내 할아버지는 우물가로 발길을 돌렸다. 다행히 화재는 목욕채만을 태우고 끝이 났다.

정부가 미국발(發) 금융위기의 불길이 실물경제로 옮겨 붙는 걸 막을 목표로 경제난국 극복 종합대책이란 걸 내놨다. 재정자금을 투입, 실물경제의 침체를 저지시켜 보자는 게 핵심인 듯하다. 또 부동산 규제를 풀어 건설경기에 불을 지펴 보자는 뜻도 보인다.

이런 대책이 새로울 것이라곤 없다. 이미 다른 나라들도 감세와 재정지출 확대 수단을 동원, 경쟁적으로 경기 부양에 나서고 있는 판국임을 보면 우리라고 달리 뾰족한 수가 있을 리 없다.

정부는 내년 예산의 지출 규모를 11조 원 늘리고 3조 원의 세금을 더 축소시키겠다는 방침이라고 한다. 재정적자를 무릅쓰고서라도 이른바 유수(流水)정책, 곧 재정자금을 펌프에 부어 넣어 경기부양을 이끌어 내 보겠다는 의도로 뵌다.

논쟁은 이 예산의 구체적 사용처를 놓고 빚어지고 있는 모양새이다.

정부는 우선 지방의 사회간접자본 투자와 함께 중소기업과 영세 자영업자, 또 농어업민 등에게 금융지원을 하리란 얘기이고, 반대론자들은 이게 너무 단기적이란 비판이다. 그들에 따르면, 재정지출의 큰 줄기는 투자효과와 일자리 창출이 큰 곳으로 몰아 주고, 경기침체로 타격을 받는 저소득층은 이른바 사회안전망 차원에서 따로 배려해 보자는 얘기이다.

그 옛날 내 시골집 화재 사건 때 금고부터 챙기려던 조부를 또 한 번 연상케 한다. 목욕채에 불이 났으면 우선 그곳부터 끄고 봐야 한다.

한가로운(?) 경제이론 이야기는 그다음에 해도 늦지 않다.

사법부의 위상(位相)

요즘 들어 사법부의 권위가 눈에 띄게 훼손돼 가고 있다고 걱정하는 사람들이 많다. 사실을 말하자면, 나도 그중 한 사람임을 밝혀 둔다.

물론 사법부의 위상 추락이 어제오늘의 일은 아니다. 20여 년전쯤 나라가 독재정권의 탈을 벗고 민주화의 길로 나섰던 무렵부터 사법부 사람들은 수치심에 몸을 떨어야 했다.

정권이 양산해 낸 무수한 악법(惡法)에 따라 무고한 사람들을 징역 보내기 일쑤였고, 이른바 사법(司法) 살인을 저지른 것도 한두 번이 아니다. 그 잘못된 재판들을 재심하면서 일컬어 민주주의 최후의 보루란 법관들은 모욕감에 시달렸을 게 틀림없다.

그러나 이런 슬픈 과거에도 불구하고, 사법부의 위상은 되살아 나야 할 필요가 절실하다. 아예 법(法)이란 게, 또 그 법의 재단사가 없는 세상을 상상해 보면 사정은 더 뚜렷해진다 할 만하다.

근래에 무슨 야만국에나 있을 법한, 사법 절차 무시 행위가 다반사로 일어나고 있다. 가령 헌법재판소가 종합부동산세 일부 위헌 판결을 내렸으면 무조건 그에 따르는 것이 법치국가 구성원으로서의 의무이다.

이걸 놓고, 자신들의 정략(政略)에 안 맞는다고 참 나쁜 판결 운운하는 야당 대표의 태도는 몰상식한 느낌마저 던져주고 있는 게 사실이다. 또 일반 시민들로서도 그 결과가 자신들에게 유리해졌으면 박수를 치고, 불리해진 경우 거리로 나서 피켓 시위를 벌이는 건 온당치 않아 뵌다.

가령 나 개인으로선 헌재(憲裁) 판결에 찬성하지 않는다. 종부세를
무슨 징벌적 의미로 볼 게 아니라, 더 많이 가진 사람들이 가난한 사
람들을 조금이라도 더 돕는다는 뜻으로 해석한다면 세상이 그만큼
더 훈훈해지지 않을까 싶다.

민주당 김민석 최고위원의 경우는 너무 어이가 없다. 범죄구성 요
건의 성립 여부는 스스로 검찰에 나아가 따져 보면 될 일이고, 구속
여부도 법원의 판단에 맡기는 게 옳다.

당사에 앉아 야당 탄압이라며 막무가내로 당원들과 함께 공권력
에 도전하는 건 아직 젊은 자신의 정치생명을 고려해서라도 현명한
길이 못 된다. 향후 사태가 어떻게 뒤바뀔는지는 모르겠지만, 사법
절차에 뒤늦게라도 순응하는 게 타당해 뵌다.

솔직히 말해, 그를 보는 민심은 얼음장처럼 차가운 것임을 알아
둬야 할 필요가 있다.

찰나의 인생

2008년 11월

역사(歷史)와 정치

나는 딱히 친미(親美)주의자도 아니고, 또 그렇다고 치열한 반미(反
美)주의자도 아니다. 다만 늘 있는 그대로의 미국, 그 실체 파악에 힘
쓰고 있다. 가령 미국의 이라크 침공은 결과적으로 경솔한 짓이 되
었고, 지금 세계 전역에 고통을 안겨 주고 있는 금융 위기도 월가(街)
의 도덕적 해이 등을 방치한 미국 정부의 무능에 그 책임이 있다고
난 평가한다. 또 이런 것들이 반미주의에 더 불을 붙여 놨으리라 짐
작하기도 한다.

그러나 미국에 이렇듯 어두운 망령의 그림자들만 떠돌고 있는 건
아니다. 미국인들의 가장 우수한 측면을 꼽으라면, 지구상 인류들의
인권 신장에 앞장서고 있는 점, 또 빈민 구제에 노력하고 있는 게 아
닐까 싶다. 뭉뚱그려 미국의 장점을 압축하자면, 세계 평화와 민주

주의 실현에 부심하고 있는 모습이라 할 만하다. 물론 이런 과정에서 언뜻언뜻 비치는 패권주의 실루엣 같은 건 나로서도 썩 유쾌하지가 않다.

지금 나는 왜 미국 해부(?)에 나서고 있는 건가? 신문의 기사(記事) 한 대목이 나를 흥분시켰다.

"육군사관학교 가입교생의 34%가 우리의 주적(主敵)이 누구냐는 질문에 미국이라고 대답했다." 한국 땅, 그곳 육사(陸士)의 예비생도 100명 가운데 34명꼴로 전쟁 중 피아(彼我)를 분간하지 못하고 있다는 사실, 이건 코미디가 아니라 비극이다.

대체 중·고교의 어떤 교사들이 아이들을 이렇게 가르쳤단 말인가? 또 어떤 교과서들이 해방 후 소련은 해방군으로, 미국은 점령군으로 들어오는 바람에 남북 분단을 가져왔다고 기술하고 있다는 건가? 나는 설마 지난 10여 년간에 걸친 진보주의 정권이 이 모든 걸 유도했다고 보고 싶진 않다. 그러나 한국 현대사(現代史)를 왜곡되게 한 최종 책임에선 벗어나기 어려울 것이다. 정말 염려되는 건 진보주의란 가면(假面) 아래 일컬어 친북좌파들이 횡행, 역사 왜곡을 일삼았는지의 여부이다. 기업들의 교과서 불만도 이만저만이 아니다. "기업들은 상업적 이익만을 목적으로 유전자 조작 등 위험한 일도 서슴지 않는다."

새삼스럽지만, 나는 한 논객으로서 부끄러움을 느낀다. 아직껏 이런 종류의 교과서들에 접해 보지 못했으니 말이다. 이명박 정부측에서 교과서 수정 작업에 들어간다고 한다. 제발 또 우(右)편향 시비가 있어선 안 될 것이다. 역사는 정치적 승자(勝者)들의 기록물일 뿐이란 냉소를 받지 않기를 빌어 둔다.

새뮤얼슨의 충고

폴 새뮤얼슨, 20세기 경제학의 대부(代父)로 불려온 그가 아직 93세의 나이로 생존해 있음이 확인되었다. 그뿐이랴? 그는 요즘에도 이곳 저곳에 칼럼을 연재할 만큼 건재한 것으로 드러났다.

새뮤얼슨 박사가 달포 전쯤 국내의 한 기자와, 오랜 시간에 걸쳐 전화를 통해 인터뷰한 내용이 지상에 보도되었다.

나는 무엇보다 그가 일관되게 중도주의적 입장에서 오늘의 경제 현실들을 응시, 이런저런 처방전을 내놓고 있음이 반가웠다. 그는 작금의 미국 금융위기와 관련하여 너무 오른쪽으로 돌아가 버린 월가(街)를 오래 내버려 둔 게 탈이 되었고, 더 거슬러 올라가 지난 80년대 이후 미국 경제를 지배해 온 이른바 자유지상주의가 스스로 무덤을 판 것이라고 일침을 놨다.

정부 기능이 범죄 처벌 등에 한정되고, 또 정부가 가령 소득 재분배를 시도해선 안 된다는, 말하자면 시장만능주의 같은 건 적어도 한시적으론 사라질 것이라고 그는 덧붙였다. 말을 바꾸면, 정부는 늘 중도적 입장에서 시장을 주시(注視)해야 하고, 경우에 따라선 강력한 규제도 불사해야 할 것이란 얘기였다.

따라서 월가(街)가 복잡다기한 파생상품 같은 걸 만들어 흥청망청 거리기 직전에라도 정부는 강력한 규제의 칼을 빼들었어야 함을 초롱초롱한 정신의 새뮤얼슨 옹(翁)은 암시했다.

"우파 쪽에선 당신을 좌파로 공격할 가능성도 있는데…." 이런 기자 질문엔 존 케인즈도 그 따위 공세에 시달린 적이 있다고 그는 응수했다.

기자가 또 좀 어리석은(?) 질문을 했다. "한국이 경제 강대국이 되려면 어떻게 해야 하나?" 한국은 산업 고도화 노력이 더 필요하고, 이를 위해 연구와 교육, 또 혁신을 목표로 한 투자를 계속해야 할 것이라고 그는 운을 뗐다. 그러나 그는 금방 한국이 과욕을 부려선 안 될 것임을 내비쳤다.

한국이 일본을 성공적으로 모방했지만, 이젠 너무 대외의존적인 일본과는 다른 길을 걸어야 할 것이라고 그는 충고했다. 일본이 경제 강국을 앞당기려는 무리수를 쓰다가 장기 불황에 빠졌던 걸 상기시켰다.

그러면서 그는 한국이 스위스, 또는 핀란드 스타일을 되밟으면 어떻겠느냐고 반문했다. 친(親)시장적이면서도 불평등 해소를 추구하는 것이 한국의 좋은 미래상이 될 것 같다는 의미였다. 그는 마치 중용(中庸)의 경제학자인 듯 비쳐 유쾌하기 그지 없었다.

삶과 죽음

말이 힘차게 달려 나아가는 모습을 방 문 틈새로 지켜본 순간만큼이나 인생은 짧은 것이라고 중국 사람들은 말해 오곤 한다. 또 몇몇 종교들에선 삶과 죽음이 둘이 아니며, 이승의 삶은 눈 한 번 깜박일 정도의 찰나(刹那)일 뿐이라고 설명하기도 한다.

매우 거창하게(?) 서설(序說)을 깔아 놓았지만, 나 역시 뒤늦게나마 일컬어 국민 여배우라던 최진실의 삶과 죽음에 언급해 보려는 의도이다. 사람의 생애가 아무리 짧은 것이라 할지라도, 그녀의 삶은 나 같은 노년의 논객 가슴조차 아리게 할 만큼 너무 비극적이고, 또 너무 짧기도 하다. 아닌 게 아니라 그녀의 생애 자체가 드라마틱하다 할 만했다.

택시운전 기사 노릇하던 아버지, 늘 살림에 쪼들려 오던 어머니 밑에서 근근히 고등학교를 마쳤다. 요즘 말로 차상위 계층 가정이었다고 할까? 이런 역경 속에서 그녀는 마치 동화 속의 신데렐라처럼 1급 배우로 떠올랐다. 기묘하게도 그녀는 텔레비전 탤런트가 아니라 CF 배우로 먼저 세상 사람들의 이목을 끌어들였다. "남자는 여자 하기 나름이에요." 지금도 그녀의 고혹적 미소가 머리에 떠오른다.

그녀의 돌연한 자살을 놓고 설왕설래가 분분했다. 이름깨나 알려진 노년층의 시인 한 사람은 엄숙한 어조로 훈계하듯 말했다.

"자살은 죄악이다. 사람의 목숨은 자신의 것이 아니다. 가족과 사회, 더 나아가 환경 생태계와도 연결되어 있는 한 고리이다.

따라서 함부로 자신의 목숨을 끊는 건 여러 사람들에게 해악을 미치게 된다."

그럴싸한 얘기인 듯하지만, 나는 그의 말에서 뭔가 미진한 느낌이 남는 걸 떨쳐 버리기가 힘들다. 그렇듯 준엄한 충고가 이를테면 '최진실 효과'를 차단하는 데에 과연 얼마만큼이나 기여할 수 있을까?

나는 원칙론으로 돌아가고 싶다. 자살엔 모두 나름의 명분과 이유가 있다. 최진실은 결국 턱도 없는 이른바 악플에 희생된 것이다. 당연히 일컬어 최진실 법, 곧 사이버 모욕죄의 입법은 타당한 것이라 할 만하다.

　요약컨대, 대부분의 자살은 예방 가능한 것이라는 게 내 의견이다. 가족과 사회, 더 나아가 정부가 깊은 관심을 갖고 대응해 나아간다면 OECD(경제협력개발기구) 자살률 1위란 불명예의 멍에는 벗게 될걸로 믿는다. 최진실의 명복을 빌어마지 않는다.

철학이 있는 정치

2008년 10월

민주당의 철학

"철학이 없어 뵈는 사람과는 깊은 우의를 맺지 않는 게 좋다. 또 혹시 벗으로 알고 지내 오던 사람의 얼굴에서 돌연 위선과 오만의 빛을 발견하게 되면 얼른 그 관계를 정리할 필요가 있다." 젊은 날, 주석(酒席)에서 지금은 고인(故人)이 된 언론계의 대선배 한 분이 내게 던져 준 말씀이다.

당시엔 무심히 귓가로 흘려 들었던 것이, 나이 먹어 갈수록 새록새록 가슴을 파고든다.

한 사람 개인에게도 이렇듯 철학이 있어야 한다면, 정권 획득을 목적으로 삼고 있는 정당의 경우에야 더 말해 무엇하랴?

안타깝게도, 지금 10여 년 만에 야당으로 다시 내려앉은 민주당에 그 철학이 빈곤해 뵌다. 이합집산을 거듭하는 우여곡절 끝에 가까스로 옛 민주당 이름을 차용(?)했지만, 그렇다고 지금의 통합민주당이란 게 그 옛날 해공(海公) 신익희(申翼熙)가 창립한 원조 민주당을, 또 그 철학을 계승하고 있다고 나는 믿지 않는다.

당초 해공의 정치철학은 그 내용이 뚜렷했다. 이승만(李承晩)이 급조한 자유당 정권의 독주, 또 그 독선을 차단해 보자는 게 그의 지향점이었다.

그는 민주주의 실현이란 뚜렷한 깃발을 내건 것이었다. 그가 대통령 선거 유세 도중 열차 안에서 급서했을 적에 누만(累萬)의 조문객이 몰려들었고, 또 전국 곳곳에서 곡성(哭聲)이 끊이지 않았다.

뭣 때문이겠는가? 해공의 철학에 국민 일반이 경도되어 있었던 까닭이다.

현재의 민주당이 시공(時空)을 뛰어넘어 해공과 유석(維石) 조병옥(趙炳玉) 등의 철학을 이어가고 있는 것이라고 믿어 줄 사람은 희소하리란 게 내 생각이다.

김대중 씨가 말한바, 한때 김대중과 노무현을 지지했던 사람들이 어디에 따로 있는 게 아닌 걸 민주당 사람들은 알아야 할 필요가 있다. 이제 그들은 민주 대 반(反)민주, 또는 독재 대 반독재 따위의 낡은 정치개념들에서 돌아선 지 오래이다.

누가 경제를 되살리고, 누가 갑자기 닥친 북한의 변고 상태에 잘 대처할 것인지를 저울질하고 있을 따름이다. 10년이 여일하게 일컬어 평등주의와 분배의 노랫가락만 불러 대서야 누가 따라올 사람이 없다. 민주당은 새로운 시대의 추이에 맞는 새 정치철학을 내놔야 할 절박한 상황에 놓여 있음을 인식할 걸 촉구해 두고 싶다. 분배에 더 큰 성장을 얻는 제3의 길 같은 것도 검토해 볼 걸 주문해 본다.

비참(悲慘)지수

지난 여름 한 무더위 속 어느 날, 텔레비전 화면에 비참한 풍경 한 장면이 잡혀 나왔다.

지하 단칸 셋방, 한낮인데도 굴 속처럼 어둠침침하다. 거기에 일컬어 독거(獨居) 노인 한 분이 웅크리고 앉아 있었다. 감옥이 따로 있겠는가?

그 비좁은 방 주위론 뺑 둘러 각종 살림살이 도구가 널려 있었다. 웬 일로 고물 선풍기 한 개도 눈에 들어온다.

방송 리포터가 묻는다. 찜질 방이나 다름 없을 그 혹서(酷暑) 속에서 그나마 왜 선풍기도 안 돌리는 건가?

"안 돼요. 전깃세 올라가면…." 마침내 노인의 주름진 눈가에 이슬 같은 게 맺힌다.

자식들이 아예 없는 건지, 아니면 버리고 달아난 것인지의 여부도 알 길 없었다. 그걸 알아 뭘 하랴 싶어 리포터조차도 안 물어본 듯하다.

정부에서 내 주는 구호기금에 이런저런 자선 돈푼까지 합쳐 한 달 30만 원 미만의 화폐가 노인의 생명 줄이라고 했다. 나중 그는 갑자기 화를 냈다.

요즘 왜 물가까지 치솟고 있는 것이냐고…. 왜 아니랴? 노인들의 일자리는 커녕 실업률 상승에 물가마저 춤을 추고 있으니 빈자(貧者)들의 삶이 나날이 비참해질 수밖에 없다.

아는 사람들은 알겠지만, 이렇듯 비참한 상황을 지수로 계량화 해 놓은 사람이 있다. 미국의 경제학자 아서 오쿤, 그가 곧 비참지수(misery index)란 지표를 만들어 낸 장본인이다.

사람들에게 경제적 고통을 안겨 주는 실업률과 물가상승률을 합쳐 놓은 것이다. 엄밀성이 다소 떨어진다는 비판이 없는 것도 아니지만, 국민 일반이 피부로 느끼는 삶의 질을 관측하는 하나의 잣대 노릇을 톡톡히 한다는 게 중평이라 할 만하다.

우리 정부는 이걸 고통지수라고 슬쩍 바꿔 불러 오고 있다. 어쨌거나, 한은(韓銀)에 따르면 지난 7월의 고통지수가 9.0에 이르렀다.

지난 2001년 초(9.1) 이래 최고치를 기록했다. 기름 값은 좀 떨어졌지만 환율 앙등으로 물가 상승세는 좀처럼 꺾이지 않을 것으로 보인다는 점, 또 경기 둔화 속도도 제어되기 힘들 것 같다는 전망 등이 뒤얽혀 비참지수는 당분간 더 상승 곡선을 그려 가게 될 것이란 게 일반적인 예측인 듯하다. 저(低)탄소 녹색 성장이란 지금 막 닥쳐 온 숙제도 중요하겠지만, 정부는 우선 비참지수 상승 차단에 힘을 모아야 할 듯싶다.

서울대 타령은 이제 그만

2008년 9월

공손홍(公孫弘)과 정연주

사마천(司馬遷)의 사기(史記)열전을 읽어 내려가다 보면 공손홍이란 인물의 이야기가 나온다. 그는 중국의 전국 시대 사람으로 어느 한 작은 나라의 재상을 지냈다.

이런 인물이 부지기수일진대, 왜 사마천은 그를 열전의 반열에 올려 놓았을까? 무엇보다 공손홍의 생애가 너무도 극적(劇的)이었기 때문에, 또 그의 지혜가 빛나 사가(史家)의 눈이 부셨던 모양이다.

공손홍은 장년 시절에 잠시 하급 관리직을 지냈다. 지위가 많이 낮고, 거기에다 녹봉이 적어 가계를 꾸려 가기에조차 허덕이던 끝에 작은 죄(罪)까지 덮어 써 그만두게 되었다.

그는 곧 돼지 사육업에 발을 담갔다고 한다. 나이 예순에 이르기까지 돼지 치기는 계속되었다.

그러던 어느 날, 그는 무릎을 쳤다. 이순(耳順)의 나이에 그는 다시 관청으로 들어가 중급 관리 일을 맡아 봤다. 어찌 된 일인가? 그는 1년에도 서너 계단씩 승진을 거듭했다.

겨우 6년 만에, 아니, 66세의 노구(老軀) 머리 위에 재상의 관모가 씌워졌다.

오랜 세월에 걸쳐 돼지를 치면서 그는 생각하고, 또 공부하는 사고(思考)의 늪에 빠져 지낸 것이라고 태사공(太史公)은 기술하고 있다.

공손홍의 비밀은 뭔가? 관리로 있으면서 늘 상하(上下), 좌우(左右) 자리에 앉아 있는 다른 관리들의 심중(心中) 파악에 힘썼다.

그래서 그들이 좋아할 일을 항상 한발 앞서 수행, 말하자면 '윈윈' 전략을 구사했다고 동양사의 비조(鼻祖)는 풀이한다. 공손홍이 더 빛을 발한 건 재상의 자리에서 스스로 물러났다는 점이라 할 만하다.

정연주 씨가 애초 KBS 사장 자리에 발탁되었던 것도 매우 극적이다. 그는 D일보 해직 기자 출신이다. 민족일보 이래 국내 초유의 진보 성향 신문이라 할 만한 H신문 워싱턴 특파원을 지냈다. 그때 그가 쓴 해설, 또는 칼럼 등이 정객 노무현 씨의 마음을 뒤흔든 걸로 나는 들은 바 있다.

일개 논객이 느닷없이 KBS 사장 의자에 앉게 된 배경이다. 그의 퇴진은 또 너무 비극적이다. 그가 뭘 잘못했는지의 여부는 이제 지루한 법정 공방에서 가려지게 되었다. 그러나 다른 건 다 몰라도, 그를 자택 문전에서 체포한 건 온당치 않아 뵌다. 다만 내가 느낀 바로는, 그는 논객이지, CEO형, 또는 유사(類似) 정객으론 보이지 않는다는 점을 말해 두고 싶다.

마르크스와 '종부세'

'자본론'을 쓴 마르크스는 한때 영국에 은거한 적이 있다. 이 무렵 그는 몹시 굶주려 있었다.

전당포에 뻔질나게 드나들었는데, 나중엔 신고 다니던 구두까지 잡혔던 걸로 기록에 나와 있다. 그가 전당포 문을 나설 때 맨발이었는지, 아니면 슬리퍼 같은 것이라도 발에 걸쳤는지는 분명치 않다.

나는 상상해 본다. 이때 마르크스가 세계를 온통 뒤흔들었다 놓은, 공산주의 혁명의 이론을 뒷받침한 '자본론'의 완성에 더 광적(狂的)으로 매달리지 않았을까 싶다. 자본가에 의한 잉여가치 착취란 어귀(語句)가 튀어나오고, 그래서 세상의 모든 체제를 쓸어 버리고 프롤레타리아 독재 정부를 수립, 모든 생산물들을 공산화(共産化)하자는 게 마르크스 후예들의 기치(旗幟)가 되었다.

이 모든 걸 압축하면, 지구상 전체 인류의 완전 평등을 실현해 낼 수 있다는 이야기가 됨직하다.

결과가 어찌 되었는지는 이제 누구라도 알고 있다. 공산주의란 건 깡그리 무너져 버렸다. 두세 곳 남아 있다는 건 몽땅 수정(修正) 자본주의, 또는 공산이란 너울을 쓴 집단 독재체제일 따름이다.

결국 인간 삶의 완전 평등이란 처음부터 허상(虛像)에 불과했다.

가령 사상가 이영희 씨의 경우만 해도 그렇다. 그는 결코 공산주의자는 아니었지만, 가칭 대중 민주주의 같은 걸 꿈꿨었다. 공산주의 병폐들을 잘라 낸 사회주의 아류(亞流) 같은 것이었다고 할까?

그런 그도 후퇴해 버리고 말았다. 소련 연방이 해체되고, 또 동구(東歐) 공산권이 연쇄적으로 붕괴되는 걸 지켜본 그는 분명 자신의 사상 전향을 선언한 바 있다.

나 같은 중도적 입장에서 봐도 이야기는 달라질 것이 없다. 다만 일컬어 부익부(富益富) 빈익빈(貧益貧) 현상만은 최선의 노력을 기울여 막아 보는 것이 어떤 깃발을 든 정부일지라도 그 으뜸 가는 의무가 되리라고 나는 확신한다. 늘 빈자를 지켜볼 필요가 있다. 성장(成長) 후에 보자는 건 빈말이 된 지 오래되었다.

이런 맥락에서 종합부동산세 부과 기준을 상향 조정하는 건 가난한 사람들의 가슴에 더 깊은 상처만을 주게 될 게 뻔하다. '종부세'를 부동산 투기 방지책으로만 볼 일이 아니다.

더 가진 사람들이 가진 게 별로 없는 사람들의 삶에 더 보탬을 준다고 생각해 볼 걸 제안해 두고 싶다.

학벌(學閥)과 언론

사적(私的)인 이야기를 늘어놓게 돼 미안한 노릇이지만, 나는 참 기이(奇異)한 인연으로 언론계에 입문했다. 나이 스물 되던 해에 인생 초유의 불운에 빠졌었다. 세칭 서울 장안의 명문고에서 전교 10위권 이내의 성적을 유지하고서도 12명이나 들어간 서울대 법대에 낙방했었으니 말이다.

난 참 많이 방황했다. 재수는 기분 나빠 하기 싫고 후기 대학에 적(籍)을 뒀다. 하라는 법률 공부는 잘 않고, 한 친구의 꾐에 빠져 늘 술에 취해 시(詩)·소설 등 문학서적을 읽어 가며 새로운 낭만의 시대가 도래했음을 떠들고 다녔다. 그러다가 덜컥 4학년이 되었다.

안 되겠다 싶어 몇 달 동안 법률 공부에 매달렸다. 그해 가을 '사탄'이 또 나를 흔들어 댔다. 서울대 상대에 다니던 그도 뒤늦게 경제학 공부에 열중한 걸로 알고 있었는데….

"우리 신문기자 시험 쳐 보자. 무관의 제왕, 좀 좋으냐?" 그러면서 그는 우리 정도의 평소 실력이면 거뜬히 합격한다며 나를 더 부추겼다. 친구 따라 강남 간다고 우린 D일보에 응시, 나란히 필답시험에 합격했다. 1천여 명의 응시자 가운데 40명 안팎을 뽑은 걸로 기억된다.

우린 12명의 최종합격자 명단에 들지 못했다. 난 당연히 성적이 뒤로 처진 것이려니 했다. 오기(傲氣)가 발동, 나중 C일보에 둘은 또 응시했다. 둘다 16명의 필답시험 합격자 무리에 들었고, 최종 합격자 8명 속에 내 이름만 없었다.

세월이 조금 지나 난 당시 신예(新銳) 신문이란 S일보에 입사했다. 웬걸, 서울대 출신들이 편집국에 꽤 많이 있었다. 그곳에서 옛날의 비밀(?)을 비로소 알게 되었다. 역사와 전통에 빛나는(?) C일보와 D일보에선 원칙적으로 일컬어 SKY대학 출신만 뽑고, 예외로 두 개의 불문율이 있었다고 한다.

1등을 했거나, 아니면 매우 강력한 후원자를 가진 사람을 한두 명씩 입사시켰다는 얘기이다. 그러고 보면 이 월간지 8월호에 실린 권두언 내용 가운데 소개된, C일보 면접장에서 설화(舌禍)를 일으켜 낙방의 분루를 삼켰다는 분은 오해(?)를 풀어야 할 것이다.

나나, 또 그분이나 아직도 가시지 않고 있는 한국 사회의 학벌주의 철폐를 겨냥해 투쟁을 멈추지 않을 걸 제의해 두고 싶다. 가령 다 늙어서도 어떤 모임에서든 서울대학 타령하는 사람들을 제지해야 할 필요가 있다.

민주 사회에서 언론의 몫은 뭔가

2008년 8월

언론의 몫

언론계 출신의 한 사람으로서 요즘보다 더 부끄러움을 느껴 본 기억이 가물가물하다. 물론 독재정권 시절이 회억(回憶)되긴 한다.

박정희 정권도 언론 탄압에 나서긴 했지만, 그래도 5공(共) 때처럼 가혹하진 않았던 듯하다. 5공 초기 신문들의 1면 머리기사는 구국의 영웅 전두환 장군의 출현에 관한 것이었다.

그는 민족의 태양이었다는 내용의 소설이 모든 신문에 전재되기도 했다. 몇몇 방송과 신문의 문이 닫혀 적지 않은 숫자의 언론계 종사자들이 길거리로 내몰렸다.

이런 아수라장 속에서도 언론사(言論社) 동업자들끼리 서로 싸우는 일이라곤 없었다. 나만 해도 어찌어찌 하다가 살아남긴 했지만, 해직된 동료들의 얼굴 보기가 민망했던 게 지금도 가슴 속에 납덩이

처럼 눌러 앉아 있다.

신문기자 노릇 하다가 퇴직한 몸이니 요즘엔 더 많이 신문과 방송 뉴스에 눈과 귀를 기울이게 된다.

이 무슨 추태(醜態)란 말인가? 이른바 메이저 신문 세 곳과 거대 방송사 두 곳이 자고 새면 싸움질하기에 이젠 이골이 나 있는 듯싶다.

먼저 신문이 포문을 연다.

광우병을 다룬 M사(社)의 PD수첩 내용이 사내(社內) 심의에서도 사실관계 확인 유의란 지적을 받은 바 있다고 주장한다. 요컨대 사실을 왜곡·조작하거나, 심지어는 인터뷰에 응한 현지 미국인들의 답변 내용을 고의로 오역(?)했다는 것이다.

또 자사(自社)의 여성 뉴스 앵커를 촛불 집회에 참가시켜 정치적 악용을 일삼았다고 한다.

공영 방송 K사(社)를 두들기는 것도 빼놓지 않는다. 자사 특별감사 내용을 다룬 메인 뉴스에서 회사 입장만 옹호함으로써 현저히 공정성을 상실했다는 이야기이다.

방송 쪽에서도 신문 세 곳을 집중 포격한다. J일보가 미국 쇠고기 전문 식당에 들어가 손님 사진 찍기에 실패, 기자들끼리 고객을 가장해 촬영한 걸 신문에 게재했다거니, C일보가 발행 부수를 부풀려 신고했음에도 문화부가 그냥 눈 감아 줬다고 아나운서가 목소리의 톤을 높인다. 언론사 수습기자 시험 논문 제목으론 '언론의 사명'이란 게 곧잘 등장한다. 민주 사회에서 언론의 몫은 뭔가? 대중에게 사실을 객관적 안목으로 전달하는 게 으뜸이다. 적어도 스스로 권력이 되어선 안 된다.

리더십의 빈곤

2008년 7월

대통령의 리더십

젊은 날, 나는 다른 많은 지식인들과 함께 대통령으로서의 박정희와 전두환, 이들 두 사람을 어지간히도 증오하고 있었던 게 사실이다. 더 설명할 나위도 없다. 한마디로 그들은 대의(代議) 민주주의 체제를 파괴, 오로지 독재의 길로 치닫고 있었기 때문이다.

이런 가운데 오랜 세월이 흐른 지금에 와서 돌이켜 보면, 그들에게도 자신들만의 독특한 리더십이 있었고, 그게 나라 앞날에 유효하게 작용했던 걸 상기하게 된다. 가령 박 대통령의 경우 그는 수출 증진에 혼신의 힘을 기울였던 흔적이 이곳 저곳에서 발견된다.

그 시절 한 지방 도청 소재지에서 법원장을 지낸 분의 증언—. "다른 아무 것에도 관심이 없는 듯했어요. 수첩을 꺼내 들면서 도지사에게 묻더군. 작년에 1년 동안 ○○달러 어치를 이 도(道)에서 수출하기로 약조가 돼 있는데 그 결과를 보고하라는 게야.”

지사(知事)의 얼굴이 사색(死色)이 되더라며 그는 쓴웃음을 지었다. 3공(共)시절 다른 건 몰라도 이른바 수출 입국의 기반이 구축된 건 박통(朴統)의 강력한 리더십에 힘입은 바 큰 게 분명하다.

전두환 대통령도 일컬어 그 통 큰 리더십이 사람들 입에 오르내린다. 그 대표적인 사례가 작고한 수재 김재익 청와대 경제수석 비서관과의 일화라 할 만하다.

“나는 경제 잘 몰라. 경제는 자네가 대통령이야. 전권(全權)을 줄 테니 자네가 알아서 해 봐.”

마침 김재익은 다산(茶山) 정약용을 존경하는 애국심 깊은 사람이었고, 또 청렴하기 이를 데 없는 테크노크라트였다. 5공(共) 때엔 물론 달러와 유가(油價), 금리 등에 걸친 이른바 3저(低)현상이란 호재가 있긴 했었다. 여기에 김재익이란 걸출한 관료의 능력이 합세, 아이러니하게도 공전(空前)의 경제 호황이 이 독재정권 시절에 이어 졌던 걸 많은 사람들이 기억하고 있다.

지금 이명박 대통령의 리더십 형체는 어떤 것인지가 불명료하다. 취임한 지 석 달 남짓에 성급히 굴지 말라고 하기엔 헝클어진 국정(國政)의 줄기가 너무 어수선하다.

두세 차례 인사(人事) 혼선 바람이 불고 가더니, 이번엔 난데없는 쇠고기 파동이 전국을 뒤덮고 있다. 그때마다 대통령의 긴 변명이 오히려 우리들 귀를 거슬리게 한다.

“지난 10년간의 허물들이 너무 깊게 패여 있는 것 같다.” 이런 대목에 이르게 되면 새삼 그의 얼굴이 다시 쳐다 뵌다. 리더십이 빈곤

해 보인다.

한국 재벌의 실체

나도 젊은 기자(記者) 시절엔 경제부 소속도 아니면서, 따라서 문외한 주제에도 불구하고 이른바 재벌이란 집단을 혐오의 눈길로 쳐다봤다. 그저 들은 풍월로 문어발 확장이 어떻고, 또 세습경영에 조세 포탈 운운해 가며 재벌그룹 빌딩을 눈 흘겨 본 기억이 새롭다.

사람의 한 평생 삶이 원체 신산한 것이라더니, 나이 마흔이 다 돼 경제지(經濟紙)로 옮겨 가게 되었고, 5, 6년 지나 덜컥 산업부장이란 자리로 승진했다. 주변에선 축하의 인사들이 건네 졌고, 집으론 대기업 그룹들의 화환이 물밀듯 쏟아져 들어 왔다.

난 은근히 겁이 났다. "내가 재벌의 공범이 돼야 한단 말인가?"

다른 이들은 어찌 평가했는지 모르겠지만, 난 3년여쯤 산업 데스크 노릇을 하면서 세칭 재벌기업을 꽤나 괴롭힌(?) 사람 중 하나이다. 사람에 따라선 이런 내 태도를 오히려 색안경을 끼고 보는 듯하기도 했지만, 난 나름대로 언론인으로서의 비판 정신유지에 안간힘을 썼음을 말해 두고 싶다.

이런 와중에 내가 몸으로 체감한 사실 하나가 있다. 재벌은 좋든 싫든 한국 경제의 중추 자리에 놓여 있다는 점, 이걸 부인하는 사람은 그가 지식인이든, 또 가령 좌파 인텔리겐치아이든 간에 죄다 위선(僞善)의 껍질을 덮어쓰고 있다는 징후를 내가 발견했다는 얘기이다.

끝내 저간(這間)의 삼성(三星) 사태로 이야기 꼬리가 이어지게 되는 바, 특검(特檢)의 기소 내용은 대략 다 사실인 걸로 뵌다. 이건희 씨의 신병이 어찌 될는지는 물론 알 길이 없다.

그가 사회에 내놓은 일련의 자성(自省) 방안들을 놓고 알맹이가 없다는 등 시비가 있기도 했지만, 할 만큼 했다는 게 중론인 듯하다. 그가 경영 일선에서 물러난 걸 놓고 걱정하는 소리들도 적지 않다.

구심점을 잃은 삼성이란 거함이 표류하게 될 걸 염려하는 듯하다. 그러나 실정법에 어긋난 행태들은 언제든 교정됐어야 할 일이라고 난 믿는다.

차제에 다른 재벌 기업들도 삼성의 사례를 타산지석(他山之石)으로 삼아 자정(自淨) 노력을 기울일 걸 촉구해 두고 싶다.

지금 나라 경제가 몹시 어렵다. 치솟는 유가(油價) 등 원자재 값에 물가가 춤을 추고 있다. 대기업들의 투자확대가 무엇보다 시급해 뵌다. 다른 눈치 볼 것 없이 서두를 필요가 있다.

표현의 자유에도 원칙이 있다

2008년 6월

'군주론(君主論)'의 원용

마키아벨리는 르네상스 2기 이래로 지금껏 숱한 사람들의 입방아에 오르내려 왔다. 사람들은 그가 교활하고, 또 사특한 인물인 것처럼 묘사해 왔다.

오죽해야 증오의 대상을 가리켜 마키아벨리적(的) 인간이라고 비방했을까 싶다. 그가 대체 어떤 인물이었기에 이렇듯 후세 사람들의 조소거리가 되었을까?

문헌을 뒤져보면, 그는 이탈리아 도시국가 피렌체의 고위 관료직을 지냈다. 그러다가 메디치가(家)에 정권을 빼앗기면서 실각, 만년을 불우하게 보낸 걸로 되어 있다.

이런 무렵에 그가 자신의 정치 경험담을 소재로 삼아 써 낸 책이 곧 그 유명한 '군주론' 이다. 이게 두고두고 말썽이 되어 온 것이다.

마키아벨리는 이 저서에서 이렇게 기술해 놓고 있다.

"군주는 때로 큰 갈기를 곧추 세워 가며 포효하는 사자의 모습으로 대중을 압도해야 한다. 그러나 늘 그렇게 할 순 없는 노릇이다.

경우에 따라선 여우처럼 변신, 교태도 부려야 하고, 또 그 꼬리도 바짝 내리는 걸 부끄러워 하지 않아야 한다."

내가 원문을 다소 윤색해 놓긴 했지만, 요컨대 목적 달성을 지상(至上) 과제로 설정해 놓고, 이걸 위해선 강·온 양면의 전략을 번갈아 구사해야 한다는 취지로 해석될 만하다.

근자에 정치 전략가로서의 마키아벨리가 재조명되고 있는 듯하다. 그는 본래 사특한 인물이긴커녕 훗날의 정치 지도자들에게 훌륭한 리더십 지침서를 물려 줬다는 평가가 나오고 있다.

글쎄, 나는 이른바 '군주론' 재해석에 선뜻 동의가 가진 않는다. 그러나 정치 지도자의 신축성, 또 빠른 공수(攻守) 전환의 필요성을 강조한 책 행간에 담긴 뜻만은 가슴에 와 닿는다.

아마도 지금의 한국 정국이 너무 혼란스럽다 못해 사회 불안마저 감지되는 판이어서 더 그런지도 모르겠다. 좀 심한 말로 지금 이명박 정부는 일종의 공황 상태에 빠져 있는 듯싶다.

쇠고기 문제가 실수였다면 진작 국민들 앞에 나와 더 쉽고, 솔직한 말로 사과하는 게 도리였다고 본다. 어물어물 각료들 책임으로 떠넘기는 듯한 태도는 볼썽 사나웠다. 내각 개편이니 총리 경질이니 하는 이야기도 변죽만 너무 울려 식상감(食傷感)을 준 지 오래이다. '군주론'을 한번 원용해 볼 걸 제의해 두고 싶다.

시위(示威)문화

민주 국가에서 시위가 허락되는 건 필경 집회의 자유에서 파생되는 것이라 할 만하다. 또 후자(後者)는 그 꼭짓점에 표현의 자유가 도사리고 있음이 틀림없다.

따라서 시위란 뭔가 뜻을 같이하는 사람들이 집단을 이뤄 자신들의 표현의 자유를 구현하는 행위일 터이다. 그러고 보면 어떤 정부도 원칙적으로 시위를 막을 권리라곤 없다. 바꿔 말하면 국민 일반의 표현의 자유는 엄중히 보장되어야 한다.

미국 연방 대법원의 한 판례를 들여다보면 벌린 입이 다물어지질 않는다. 한 청년이 베트남 철군을 부르짖으며 거리에서 성조기를 불태웠다.

전심(前審)들은 모두 그에게 국기 모독죄를 적용, 유죄를 선고했다. 이것이 파기되었다. 그에게서 표현의 자유가 박탈되었다는 것이다. 그 청년은 미국 정부의 베트남 전쟁 개입에 반대한다는 의사를 국기 소각 행위를 통해 합법적으로 표현했다는 것이 무죄 판결의 이유였다. 이 대목에서 한 가지 의문이 떠 오른다. 왜 미국 경찰은 이른바 폴리스 라인이란 걸 그어 놓고 이걸 넘어선 군중에게 무자비할 만큼 곤봉을 휘두르는 건가. 표현의 자유는 어디로 갔단 말인가?

해답은 뜻밖에도 간단하다. 금과옥조와도 같은 표현의 자유도 공공(公共)의 안녕(安寧)이나 타인의 안온(安穩)을 방해해선 안 된다는 이야기이다. 나는 지금 또 그 지겨운(?) 미국 쇠고기 수입 문제에 언급하려는 게 아니다. 그걸 반대하는 시위의 형태랄까, 그 스타일에 관한 불쾌감을 표시해 보려는 것이다. 내게도 표현의 자유는 확보되어 있으니까….

전경(戰警)이 방패로 찍으면 길길이 뛰고, 집에 가면 다 자신들의 아들이고, 또 형제인 경찰이 가령 쇠 파이프로 얻어 맞아 피투성이가 되는 건 알 바 없대서야 모순도 그런 모순이 없다.

한마디 덧붙인다면, 이명박 정부가 과오를 저지른 건 분명하다. 경솔하고, 또 오만하게 쇠고기 협상을 함부로 처리했으니 말이다.

그렇다고 이제 서너 달 된 정권의 퇴진 운운하는 팻말을 들고 거리로 뛰쳐나와 청와대로 짓쳐 들어 가겠다는 건 중진국 민주 시민의 도리가 아니다. 되풀이하거니와, 표현의 자유에도 정녕 금도(襟度)가 있다. 이명박 정부도 지금 민심 수습책 모색에 노심초사하고 있는 듯하다. 누구라 할 것 없이 인내심을 유지할 필요가 있다.

6·10항쟁 기념집회가 평화롭게 끝난 건 만행이라 할 만하다.

투표장에 가지 않은 이의 변명

2008년 5월

물가와 경기

어느 날 택시 운전사 한 사람에게 요즘 형편을 물었다. 물가도 너무 오르고 있고, 경기도 아주 나쁘다고 그는 투덜거렸다.

내가 더 질문을 던졌다. 금리를 내리면 경기는 조금 좋아 질는지 모르겠지만, 물가는 지금보다도 더 많이 치솟을 텐데, 어찌 하는 걸 바라느냐고 속마음을 떠봤다. 그는 머뭇거렸다.

내가 더 부연 설명을 했다. 금리를 내렸음에도 물가만 다락같이 오르고, 경기는 계속 나쁜 상태에 머물러 있을 수도 있다고 말해 줬다. 금리가 더 이상 말을 안 듣는 유동성 함정, 또 이른바 저성장(低成長)·고물가(高物價)의 스태그플레이션 등의 상황 도래 가능성을 풀이해 주기도 했다. 운전사는 미간을 찌푸리더니 한마디 내뱉었다.

사랑을 따르자니 돈이 울고, 돈을 따르자니 사랑이 울고⋯. 이미 흘러간 지 오래된 옛 가극의 대사 한 자락을 그는 한숨 속에 중얼거리며 멋적게 웃었다.

아닌 게 아니라, 요즘 물가 책임을 맡고 있는 한국은행과 기획재정 당국이 오월동주(吳越同舟)의 배에서 내려 서기라도 한 듯 같은 뜻을 내비쳐 압도적으로 많은 숫자의 서민층을 긴장시키고 있다. 한은 총재는 일부 경제 지표들이 경기 둔화 가능성을 시사한다고 발언, 은근히 가까운 장래에 지금 5%로 동결되어 있는 기준금리를 내릴 수도 있음을 숨기지 않았다.

일부 관측통들은 통화당국이 일단 앞날을 지켜보면서 금리에 손댈 타이밍을 찾겠다는 뜻을 보인 걸로 해석하고 있는 것으로 보도되었다. 어떤 전문가는 한발 더 나아가 4월 말 미국의 금리 조정 결과를 본 연후에 상반기 중 인하할 듯하다고 분석하기도 했다.

거의 때를 같이하여 정부의 재정담당 관료들은 아예 물가를 잠정적으로나마 포기하는 듯한 태도를 보이고 있다. 이런 태도는 신임 대통령이 내수가 너무 위축되지 않도록 해 달라고 주문함으로써 촉발된 걸로 뵌다.

내수 진작을 목표로 한 방안들이 근자에 들어 백출하고 있다는 소식이다. 특별소비세와 부가가치세의 인하는 물론 추경(追更) 편성 등이 검토되고 있는 모양이다.

아마도 중산층 이상의 사람들은 여기에 손뼉을 칠는지도 모를 일이다. 높아진 물가의 벽을 뛰어넘어 더 많은 수익을 올릴 수 있기 때문이리라.

이제라도 한은(韓銀)은 중심을 잃지 않을 걸 촉구해 두고 싶다. 그

중심 축이란 곧 서민 삶의 터전이다.

정치혐오 증후군

나는 본래 좀 병약한 사람이지만, 별로 좋지 않은 날씨에도 불구하고 지난번 총선에 참여, 두 장의 투표 용지에 기표 용구를 꾹 눌렀다. 투표율이 저조하리란 건 예상했던 일이지만, 막상 46%란 결과 발표엔 한숨이 절로 나왔다.

며칠 뒤 기권했음을 당당히 말하는 한 지식인 지인(知人)을 만나 언성을 높여 힐문했다.

— 왜 기권했는가.

"한국 정치란 것 자체에 환멸을 느꼈다. 투표할 대상도 없었고, 또 솔직히 좀 귀찮기도 했다."

— 명색이 지식계층으로서 그렇게 불성실한 응답을 하다니, 당신 같은 사람들 때문에 우리의 정치 문화가 답보하고 있는 것 아닌가.

"당신이야말로 너무 순진한 듯하다. 착각하지 말라. 무엇 때문에 54%의, 언필칭 유권자란 사람들이 투표장에 가지 않았는지를 아직도 모른단 말인가. 그들은 지금 대의민주주의란 한국정치체제 자체를 놓고 깊은 회의감에 빠져 있다."

— 또 그 상투적인 이념 유희를 벌이려는 것인가.

"정신을 수습하여 내 말을 경청하라. 지금 54%의 우리 국민들은 한국 정치인 군상(群像)이 민주주의 체제를 수호해 나아갈 자격을 상실한 걸로 보고 있다.

또 알 수 있는가. 그들은 권력투쟁에 여념이 없는 현재의 정치 판을 쓸어 버리고, 가령 박정희 스타일의 영웅적 독재주의를 기다리고 있는지도 모를 일이다."

— 이런 사람을 봤나. 과격한 망언이다. 어쨌거나 민주주의 싹이 훼손되어선 안 될 노릇이다.

정치력이 아직 경제 역량에 못 미치고 있는 것 뿐이다. 그렇지 않은가.

"……"

평소부터 다혈질인 그 사람은 더 이상 입을 열지 않았다.

투표율 낮은 걸 놓고 화풀이라도 하려다가 되레 한 방 더 얻어맞은 꼴이 되었다. 그렇긴 하지만, 우리들 모두가 그의 경고에 옷깃을 여미고 한번쯤 귀를 기울일 필요가 있다.

무엇보다 입법이든 행정이든, 또 사법이든 간에 나라의 운영을 맡은 모든 이들이 깊이 자성해야 할 것이다. 명예와 권력, 또는 재물로부터 초연할 걸 촉구해 두고 싶다. 이전투구(泥田鬪狗)하지 말고 애국심을 유지하란 이야기다.

서울 종로의 정치학

종로의 빅 매치

2008년 4월

종로(鍾路)의 정치학

서울 종로의 쟁투엔 늘 이를테면 운치 같은 게 따라 붙어 다녔다. 그게 꼭 국회의원 선거가 아니라도 좋았다. 야사(野史)를 들춰 보면, 조선의 개혁 군주 정조(正祖) 이래로 예서 해마다 큰 씨름판이 벌어져 천하의 장사들이 다 모여들었다는 이야기도 있다.

이곳의 1등이 곧 나라 으뜸이란 등식이 전국에 파급됐다고도 한다. 왜 굳이 건달 얘기까지를 건드리느냐는 반론도 없진 않겠지만, 협객 김두한의 종로 정복 과정도 마치 미국 서부활극의 한 장면을 보는 듯해 감칠맛이 난다. 겨우 18세의 나이로 서울의 각 구역 수장(首長)들을 결투를 통해 차례로 제압, 나중엔 이 세계의 투톱 구(舊)·신(新) 마적을 숨 돌릴 새도 없이 격파해 버린다.

요새 강남 벨트니 뭐니 하며 종로를 폄하하는 소리도 들리지만,

정치 분야에서도 이곳의 상징성은 엄존한다는 게 다수설이다. 무엇보다 여기에서 대통령이 3명이나 배출되었다. 이명박과 노무현, 그리고 윤보선 등이다.

종로엔 또 전국의 시선을 끌어 모은 정치 혈투가 한두 번 있은 게 아니다. 독재정권 시절 신민당 총재 이민우 씨가 아직 참호 속에 갇힌 YS의 독전에 힘입어 종로—중구(중선거구제)에서 당선, 신민당 돌풍을 몰고 온 건 지금 다시 생각해도 눈물겹다.

정일형 씨가 작고하면서 시행된 보선(補選)에서 새파란 나이의 정대철이 어머니 이태영 여사의 엄호를 받으며 의원직을 상속받은 것도 다 아는 얘기이고, 그 틈새에 이삭 하나를 꿰찬 무명의 신인 정치인 이야기는 좀 색다르다. 나도 아는 사람인데, 되지 않게(?) 자신의 시골 모친을 단상으로 끌고 올라 와 "내 어머니가 저 화려한 여류 명사보다 더 낫지 않은가"라고 절규, 만장의 박수를 이끌어 냈다. 그의 지명도(知名度)는 다락같이 올라갔고, 국회의원 두 번에, 요즘 한 수도권 도시의 시장직을 연임중이란 소문이다.

오래간만에 종로에서 '빅 매치'가 열리게 되었다. 허물어져 가는 성곽을 수호해야 할 손학규 통합민주당 대표와 말끔한 풍모의 박진 한나라당 재선 의원 간의 일전(一戰), 벌써부터 손에 땀이 난다. 희한하게도 둘은 고교와 대학, 또 외국유학 대학에 이르기까지 죄다 선후배 사이라고도 한다.

둘 다 못 물러설 한판이라곤 하지만, 내 보기엔 손학규 대표 쪽이 더 좀 다급해 뵌다. 잘못하다간 가까스로 일으킨 몸이 주저앉아 아예 정치생명의 맥(脈)이 막힐지도 모르겠기 때문이다.

양성(兩性)평등의 한계

인간은 죄다 평등하게 태어났다는 게 인류사 이래의 정설(定說)이다. 다만 사람들의 지혜가 고대(古代)로 올라갈수록 좀 모자랐던 게 사실이었고, 이로써 여성 우위의 모계 사회가 풍미하다가 근대사 이전 한참 동안엔 남성들이 여성을 과도하게 억압해 온 것도 부인하기 어렵다.

드디어 요즘 한국에서도 양성평등을 꼭짓점으로 한 혁명이 일어나기 시작했다. 호주제가 폐지되는가 하면 경우에 따라 자식이 어머니 성씨(姓氏)를 따를 수도 있도록 한 것만 해도 이만저만한 혁신(革新)이 아니라 할 만하다. 고백하자면, 나는 보수 진영에 몸 담기 싫어하는 사람이어서 이렇듯 새로운 변화의 물결에 반기(反旗)를 들고 싶진 않다.

그러나 지나친 양성평등의 질주엔 우려의 뜻을 표시하지 않을 도리가 없다. 대체 양성 간의 차이는 말할 것도 없고, 인간평등의 한계는 어디까지인지를 새삼 묻고 싶다.

조물주(造物主)의 아들이란 예수의 말씀, 또는 동양 최대의 성현이란 공자의 언질 등은 우리들 상식인(常識人)이 따라잡기엔 너무 힘겹다. 그렇다면 사법부는 이런 종류의 사건에 부딪혔을 때에 어떤 결정을 내려야 할 것인가?

얼마 전에 아홉 살 된 자식의 성씨를 부모의 것들을 결합한 걸로 바꿔 달라는 신청이 서울의 한 1심(審) 법원에 제출되었다. 재판장의 판결 내용이 매우 명쾌하고, 또 그의 지혜도 듬뿍 담겨 있는 듯 보여 유쾌하다.

그는 이 신청을 기각했다. 요약하건대, 양성평등이란 목표 아래 부모 마음대로 기존의 성씨를 바꿀 수 없다고 못박았다. 부모들이 요청한 성씨는 '노최'였는데, 이런 성씨는 한국에 없는 까닭에 장차 이제 겨우 9세에 불과한 자식이 자아(自我) 형성기에 주위의 놀림을 받을 우려가 있다고 그는 사안의 핵심을 짚어냈다.

자식이 성년이 돼 부모의 뜻을 받아들인다면 그때 비로소 개명 여부를 판단하는 게 바람직하다고 설명한 걸로 보도되었다. 그는 또 양성평등은 이름과 같은 형식보다, 행동으로 모범을 보여 그런 인식을 갖도록 훈육하는 게 옳다고 지적했다는 얘기이다.

더 뺄 것도, 또 보탤 것도 없는 지혜로운 판결이라 할 만하다. 결국 양성평등의 지향점은 남녀 간 영역의 조화에 있다고 보는 게 타당할 듯싶다.

왜인이 왜 조선말을 하누

2008년 3월

민주당의 부활

대통합민주신당과 민주당이 합당하는 데에 성공, 통합민주당이란 새 이름으로 출범하게 된 건 그나마 다행한 일이라 할 만하다. 대통합민주신당은 사실상 열린우리당이란 노무현 정권 아래에서의 여당이, 대통령의 실덕(失德)으로 말미암아 국민 일반의 지지를 잃게 되면서 이름만 바꾼, 이를테면 신장 개업한 정당이었음은 주지(周知)의 사실이다.

우리는 또 당초의 민주당이 친노(親盧)와 반노(反盧)로 분열되면서 훨씬 더 많은 숫자의 전자 측 세력이 튀어나와 새로 정당을 만들었던 걸 기억하고 있다. 대통령선거에서 참패, 곧 닥칠 총선에서마저 한나라당에 대패할 것이 두려워 합당케 된 배경도 모를 사람이라곤 없다.

그러나 나는 그래도 이들 민주화 세력이 역사와 전통에 빛나는 민주당이란 이름 아래 재결집하게 된 걸 환영해마지 않는다. 민주당은 본래 한민당(韓民黨)이 그 뿌리이다. 해방후 좌익의 준동에 대항, 항일 독립운동 세력들이 뭉쳐 창당했다.

그뒤 이승만(李承晩)이 내각책임제 헌법에 반대, 탈당해 자유당이란 걸 만들어 길고도 긴 독재체제에 들어갔다. 그에게 배신당한 인사들이 마침내 민주당을 설립, 4·19의거 직전까지 자유당 일당 독재에 맞서 요새 누군가의 말처럼 시베리아 벌판에 선 듯 가난과 추위에 떨어 가며 투쟁해 왔다. 그들이 누구인가?

신익희(申翼熙) 조병옥(趙炳玉) 장면(張勉) 윤보선(尹潽善) 김병로(金炳魯) 유진산(柳珍山) ― 제씨(諸氏)의 이름이 지금 기억에도 새롭다. 국민들의 간장을 다 녹인 애달픈 사건도 많았다.

신익희 씨가 대선 유세 도중 열차 안에서 뇌일혈을 일으켜 숨을 거두었다. 국민들의 통곡 소리가 산하에 메아리쳤다. 나라의 운세에 마(魔)라도 끼어 있었던지, 비극은 또 있었다.

유석(維石) 조병옥이 또 이승만에 도전, 선거에 출마한 지 그리 오래지 않아 암 수술 끝에 운명했다. 사람들의 울음 소리는 더 커졌다.

나는 왜 민주당의 옛 발 자취를 더듬고 있는가. 이제 민주당이 되살아나 혹시 있을지도 모를 이명박 정부의 독선을 제어해 달라는 뜻이다. 또 한 가지, 유석의 아들 조순형 씨가 다 늙은 나이에 사감(私感)이 폭발, 민주당을 떠나 하필이면 극우(極右) 표방 정당에 들어간 게 못내 아쉽다.

'미스터 쓴소리' 란 애칭도 더 못 듣게 된 것이 서글프기만 하다.

영어(英語) 몰입교육

꿈에도 그리던 조국 독립을 못 보고 일제(日帝)로부터 해방되기 겨우 1년 전에 한용운(韓龍雲)은 입적했다. 그는 승려의 신분이었지만, 세상 속으로 나와 문학 활동도 하고, 또 사회계몽 운동도 활발하게 펼쳤다.

가령 '님의 침묵' 같은 시(詩)는 지금 들여다봐도 그 문장의 흐름이 유려하기가 짝이 없다.

주목해야 할 건, 그의 이 모든 행적이 항일(抗日) 독립운동과 연결돼 있다는 점이다. 그는 이른바 33인의 한 사람이기도 했고, 오죽했으면 건달패 김두한(金斗漢)까지 끌어들여 친일(親日) 인사들을 혼내 줬다는 일화도 전해 내려온다.

어느 날 그는 서울 종로 거리에서 우연히 육당(六堂) 최남선(崔南善)과 부딪혔다. 그는 지인(知人)이던 육당을 힐끗 한번 보더니 고개를 돌려 뒤도 안 돌아보고 가던 길을 재촉했다. 육당이 쫓아오며 말했다고 한다.

"아, 이 사람 만해(萬海 · 한용운의 아호) 아닌가? 나 육당일세."

만해가 되받았다. "육당은 왜인(倭人)인데 어찌 조선(朝鮮) 말을 하누?"

그렇지 않아도 그 무렵 일본 총독부가 조선어 말살 정책을 펼치면서 이를테면 일본어 몰입교육에 돌입해 있을 때였다. 이미 왜정(倭政)에 친일 항복 문서를 쓴 육당이 당시 만해에게 어떤 반응을 보였는지는 모르겠다.

이명박 정부가 한때 영어 몰입교육을 펼쳐 보겠다고 나섰던 건 매우 사려(思慮) 깊지 못한 행태였다. 퇴직하게 된 어느 고위 관리가 공무원에겐 영혼이 없다고 말했다지만, 영어 몰입 운운은 영혼을 팔아서라도 부자가 되어 보겠다는 저급한 발상에 진배없다.

엄중히 충고해 두거니와, 국어(國語)는 그 나라의 정신이며 국기(國基)임을 인식해 둘 필요가 있다. 영어가 되었든, 또 무슨 나라 말이 됐든지 간에 외국어란 필요에 따라 익히고 배우면 될 것이다.

대통령이 취임하기도 전부터 기업 CEO 같은 발상을 보인 듯 느껴져 유감스럽다.

4·19의거가 일어났던 1960년, 나는 고교 3년에 재학중이었다. 그때 성품이나 실력으로나 존경을 한몸에 받던 영어 선생님이 이런 말씀을 하셨다.

"영어를 잘 한다는 건 자랑이 아니다. 영어란 필요한 사람이 그 필요에 따라 배우면 되는 것이다."

오만은 필경 재앙을 부른다

2008년 2월

오만(傲慢)의 리더십

지나친 자유는 필경 방종을 불러 오고, 또 그로부터 오만도 싹트게 된다고 뭇 선현(先賢)들이 지적해 왔다. 가령 근대 스페인의 철학자 우나무노 같은 이는 모든 사회과학은 개념의 공동묘지일 뿐이라고 독설을 뿜어내 학문 자유의 과잉마저 경계하기도 했다.

요즘 이명박 정부가 출범하기도 전에 당선자 자신과 그 주변으로부터 이따금 오만의 빛을 엿보게 되는 건 유감이다. 당선의 기쁨 끝에 너무 심신이 자유로워진 걸까? 무엇보다 박근혜 전 대표측에서 줄기차게 국회의원 공천 시기를 늦추지 말라고 요구한 점과 관련하여 "아직도 경선 분위기에서 벗어나지 못한 것 같다"고 대꾸한 건 큰 실언(失言)이라 할 밖에 없다.

그녀의 아름다운 패배가 있었기에 이명박 당선이란 영예를 안게 되었음을 잊어선 안 될 것이다. 또 그녀를 과소 평가하는 오만을 저질렀다간 뒷날 작지 않은 재앙이 닥쳐 올 것임을 난 예감한다.

성장률 7%를 슬그머니 6%로 내리면서 너무도 당연한 것인 양 말하는 것도 오만의 리더십 냄새를 풍긴다. 당초의 약속을 못 지키게 된 것에 사과라도 해야 마땅하리라고 본다.

대학의 본고사가 자율이란 이름 아래 나타날지도 모를 가능성을 무작정 부인하는 태도도 마땅치 않긴 마찬가지이다. 더 좀 시간을 두고 그 예비적 장치 보완에 더 큰 방점(傍點)을 찍어 놔야 할 필요가 있다. 잘못하다간 개천에서 용 나오긴커녕 미꾸라지 한 마리도 안 나타날 판국이다.

이른바 인수위(引受委)란 곳 사람들의 마음도 역설적으로 말해 너무 자유로워 보인다. 그렇지 않고서야 정부 부처 국장들을 불러다 놓고 호통치다 못해 언론계 간부들의 성향 조사를 명령하는 일은 없었을 것이다.

이건 뭐 시곗바늘을 거꾸로 돌려 5공(共) 시절 민정당의 작태를 되풀이하는 듯 보여 여간 불유쾌하지가 않다. 또다시 언론에 당근과 채찍을 병용할 심산이라면 되레 이를테면 식물 정권으로 전락하고 말게 될 것이다.

신문과 방송의 겸영이란 깃발도 함부로 흔들 일이 아니다. 장래엔 몰라도 지금으로선 어림도 없는 사안이다.

힘 있는 신문 몇 곳이나 시도해 보게 될 것이고, 그렇게 되면 언론 환경은 그나마 더 무서운 공룡 시대로 접어들게 될 것이다. 이명박 정부에 당부해 두거니와, 제발 복고주의, 곧 오만의 정치로 회귀하지 말 걸 강조해 두고 싶다.

사마천(司馬遷)이 사기(史記)에서 가장 크게 경계한 게 바로 그 오만이다.

변화의 물결

올 한해에 걸쳐 국내 경제엔 말 그대로 폭풍이 몰아쳐 올 전망이다. 이건 꼭 정권 교체 때문에만 비롯될 현상은 아니라는 게 내 의견이다.

물론 이명박 정부의 출범에 따른 경제정책 기조의 변경으로 말미암은 것들의 풍향이 더 거세긴 할 것이다. 여기에 해외 요인들의 복병 기세도 만만치 않을 것이란 점에 주목할 필요도 있다는 걸 강조해 두고 싶다. 때마침 권위 있는 한 민간 경제연구소가 올 1년 동안의 국내 10대 트렌드란 제목으로 된 장문의 보고서를 내놨다.

아니나 다를까. 보고서는 그 키워드로 변화란 단어를 콕 끄집어 냈다. 왜 아니랴? 이것 저것 할 것 없이 바뀌지 않을 부문이라곤 없을 듯하다.

그러나 나는 이 변화의 격랑 속에서도 정부 부문을 필두로 한 모든 경제 주체들이 꼭 유념해야 할 화두(話頭) 한 가지를 제시해 둘 필요를 느낀다. 처변불경(處變不驚)—. 변화의 기세가, 또 그 속도가 아무리 무섭게 소용돌이쳐도 결코 당황하지 말자는 이야기이다.

바꿔 말하자면, 뭣이든 다 바뀐다고 냉정을 잃어 당초의 본질(本質)을 떠내려 가게 해선 안 될 것이다. 더 쉬운 말로 교각살우(矯角殺牛)의 어리석음을 저질러선 안 될 것이란 얘기이다. 이 부분은 특히 새 정부측에 강조해 두고 싶은 대목이기도 하다.

바라건대, 지난 10년간의 이른바 좌(左)를 너무 급격히, 또 빠르게 우(右)로 바꾸려 하지 말기를 촉구해마지 않는다, 가령 출자총액 제한 제도의 폐지와 함께 이른바 금산(金産)분리 정책을 대폭 완화, 기업 투자 의욕의 고취를 도모하겠다는 모양인데, 그 부작용을 미리 막아 낼 장치가 아직 잘 안 뵈고 있다.

대기업들의 옛날 버릇이 되살아나 총수들의 전횡이 막무가내로 반복되게 해선 안 되리라고 본다.

대운하 건설이란 것도 더 좀 신중히 접근할 필요가 있다. 침체된 내수에 온기가 퍼지도록 한다는 취지는 좋지만, 자칫 환경파괴 등 나쁜 점만 도드라지게 되면 청계천 복원의 빛마저 사라지고 말게 될 것이다.

금융 기업·업종 간 겸업과 합종연횡이란 금융 빅뱅도 보고서 내용 중에 끼어 있는데, 나는 이 문제도 정부가 그 가닥을 잡는 데에 매우 신중해야 하리라고 본다. 미국 서브프라임 모기지 사태의 여진 등 금융 불안 요인이 아직도 깊게 우리 경제에 내재돼 있기 때문이다.

이건희 신경영의 시험대

2008년 1월

이명박의 승인(勝因)

털어 놓고 말하자면, 나는 처음부터 이명박을 지지하지 않았다. 그에게 무슨 사감(私感)이 있을 리 없고, 또 그가 대통령으로서의 자질(資質)이나 능력이 현저히 떨어지는 걸로 보지도 않았다.

다만 나는 한국사회가 더 좀 계층 간 괴리를 좁혀야 할 필요가 있고, 따라서 노무현 정권의 실패를 반면교사로 삼아 제발 겸손하고, 또 능력 있는 새로운 개혁주의 인사가 출현, 제대로 된 중도주의 성향의 사회통합을 이뤄 내 주기를 갈망해 왔다. 아이러니하게도 이런 소망에도 불구하고, 나는 또 한편으로 심중에 한나라당 이명박 후보의 승리를 이미 오래전부터 예감해 왔음을 말해 두고 싶다. 그 이유란 뭘까?

좀 건방진 표현이 될는지 모르겠지만, 난 옛날 신문기자 시절부터 이른바 민심(民心)을 읽는 훈련을 해 왔다. 그 민심이란 건 당초부터 노무현 정권에서 떠나 있었다.

일컬어 민심 이반(離反) 정도가 아니라 그의 독선과 오만, 돌출 정치행태에 지쳐 있었다. 공자(孔子)는 식(食)보다 신(信)을 상위에 놓았다지만, 기실 사람들에게 경제 이상의 가치는 없다고 해 두는 것이 맞을 듯싶다.

이렇듯 절체절명의 경제가 파탄난 지 벌써 오래이다. 부유층과 빈곤층 양자(兩者)로 극명하게 갈라져, 전자와 후자가 몽땅 정부를 혐오하고 있었던 게 사실이다. 전자는 이른바 세금폭탄 등에 분노했고, 빈자(貧者)는 또 그들대로 정부의 무능에 진저리를 냈다.

이렇게 보면 정권교체는 필연적이었고, 한나라당 경선 승자는 이미 한 발을 청와대에 들여놨던 셈이라 할 만하다. 아쉬웠던 건 언필칭 개혁세력들의 분열이었다. 죄다 통합, 단일화를 이뤄도 될까 말까 한 판에….

또 하나의 치명적 전략 실패는 그 네거티브 공세란 것이었다. 마지막 BBK동영상 폭로란 건, 5년 전 정몽준의 노무현 지지 철회와 똑 같은 결과를 낳았다. 보수층 결집에 불을 붙였다는 이야기이다.

어찌 되었거나, 이명박은 이제 우리들 모두의 대통령이 되었다. 그는 출마 초기에 한 가지 약속을 했었다. 당선된 뒤 자신을 반대한 국민들의 의견도 경청하겠다고 했었다.

그 초심(初心)을 잃지 말기를 빌어마지 않는다. 다시 강조해 두거니와, 불도저처럼 성장 일변도(一邊倒)로 달려 나아가다가 자칫 분배와 복지를 일실(逸失)하는 일이 없기를 촉구해 두고 싶다.

삼성(三星) 스캔들

미국 시사주간지 뉴스위크가 삼성(三星)그룹의 이른바 비자금 스캔들과 관련하여 매우 이채로운 논평을 내놨다. 미리 말해 두고 싶지만, 만약 이런 내용의 언급이나 글을 국내 인사나 매스컴이 밝혔더라면, 아마도 쏟아지는 돌팔매질에서 벗어나기 힘들었을 것이라는 게 나의 추측이다.

뉴스위크는 먼저 삼성 공화국이 몇개의 소그룹으로 쪼개질는지도 모를 위기에 봉착해 있는 것 같다고 분석했다. 이채로운 건 이 잡지가 그렇게 되어선 안 된다는 뜻을 암묵적으로 시사하고 있다는 점이다.

삼성의 분열이 한국 주식회사의 장래에도 어두운 먹구름을 드리우게 될 것이라는 게 뉴스위크의 전망이다. 그 근거의 하나로 삼성의 연간 매출액이 한국 국내총생산(GDP)의 15%를 차지하고 있고, 삼성 내 기업들이 한국 전체 수출량의 5분의 1을 담당하고 있음을 들었다. 여기에 내가 한 가지 덧붙이자면, 삼성의 반도체 부문(D램분야)은 단연 세계 1위의 위용을 자랑하고 있다.

참말 안타까운 일이다. 삼성의 이건희 회장이 창업자 이병철 씨로부터 기업을 승계한 지가 꼭 20년이 넘었다. 우리는 그 당시 삼성의 장래를 우려의 눈빛으로 바라봤었다. 저 수줍은 듯한 성격의 인물이, 그것도 하필이면 셋째 아들이 그 덩치 큰 삼성이란 덩어리를 제대로 굴려 갈 수 있을는지가 의심스러웠던 게 사실이다.

예상은 보기 좋게 빗나갔다. 마누라와 자식만 빼곤 다 바꾸자는, 이른바 신경영이 나오는가 하면, 그 무서웠던 외환위기 직후 거꾸로 적극 투자에 나서 오늘의 삼성을 만들어 내는 등 그의 공로는 누가 봐도 부인하기 어렵다. 사회 요로(要路) 곳곳에 비자금을 뿌려 왔다는 이른바 휘슬 블로워(내부 고발자)의 폭로가 어디까지 진실이고, 또 이걸 대선(大選)과 관련된 정치공작의 하나로 볼 수 있을는지의 여부 등은 아직 알 길이 없다.

대한민국은 법치(法治)국가이다. 삼성 특검이 어떤 결과를 내놓고, 또 신정부(新政府)나 정계, 사회단체 등이 그에 어찌 반응할 것인지도 모를 일이다.

현대의 사장 출신인 이명박 후보가 선거에서 당선되면 기업 개혁을 과격하게 밀어붙일 가능성이 적다고 뉴스위크가 첨언한 것이 흥미롭다. 지금껏 나는 중도주의를 표방해 온 사람이다. 재벌 두호에 나서는 건 결코 아니다. 나라 경제 전체의 국면에서 삼성 문제도 조심스럽게 다루길 권고해 두고 싶다.

장례 문화

달포 전쯤 거의 40년간에 걸쳐 가까이 알고 지내던 고교 선배 한 분이 아직은 아까운 나이로 세상을 떴다. 난 매우 상심한 채로 고인(故人)의 친구 한 분과 함께 문상을 갔다.

옛날엔 병원 영안실이라 하더니, 이젠 아예 장례식장이란 팻말이 큼직하게 걸려 있었다. 종합병원들이 드러내 놓고 장례식업을 부대 영업으로 삼아 온 지가 꽤 오래된 걸 나만 모른 듯했다.

어찌 되었거나, 우리 둘은 장례가 기독교 의식으로 치러지고 있던 터라 꽃 한 송이씩을 영정 앞에 놓고 선 채로 묵념, 고인의 명복을 빌고 돌아왔다.

그 며칠 뒤 어떤 이가 나를 힐난한다는 소리가 귓가에 들려왔다. 기도만 하고 그냥 돌아가는 무성의가 괘씸하다는 것이었다.

장례식장 옆의 식당에 들러 문상객들끼리 술 한잔도 치고, 그러면서 고인을 추모하는 대화도 나눴어야 도리라는 얘기였다. 얼핏 유년 시절 향리에서 치르던 장례식 풍경이 떠올랐다.

너른 마당에 두어 개 천막을 쳐 놓고 멍석들에 질펀하게 앉아 음식에, 또 술에 화투 놀음까지 하며 밤샘들을 하던 것이 기억된다. 그렇지만 아무리 회상해 봐도 좋은 뒤끝은 별로 없었던 듯하다.

작고한 이를 추모하긴커녕 술주정, 멱살잡이 싸움질에다 엎어지고 깨진 그릇 조각들만이 널부러져 있던 게 머릿속에 남아 있다. 이런 걸 한국 토속 문화 운운하며 변호하려는 사람들이 아직도 많다. 오죽해야 서울 신촌 세브란스 병원 장례식장이 영업상 손실을 이유로 이른바 5불(不) 원칙에서 2불(不) 원칙으로 후퇴하겠다는 입장을 내놨을까 싶다.

술과 음식·밤샘은 허용하고, 흡연과 도박만을 금기(禁忌)로 하겠다는 게 근자의 지상(紙上) 보도 내용이다.

작고한 이를 떠나 보내는 의식도 이제 더 간소화해야 할 필요가 있다. 여기에도 부유층과 그렇지 못한 계층 간의 괴리감이 잔존해선 안 된다고 본다.

말 그대로, 각자의 종교적 의식에 따라 경건한 마음으로 망자의 영혼을 위로하는 것이 옳을 성싶다. 곁들여 제안해 두고 싶은 건 장례식장을 대폭 확대, 값비싼 종합병원 일변도(一邊倒)에서 탈피하도록 관계당국이 유도해 줬으면 어떨까 싶다.

이승을 떠나게 되면 어차피 손에 쥔 모든 걸 놓고 가게 되는 것 아
닌가?

언론의 말 바꾸기

2007년 12월

언론과 권력

한때 불을 뿜던 보수 언론들의 '이회창 때리기' 공세가 슬그머니 그 꼬리를 감춰가고 있다. 한 걸음 더 나아가 그를 향한 아유(阿諛) 성향의 발언마저 눈에 띌 정도가 되었다.

나는 문득 이 대목에서 프랑스 근세사(近世史)의 한 장면을 연상케 된다.

나폴레옹이 황제 자리에서 쫓겨나 엘바 섬으로 유배되었다. 그 뒤 그가 섬 탈출에 성공한다.

파리의 언론들은 앞다투어 '역도(逆徒) 탈주'란 제목을 달고 꼭 그를 체포해야 한다고 떠들어 댔다.

얼마 지나지 않아 나폴레옹이 옛 군세(軍勢)를 재규합, 파리를 향해 짓쳐들어 갔다. 언론들은 서둘러 제목을 바꿔 달았다.

'나폴레옹 장군 진격 중'

나폴레옹이 마상(馬上)에 높이 앉은 채 파리 근교(近郊)에 들이닥쳤다.

언론들은 허둥지둥 속보(速報)를 쏟아 냈다. '황제 폐하 수도 입성(入城)'

설마 우리 언론들이 흘러간 프랑스 신문 희극을 답습하고 있다곤 믿고 싶지 않다. 그러나 한국 신문들의 과거사(過去事)를 되돌이켜 보면 부끄럽기 짝이 없는 게 사실이다.

가령 박정희 주도의 5 · 16 군사 쿠데타에 정면 도전해 본 신문이라곤 없다. 다만 그의 이른바 유신(維新) 독재에 맞서다가 신문사로부터 퇴출된 일부 해직 기자들이 어두웠던 한국 언론사에 한 줄기 빛을 뿌리고 있을 뿐이다.

5공(共) 출범 때에도 신문들은 침묵 끝에 되레 정치 군인들이 내민 '전두환 영웅전'을 싣기에 바빴었다. 이렇듯 수치로 얼룩진 역사 속의 신문들이 이른바 나라의 민주화 이후 어떤 모습을 보여 왔는지도 새삼 반추해 볼 필요가 있다.

발행 부수가 제법 나간다는 세칭 보수 언론들은 지금 그들 자신이 권력이 되어 가고 있다. 무엇이 되었든, 비위에 안 맞는 게 손아귀에 걸려들면 무차별 포격에 나서기 일쑤다.

아무도 그들 눈치 보기에서 자유롭지 못하다. 이번의 이회창 출마 사건만 해도 그렇다. 누구 말마따나 그게 정도(正道)는 못 되었다.

그러나 그게 위법 행위도 아니었다. 따지고 보면, 지난날 YS나 DJ의 대통령 피선(被選) 과정도 그다지 도덕적인 건 못 되었던 걸 부인하기 어렵다. 지금 나는 이회창 변호에 나서자는 게 아니다. 힘 좀 쓰는 신문들이 선거 와중에 더 좀 객관적 자세를 유지하도록 촉구하고 있을 따름이다.

화폐 인물 논쟁

논란도 많던 고액권 화폐가 드디어 곧 발행되는 모양이다. 나는 아직도 5만 원짜리, 또 10만 원짜리 지폐 자체에 반대하는 입장이다.

발행 여부에 각각 득실(得失)이 있다곤 하지만, 내 눈엔 아무래도 손실이 더 커 보인다는 얘기이다.

화폐 가치의 실질적 저락(低落)이 불을 보듯 뻔하고, 덩달아 인플레 위험이 따르게 될 걸로 판단된다. 입에 담기 민망한 노릇이지만, 일컬어 뇌물 공화국으로 불릴 만큼 검은 돈 거래가 성행하는 나라에서 오히려 이걸 부추길 염려도 적지 않다.

정부측 아집(我執)으로 이런 논란은 이미 물 건너 가게 되었고, 화폐에 담을 인물 문제와 관련하여 새로운 논쟁이 불붙고 있는 듯하다.

먼저 10만 원권의 인물로 선정된 김구(金九) 선생에 비난의 화살이 쏟아지고 있다. 그가 노무현 정부, 또는 여러 진보(進步)계열 사람들의 우상이란 점이 기분 나쁘다는 것이다.

난 결코 노무현 정부에 우호적인 사람이 아니다. 그러나 백범白凡(김구의 아호)을 가리켜 마치 한국 진보세력의 태두(泰斗)인 듯 단정하는 건 무지(無知)의 소치라 할 만하다.

백범의 본명은 김창수(金昌洙), 황해도 해주(海州) 출신이다. 어떤 이는 그가 조선(朝鮮) 왕조의 마지막 신민(臣民)이라고 평가하기도 한다.

명성황후 시해 사건에 분노, 한 일본군 장교를 살해한 뒤 그 몸에서 나온 피로 전신을 씻은 걸로 기록에 나와 있다. 국모(國母)를 대신해 이로써 복수의 의식을 치렀다는 것이다.

그 뒤 탈옥에 성공, 중국 상해(上海) 등지에서 항일 독립운동을 하던 그는 한때 공산주의가 이 운동권에 침윤하는 걸 보고 극우(極右)의 입장에 서기도 했다. 해방 이후 한독당(韓獨黨)을 설립한 그가 남한 단독정부 수립에 반대, 남북협상에 나섰던 건 일관된 애국심의 한 발로였을 뿐이다.

그는 한줌도 안 되는 좌우이념 대립의 한 축에 든 인물이라 할 수 없다. 보수층 사람들의 오해가 없기를 촉구해 두고 싶다.

신사임당(申師任堂)을 오로지 현모양처로만 제약, 신시대 여성 위상에 손상을 준다고 주장하는 것도 이를테면 페미니즘 콤플렉스의 노정(露呈)인 듯 보여 유쾌하지 않다. 그녀는 율곡 이이(李珥)의 모친으로서만 존재하지 않는다.

시(詩) · 서화에 뛰어난 조선 일류의 여성 문예인으로 보기에 부족함이 없다.

'노무현 5년'의 세상

노무현 정부에도 이제 석양이 비껴 들고 있다. 그 집권 5년의 성적표가 나왔다.

고려대 부설 7개 연구소가 각각 분야별 평점을 매긴 걸 보면 기껏 C와 D학점 사이를 맴돌고 있다. 바꿔 말하자면 우리네 세상이 그만큼 앞으로 나아가지 못한 채로 정체되거나, 오히려 후퇴되었다는 뜻이어서 한숨이 절로 나온다.

보고서엔 이런 문구(文句)들도 보인다.

"링컨을 존경했지만 결국 닮지 못한 대통령" "감정적인 태도와 막말로 한국 외교의 품위를 손상시킨 대통령"

해방 후 정부 수립 이래 이토록 나라의 품격을 떨어뜨린 대통령이 또 있을까 싶다. 아니나 다를까, 그는 정치와 외교 부문에서 나란히 D학점을 받고 있다.

이른바 '386' 등 측근 위주 인사가 늘 말썽을 낳았고, 빈번한 창당·탈당으로 정당 정치를 파행으로 몰아 넣었다는 평가를 누구라도 부인하기 어려울 것이다. 불필요하리만큼 언론과 마찰을 빚은 것도 현명한 태도가 못 된다.

그러나 이 대목에서 나로서 한 가지 곁들여 두고 싶은 이야기가 있다. 일컬어 일부 보수 언론들의 줄기찬 '노무현 때리기' 도 볼썽 사나웠다는 점이다. 어찌 되었건 제 나라 대통령을 시정배(市井輩) 다루듯 함부로 취급해 온 건 반성해야 할 필요가 있다.

이로써 정부·언론 양측 사이의 감정 싸움이 격화되어 온 측면이 있다.

무엇보다 가슴 시린 게 경제 부문이다. 잠재성장률이 둔화되었고, 양극화가 심화됐다는 평가에 동의한다.

분배 측면에 과도하게 집착하다가 거꾸로 중산층 붕괴를 불러 온 걸로 여겨진다. 한마디로 욕교반졸(欲巧反拙)의 결과를 초래했다 할 만하다.

교육 분야에서도 실패투성이다. 너무 평등주의에 몰입, 오히려 사교육 팽배를 불러왔다. 노무현 대통령 자신이 평등을 잘못 해석한 듯한 느낌이 짙다. 기회의 평등을 지향하지 못하고 이걸 물리적으로 운용하려던 끝에 이도 저도 아닌 꼴이 되었다.

통일 부문에서도 썩 좋은 성적이 아니다. 북한 주민보다 그 정권만을 상대했다는 지적이 틀리지 않다.

결론적으로 항해사(航海士)가 처음부터 지나치게 뱃머리를 왼쪽으로만 돌리다가 여러 재앙들을 이끌어 들였다는 이야기가 됨직하다. 그래서 중도(中道)의 실현이 더 아쉽기만 하다.

퇴임 이후 정치활동 재개 얘기는 헛소문일 걸로 믿고 싶다.

손학규 패착의 출발점

2007년 11월

손학규의 오류

원님 행차 뒤에 나팔 부는 꼴이어서 좀 민망한 후감(後感)이긴 하지만, 손학규 패착(敗着)의 출발점은 한나라당 탈당이었다. 거기에서 10여 년 정치인 경력이 묻어 났고, 게다가 장관에 도지사 타이틀도 얻어 냈으면 좀 긴 안목으로 처신하는 게 옳았을 듯싶다. 왜 그리 성급했을까?

지금쯤 본인도 멀리로는 이인제 학습효과를 무시한 점, 또 가까이론 이부영의 실패에서 교훈을 얻지 못한 사실 등을 곱씹어 보고 있음직 하다. 한나라당을 흔히 보수 우파로 분류, 중도주의쯤은 설 자리가 없을 걸로 단정하는 건 잘못이다.

이 정당 안엔 아직도 무시 못 할 개혁세력이 남아 있고, 또 보수라곤 해도 일컬어 열린 보수 세력이 적지 않아 좀 더 시간을 갖고 손학규가 여유 있는 걸음으로 움직였더라면, 5년여 후엔 드디어 꿈을 이뤄 낼 수 있었을 걸로 난 상상해 본다. 물론 정치란 게 이른바 생물(生物)이어서 누구도 미래를 예단(豫斷)하기란 어렵다. 그렇긴 하지만, 당(黨)을 바꿔 성공한 이가 없음을 그는 유념했어야 했다.

대통합민주신당이란 긴 이름의 새 정당이 열린우리당의 개명(改名)에 불과한 것이었음을 그는 어찌 눈치채지 못했는지를 새삼 되묻고 싶다. 그래서 끝내 흥행이 안 오르는 신당의 불쏘시개 노릇만 했으니….

손학규의 두 번째 패착은 신당 경선 과정에서의 서툰 연기(演技)였다고 나는 본다. 연기가 아니었다면 이른바 낭만(浪漫) 정치의 정도가 본래의 궤도를 이탈해 버리고 말았다고 말해 두고 싶다.

"구질구질하게 여론조사의 비율에 더 이상 매달리지 않겠다." 참 가당치 않은 발언이었다. 당초 자신의 강점(强点)이 여론 우위, 곧 이것이었는데 무사(武士)가 갑주를 벗어버린 꼴이었다.

상대 후보가 반칙하는 것에 흥분, 황금 같은 시간 며칠을 칩거에 들어가더니 난데없이 선대본부를 해체, 조직 선거를 포기한 것도 악수(惡手)였다. 가뜩이나 상대의 텃밭에서 싸우는 터에 괭이를 던져버린 것에 진배없다.

모바일 투표란 것에 늦바람이 분 건 불운(不運)이었다.

이 모든 걸 이제 와 언급한다는 게 부질없는 짓이라고 외면하는 건 옳지 않다. 손학규의 정치생명이 아직 시퍼렇게 살아 있기 때문이다.

그는 낭만을 아는 정치인이라서 좋다. 그러나 차후론 그 낭만을 좀 절제해 나아갈 필요가 있어 뵌다.

여행의 역설(逆說)

미국의 한 예비역 장성이 주한미군 사령관으로 재직하던 때의 일이다. 그는 어느 연설 석상에서 한국 사람들의 성품에 언급, 꼭 '레밍' 떼를 닮았다고 직격탄을 날렸다.

우선 일부 언론이 들끓었다. 그러면서 레밍(lemming)이란 단어를 들쥐로 번역해 놓았다. 언론들은 아무려면 한국인이 들쥐처럼 떼 몰려 다니는 민족이란 말이냐고 다투어 항변했다.

일컬어 반미(反美)주의 집단들은 거친 농성도 벌이고, 화형식마저 불사하는 등 한바탕 난리 법석을 떨었던 것이 기억에 새롭다.

만약 그 무렵 레밍이란 동물이 단순한 들쥐가 아니고, 그보다 더 천박한 집단행동을 하는 존재임을 알았더라면 사람들은 아마 더 길길이 뛰었을 것도 같다. 레밍은 주로 북구(北歐)일대의 산악 지역에 무리를 지어 서식하는 쥐 종류의 동물이라고 한다.

이것들이 어찌나 충동적인지, 한 마리가 달리기 시작하면 그 지역 레밍들이 죄다 앞선 것의 꽁무니를 따라 뛴다. 그 서슬에 먼저 달리기 시작한 레밍은 무작정 직선으로 뛰어가다가 벼랑 끝 바닷물에 빠져 죽기까지 한다.

수백, 수천 마리의 레밍들이 줄을 이어 수장(水葬)된다는 얘기이다.

문제의 미국 장성이 외교 관례에 어긋난 무례한 발언을 한 건 사실이지만, 따지고 보면 우리네 한국인들의 아픈 곳을 콕 찌른 건 아닌지 새삼 되돌이켜 볼 필요가 있다.

한국의 여행수지 적자가 나날이 증가하고 있는 걸로 나타났다. 올 들어 지난 8월까지의 누적 적자가 100억 달러를 넘어섰다고 한은(韓銀)측은 밝혔다.

이로써 경상수지 흑자폭도 대폭 감소되고 있는 모양이다. 경제 논객들은 또 상투적 처방전을 내놓고 있다.

해외여행을 국내여행으로 바꾸도록 조세를 감면해 주는 등 국내 관광산업을 활성화시킬 것, 또 유학 인프라를 확충해 한국으로 공부하러 오는 외국인이 늘어나도록 해야 한다는 등 공자(孔子) 말씀 같은 소리만 되풀이한다.

나는 폭증하는 해외여행에서 한국인의 의사(擬似) 레밍 기질을 발견한다. 앞집 사람들이 해외여행을 다녀왔는데 왜 우리라고…?

이런 모양새로 전국 방방곡곡의 촌로(村老)들 회갑기념 해외여행도 줄줄이 이어지고 있는 걸로 들린다. 여행 자체를 배격하는 것이 아니다. 이게 유행처럼 흘러선 안 되고, 또 지갑에 고액권 달러를 가득 채워 그걸 다 외국에서 풀어 놔선 더구나 안 된다는 이야기이다.

안방극장의 이변(異變)

요즘 안방극장에 사극(史劇)열풍이 불고 있다. 어떤 방송사는 주당 두 편의 역사 드라마를 내보내기까지 하고 있다.

이들 드라마의 대개가 권력투쟁 또는 그 암투를 내용으로 함으로써 곧 닥칠 대통령 선거와도 연계, 시청자 쟁탈전을 벌이고 있는 듯한 모습이다. 어느 방송 제작자는 드라마는 드라마일 뿐이라고 항변했다지만, 아무리 그래도 그렇지, 역사물의 경우 사실(史實) 자체를 왜곡해선 안 될 일이다. 사실의 줄거리만은 내용 그대로 유지하되, 말하자면 양념을 치듯 곁가지를 윤색하는 정도는 앞서의 프로듀서 주장대로 그냥 봐 넘겨 줄 수 있을 터이다.

그러나 한 방송사 사극의 경우, 이건 온통 역사적 사실 자체를 왜곡, 무슨 소설을 쓰듯 드라마를 끌고 나아가 쓴웃음을 짓게 하고 있다. 문제는 우리처럼 나이 든 사람들에겐 고소(苦笑)로 그칠 일이지만, 가령 사실(史實)을 잘 모르는 젊은 세대들에겐 큰 해악이 될 수 있으리란 게 내 생각이다. 왜곡된 사실을 그냥 믿어 버려 이걸 교정(矯正)하지 못하게 된다면 이 무슨 낭패란 말인가.

우선 제목부터가 찜찜하다.

‘왕(王)과 나’ — 어디서 많이 들어 본 제명(題名) 같지 않은가. 그렇다. 오래전 제작된 서양 영화 ‘king and I’를 그대로 차용했다.

일부러 배꽃을 친 대머리 명우(名優) 율브리너가 동양 어느 나라의 왕으로, 또 우아한 미모의 여우 데보라카가 왕세자 시절부터의 영어 가정교사로 공연, 둘 사이의 뵐 듯 말 듯한 연정(戀情)을 그려 내 호평을 받았었다.

우리네의 ‘왕과 나’는 사실을 뒤집고 거기에 허구(虛構)를 끌어 넣는 무모함을 보여 주고 있다. 가장 기막힌 게 그 유명한 내시(內侍) 김처선이란 사람을 조선 왕조 성종 때의 인물로 둔갑시키고 있는 점이다.

게다가 그가 내시가 되기 전 유년기부터 나중 폐위됐던 윤비(尹妃)와 애틋한, 신분을 뛰어넘는 플라토닉 러브라도 벌인 양 묘사했다.

내시 김처선은 이미 단종 시절에 궁궐에 든 인물로 나중 연산군에 이르기까지 다섯 명의 왕을 모신 걸로 각종 기록에 뚜렷이 나와 있다. 연산군의 전대미문의 폭정에 작심하고 직간(直諫)하다가 진작 광인(狂人)이 된 왕이 직접 휘두른 칼에 살해되었다.

사실 왜곡은 오히려 마이너스 효과만 가져 올 것임을 인식해 둘 필요가 있다.

선정 보도가 알 권리를 위해서라고?

2007년 10월

아버지의 그늘

지난 1983년 어느 날, 당시 삼성그룹회장 이병철 씨와 단독 회견을 했다. 가슴이 좀 뛰었다.

그 무렵 이 회장의 나이가 칠순 초반이었는데, 그때까지 그의 기업인 생애 전반에 걸쳐 언론인으로서 그분과의 개별 회견에 성공한 사람이 대여섯 명에 불과했고 보면, 내가 다소 흥분될 만도 했다. 좀 당돌한(?) 질문을 먼저 던졌다.

첫째, 둘째 아들을 제쳐 놓고 왜 하필 3남을 후계자로 확정했느냐고 물었다. 그는 빙긋 웃으며 '오프 더 레코드(非報道)'를 조건으로 내걸었다.

그런 뒤 그는 대답했다. "모든 조직의 발전은 규모의 대소를 막론하고 그 조직 수장(首長)의 그릇의 크기에 비례한다."

그 절묘한 답변에 난 탄복했다. 나중 그의 예언은 적중했다.

셋째 아들 건희 씨가 재계 거목(巨木)이었던 그의 부친이 세상에 드리워 놓은 그늘에서 빠져 나오고서도, 지금 저렇듯 성큼성큼 앞서 나아가고 있기 때문이다. 뉴스위크가 선정한 세계 100대 인물에 그가 한국인으로선 유일하게 포함되었던 걸 상기해 보면 사정은 더 뚜렷해진다.

기묘하게도 요즘 정계에서 같은 일이 일어나고 있다. 박근혜 전 한나라당 대표가 마침내 그녀의 아버지 박정희 전 대통령의 그림자, 곧 그 깊게 깔려 있던 그늘에서 벗어나는 데에 성공한 걸로 보인다. 그동안엔 싫든 좋든 아버지 무릎에 걸터 앉아 정치적 이득을 챙겨 왔던 게 사실이다.

그러나 이제 그녀는 국민들 앞에 자신만의 독자적 용기, 또 카리스마 같은 걸 유감없이 보여 준 걸로 평가될 만하다. 유세 도중 면도칼로 얼굴을 찢기는 봉변을 당하고서도 그녀가 늠름하게 대처한 건 아마 오래도록 국민들의 뇌리에서 잊혀지지 않게 될 것이다.

박근혜가 국가 지도자로서의 이미지를 결정적으로 각인(刻印)시킨 건 지난번 한나라당 대통령후보 경선 결과 발표 장소에서였다. 그녀는 겨우 1.5%포인트란 근소한 차이로 패배했다.

우리는 그녀의 일체의 동선(動線)을 주시했다. 누가 귀엣말로 결과를 가르쳐 주는 듯했는데도 그녀는 입가의 엷은 미소를 끝내 지우지 않았다.

"나는 경선 결과에 깨끗이 승복하겠다. 백의종군(白衣從軍)하면서 정권탈환에 온갖 힘을 다 바치겠다."

　이명박 당선 발표 때보다 더 큰 함성과 환호가 장내를 진동시켰다. 이로써 그녀는 머지않은 미래에 정상에 설 수 있는 계기를 구축한 셈이라 할 만하다. 시야(視野)를 더 넓게 확대할 필요가 있다.

노동 귀족의 폐해

노동 귀족이란 희한한 명칭은 일본 경제평론가 오마에 겐이치 씨의 입을 통해 사람들 입에 회자되기 시작한 걸로 기억된다. 정계의 조순형 씨가 정치 분야 '미스터 쓴소리'라면 비록 국적이 다르긴 하지만, 곧 이 사람이 한국 경제 전반에 걸쳐 고언(苦言)을 서슴지 않는 쓴소리꾼이라 할 만하다.

　그는 말하기를, 한국 경제는 여러 악재들에도 불구하고 아직 성장의 나래를 더 펼칠 잠재력을 갖고 있다고 했다. 그러나 두어 가지 치명적 약점들을 하루 빨리 보완하지 않는다면 희망이 수포로 돌아갈 수도 있다고 경고했다.

　그 하나가 재벌 기업들의 지배구조 개선 문제이고, 또 다른 것이 노동 귀족의 폐해를 최소한으로 축소시켜야 하는 과제라고 설파했다. 그는 특히 후자(後者)의 치유가 시급하다고 강조, 앞날의 나라 경제를 걱정하는 많은 이들의 가슴을 뜨끔하게 했다.

　이른바 노동 귀족은 여전히 상존, 한국 경제의 발목을 잡고 있음이 지난번 현대자동차의 임단협 타결 결과를 통해 여지없이 드러났다. 불행한 일이지만, 사정을 되돌이켜 보면 이런 것들이다.

　신차 생산공장 및 생산물량을 노사공동위원회를 통해 심의, 의결해야 할 사항으로 묶어 놓은 것이 우선 눈에 띈다. 그다음의 협상 문면(文面)들을 보면, 말 그대로 점입가경(漸入佳境)이다.

해외 공장 신 · 증설 문제는 물론 국내 공장 생산차종을 해외 공장에서 함께 생산하거나 이걸 오롯이 이양하는 계획 등을 노사가 공동으로 수립해야 한다는 것이다. 해외 공장에서 생산한 제품을 다른 외국으로 수출할 때에도 마찬가지라고 한다.

구태여 이 모든 것들을 좁은 지면에 나열하는 까닭이야 뻔하다. 이로써 현대차 경영권이 다름 아닌 노동 귀족의 손에 거의 절반쯤 넘어갔다고 보기 때문이다.

이렇게 해 놓고, 10년 만의 무파업 타결을 자랑한단 말인가? 이건 자본주의도 뭣도 아니다. 사용자 측도 힐난받아 마땅하다. 다른 기업들의 임단협에도 악영향을 미칠 게 분명한 까닭이다.

정몽구 회장의 집행유예를 이끌어 낼 속셈이 작용했다는 불유쾌한 주장도 있다. 나는 그의 반성을 전제로, 집유(執猶)판결만은 지지하는 입장이다.

법(法)도, 또는 그 어떤 경제논리도 현실을 뛰어넘긴 어렵기 때문이다. 다만 일컬어 노동 귀족의 폐단만은 개선돼야 할 필요가 절실하다.

한국 언론의 선정주의

프랑스의 저명한 논객 자크 아탈리가 매우 위험한(?) 발언을 한 적이 있다. 그에 따르면, 사람들은 누구나 다 간음하고 싶어 하고, 미구(未久)에 아무런 사회적 · 윤리적 제약 없이 모두 그렇게 하면서 살게 될 것이란다. 나는 결코 그의 견해에 동의하지 않는다.

난 차라리 이미 사거(死去)한 지 오래되었지만, 임마누엘 칸트 편에 서고 싶다. 지하의 칸트가 만약 아탈리의 말을 들었다면 무덤 속에서 벌떡 일어서 나와 큰 목소리로 그를 꾸짖었을 법하다.

"해괴하기 짝이 없는 얘기이다. 인간은 본래 방자(放恣)한 동물로 태어났다.

따라서 인간은 늘 제약되어야 하고, 스스로도 경계의 고삐를 늦추지 말아야 할 필요가 있다."

요즘 한국 언론이 아탈리 발언 내용 같은 부박(浮薄)한 풍조, 곧 선정주의에 빠져들고 있는 듯해서 이만저만 염려되는 게 아니다.

눈만 뜨면 변양균·신정아 스캔들로 도배질을 하고 있으니 젊은 사람들 보기에 민망할 지경이다. 한두 번 1면 머리기사(記事)로 처리되었으면 그다음 속보는 사회면에 싣는 게 도리일 성싶은데, 이건 뭐 신문·방송들마다 온통 3류 잡지 흉내를 내고 있으니 혀를 찰 수밖에….

마침내 M일보가 대형 사고(?)를 치기에 이르렀다. 신정아 씨의 누드 사진이란 걸 특종이라도 한 양 으스대며 게재했다.

속사정을 들어 보면, 다른 조간 신문들도 당초 이걸 전재하려 했던 모양이다. 그런 와중에 몇몇 시민단체,또 여성단체가 M일보 폐간을 부르짖으며 성토에 나서자 태도를 표변, 문제의 신문 비판 기사들을 실었다는 얘기이다.

법률상 변양균·신정아, 두 사람은 아직 무죄로 추정받는다. 설령 기결수(旣決囚)라도 그렇지, 누드 사진 게재는 그게 합성된 가짜라 할지라도 명백한 명예훼손 행위이다.

M일보가 사진을 실으면서 공익적(公益的) 차원 운운했는데, 삼척
동자가 들어도 우스워할 궤변이다. 꼭 이 신문뿐만이 아니다.

차제에 한국의 모든 언론매체들이 자성(自省)에 나설 걸 촉구해 두
고 싶다. 범죄를 덮어 두라는 것이 아니다. 선정주의를 경계하란 충
고이다.

논쟁에도 품위를 갖춰야 한다

2007년 9월

손학규(孫鶴圭)의 '수염'

어떤 일간지의 한 논객이 대선 예비후보군(群) 가운데 한 사람인 손학규 전 지사의 턱수염을 놓고 시비(是非)를 건 내용의 칼럼을 읽고 나서 나는 쓴웃음을 지을 수밖에 없었다. 글 쓴 이 자신이 손 후보의 삶의 궤적에 관해 잘 모르고 있는 듯해서 좀 안타깝기도 했다.

많은 사람들이 오해하고 있듯, 그 논객도 손 후보가 말하자면 상류층 가정에서 태어났거나, 최소한 부르주아 출신인 것처럼 묘사하고 있었다. 경기고와 서울대를 거친 옥스포드대 박사 학위를 딴 사람이니 의당 그렇지 않겠느냐는 추론이 칼럼 곳곳의 행간에 깔려 있기도 했다.

또 대학교수도 지냈으니 일컬어 책상물림이고, 샌님 딱지가 아직 덜 떨어져 있다고 그는 못박았다. 따라서 손 후보가 서민층의 지지를 잘 못 받고 있는 것이며, 기껏 지식계층의 잠재적 호응만 있을 뿐이어서 일종의 이미지 연출 도구로 턱 주변을 무성한 수염들로 덮어 버렸다는 주장이었다.

그는 이어 아주 노골적으로 턱수염 기른다고 샌님이 호걸 안 되고, 그 따위 가식(假飾)으로 서민들에게 다가서긴커녕 되레 역효과만 내게 될 것이라면서 맨 얼굴로 세련되게(?) 승부하라고 일장(一場) 훈시를 끝냈다.

지금껏 내가 손학규 씨를 대면한 적은 없다. 그러나 난 그를 잘 아는 간접 증언자 두 명과 인연이 닿아 있다.

한 사람은 손 후보의 친형으로서 나의 고교 1년 선배이다. 또 한 증인은 나의 젊은 지인(知人)이다. 그는 손 후보의 대학 제자이다.

이들에 따르면 손학규 씨는 아주 평범한, 그냥 밥술이나 먹는 서민층 집안의 사람이다. 요즘은 상황이 급변, 중·상류층 출신이 아니면 서울대학이란 곳에 명함도 못 내밀게 돼 있다는 얘기이지만, 지금 50대 이상의 사람들은 극빈층만 아니면 막 말로 IQ가 꽤 높고 암기력 튼실하면 누구라도 일류 고교를 거쳐 그 대학에 들어가고도 남았다. 외국유학도 장학금 따내면 되었고….

결론적으로 손 전 지사는 서민의 아들이고, 또 지금까지의 행적으로 봐 서민을 대변하기에 충분한 사람이다. 학력·경력 좋고 용모까지 준수한 편이어서 일반의 오해를 풀어 보고자 수염 좀 길렀다고 그게 그다지도 사악한 일인 듯 매를 때리는 건 온당치 못해 뵌다.

그예 손 후보는 그 아까운(?) 수염을 깎아 버리고 말았다. 미리 결정돼 있었던 일이라니 그나마 다행이랄까?

경제 기자(記者)의 길

신문사에서 가령 정치부 기자라도 하다 나오면 아닌 말로 대선(大選) 후보 캠프 같은 곳이라도 기웃거려 볼 수 있다. 수완 좋은 이는 아예 정당에 가입, 공천을 따내 선거에서 이김으로써 금(金)배지를 달고 여의도 거리를 활보하기도 한다.

꼭 대칭적으로 비교될 노릇은 아닐지라도, 경제 기자의 길은 참 팍팍하다는 것이 나의 경험담이라 할 만하다. 그나마 대학에서 경제 관련 공부를 한 사람은 기사(記事) 쓰는 일이라도 쉬이 익히게 된다.

그러나 신문사 경제부엔 별의별 학문 전공자들이 수두룩하다. 법학은 약과(?)이고 공과대학 출신이 있는가 하면, 국문과 · 영문과 졸업자도 있고 심지어는 동양철학을 전공한 이가 경제 기자 노릇을 너끈히 해 내는 것도 목격했다.

나는 나이 마흔이 다 된 때에 어설프게도 경제지(經濟紙)에 발을 담가 참 고생깨나 했다. 경제원론 같은 책 한 권 못 본 사람이니 오죽했으랴.

시간이 흐르면서 난 한 가지 사실에 주목하게 됐다. 경제란 콘텐츠 자체는 사실 별것 아닌데 죄다 문장력들이 달려 필요 이상으로 기사를 난해하게 쓰고 있다는 점이었다. 이런 판에 독자들이 경제지는커녕 종합지 경제면에 눈길이라도 주겠는가. 기껏 경제 기자 · 관료, 거기에 기업인 · 학자 등 집안 식구들끼리만 돌려 보는 꼴이었다.

사정이 이렇고 보면, 도중 불가피하게 언론사를 떠나게 된 경제기자 출신들의 행보는 늘 제약돼 있기 마련이었다. 잘 해야 대기업 홍보실이고, 홍보대행업이나 잡지 출판업 같은 일이 고작이었다.

어찌 보면 자업자득인 셈이었다. 경제를 이를테면 이론적으로만 들여다보다가 그 실물(實物)이랄까, 실체를 못 들여다봤으니….

이런 구태(舊態)에 혁명을 시작한 이가 있었다. 경제의 실체를 그때마다 구체적으로 파악, 기사를 아주 쉽게, 그렇지만 품위를 잃지 않는 가운데 쓰자는 혁명이었다. J일보의 전 부사장 C씨가 경제부장으로 있던 무렵, 그가 곧 이 혁명의 선봉장이었다. 나도 그의 얼굴 한 번 못 봤지만, 지면(紙面)으로 동참했다. C씨는 신문을 떠나고서도 권위 있는 경제연구소의 대표를 지냈다.

근자에 그의 수제자(?) 같았던 L씨가 J일보 간부직을 떠나 주류(酒類)전문 대기업의 경영담당 부회장이 되었다고 한다. 축하할 만한 일이다. 후진들의 사표(師表)가 되길 기대한다.

정서(情緒)불안의 사회

정서란 용어를 가리켜 심리학에선 관념을 따라 파생되는 복잡한 감정쯤으로 정리하고 있는 걸로 알고 있다. 한글 사전을 들춰 보면 생각에 따라 일어나는 감정의 실마리라고 돼 있다.

어찌 되었건, 요즘 사회가 온통 정서가 불안한 사람들로 가득 차 있는 듯 보여 덩달아 불안해 하는 사람들이 늘고 있다는 게 나의 판단이다. 고백하자면, 나도 그중 한 사람이다.

가령 아무리 권력이 좋다 할지언정, 대통령 자리를 놓고 그토록 눈에 핏발이 선 채 난투극을 벌여야 하는 것인지, 또 언제까지 대통령 선거 때마다 이런 놀음을 되풀이할 것인지, 한숨이 절로 나온다. 이들의 이성을 잃은 듯한 권력투쟁 사이로, 일컬어 정서가 좀 불안해 뵈는 사람들의 또 다른 싸움들이 폭증하고 있다.

한 코미디언 출신 영화 감독의 작품을 놓고 패가 갈려 싸우는 모습만 해도 그렇다. 일파(一派)는 독설 가득한 혹평을 쏟아 냈다.

영화의 기본기(基本技)가 안 되어 있다느니, 졸렬한 애국주의 차용으로 돈벌이에 나섰다느니 온갖 험구들을 늘어놨다.

또 다른 편에선, 말하자면 기득권자들의 행패라고 맞섰다. 감독이 대학도 제대로 못 다닌 코미디언 출신인 점에 비위가 상한 영화평론가 · 제작자, 또 기성 감독 등이 썩 훌륭한 작품을 흠집 내고 있다는 게 반론 요지이다.

나는 그 영화를 아직 못 봤다. 어느 쪽 말이 맞는 것인지는 알 길 없다. 영화는 시쳇말로 대박이 났다고 한다.

내가 말하고 싶은 건 논쟁이 왜 그다지도 천박하게 흐르고 있느냐는 것일 뿐이다. 그 가혹한 언사들을 듣다 보면 등골이 다 서늘해진다.

그 형식이나 내용을 그들의 정서와 맞대 보면 불안하기가 이를 데 없다는 얘기이다. 무슨 까닭으로 논쟁들이 그렇듯 품위를 잃어 가고 있는 것인가?

동네 골목길을 구청의 공매를 거쳐 매입했다며 주민들에게 통행세를 내라는 사람도 나타난 걸로 보도되었다. 비극(悲劇)은 또 있다.

사망보험 타내려고 부모를 살해한 자(者)의 얼굴 가려진 모습이 텔레비전 뉴스에 비치기도 했다.

이 모든 것들이 권력 다툼에 넋이 나간 듯한 직업 정치인들의 행태 때문만은 물론 아닐 것이다. 그러나 그들의 자중(自重)만은 꼭 필요하다.

정치 원로들의 신사도를 배워라

빅2의 공방전(攻防戰)

세상에서 DJ(김대중 전 대통령)와 YS(김영삼 전 대통령)를 운명적 정치 라이벌로 보고 있음은 당연한(?) 일인지도 모르겠다. 그만큼 그들은 거의 반세기에 걸쳐 무수한 정치적 승부처에서 부딪혔고, 그때마다 일진일퇴를 거듭, 서로 마음의 상처를 입었다. 여기에서 우리가 주목할 만한 건, 그럼에도 그들이 상대방의 사생활(私生活) 영역에까지 침범, 일컬어 '더티 게임'을 벌이진 않았다는 사실이다.

무슨 이성(異性)관계 따위에 언급하지 않은 건 물론이고, 재산이니 돈 문제 등에도 피차 입을 닫았다. 말하자면 그들의 전쟁엔 일정한 범위의 신사도(紳士道)랄까, 금도(襟度) 같은 게 지켜지고 있었던 셈이다.

또 그들 사이엔 늘 싸움만이 아니라 때로 아름다운 협력의 사연들도 축적되어 있음을 역사는 말해 주고 있다. 무엇보다 눈에 띄는 게 박정희 독재정권에 힘을 합쳐 투쟁한 일이라 할 만하다.

이보다 앞서 나는 그들이 뛰어난 '페어 플레이'를 발휘, 국민들의 박수를 받은 사건을 기억하고 있다. 박정희 씨와 DJ가 맞붙었던, 당시로선 최후의 민선(民選) 대통령선거가 있기 직전 DJ는 구파·신파로 큰 계보가 갈려 있는 민주당 안에서 YS와 힘겨운 일전(一戰)을 치뤘어야 했다.

대통령 후보 경선전(競選戰)에서 그는 결선 투표를 치르게 되었고, 가까스로 이철승 계보의 협력을 얻어 YS를 꺾는 데에 성공했다. 구파 원로들의 강력한 지원을 받고 있던 YS로선 분통 터지는 일이었다.

놀랍게도 YS는 즉각 연단 앞으로 나아가 DJ를 포옹, 축하의 뜻을 표시했다. "나는 이 순간부터 전국 곳곳을 누비며 DJ가 당선되도록 온갖 힘을 다 바치겠다."

장내에 우레와 같은 박수 소리들이 오래도록 이어졌다.

나는 왜 이렇듯 긴 고사(古事)를 쓰고 있는가. 제발 한나라당의 이른바 빅2라는 이명박 씨와 박근혜 씨가 위의 정치 원로들에게서 교훈을 좀 받았으면 하는 희망에서다.

두 사람은 지금 오로지 자신들의 승리에만 눈 멀어 있는 듯하다. 별의별 추문들까지 들춰 내, 상대를 넘어뜨리기만 하면 대통령 자리가 떼놓은 당상이 될 것이란 생각 외엔 여념들이 없는 것 같다.

그러나 그들이 간과(看過)하고 있는 게 있다. 정치란 일컬어 생물(生物)이어서 언제 또 어떤 변수(變數)가 요동 쳐 이회창 재판(再版)의 사태가 밀어 닥칠는지 모를 일이다.

'휴가'의 경제학

나는 지금껏 프랑스 파리에 두 번 들른 적이 있다. 한 번은 신문기자 시절에, 또 한 차례는 아내와 함께 말 그대로 관광여행차 가 봤었다.

하필이면 두 차례 다 여름 휴가철이었다. 아무리 그쪽 사람들 말 마따나 바캉스(空白) 시즌이었다곤 해도 파리 시가(市街)는 텅 비어 있다시피 했다. 오죽해야 이 도시의 번화가 샹젤리제의 야경(夜景)이 그 화려함에서 서울의 명동(明洞)보다도 못한 느낌이었다.

길거리마다, 또 공원 같은 곳들에 주인 잃은 개들만이 우글거렸다. 이렇듯거의 한 달 가까이를 여름 휴가로 때우는 건 프랑스 사람들만이 아니다.

지금 정확한 통계를 갖고 있는 건 아니지만, 이른바 부국(富國)클럽인 OECD회원국 가운데 GDP(국내총생산)가 높은 나라일수록 휴가 날짜가 많은 걸로 기억하고 있다.

한국의 경우, 여름 휴가일수가 해를 거듭할수록 줄어들고 있는 걸로 보도되었다.

경총(經總)의 조사 결과에 따르면 기업들의 올 여름 휴가는 평균 3.9일이라고 한다. 지난 2003년의 4.4일 이래 4년 연속 감소세라고 경총은 덧붙이고 있다.

감소 추세의 이유가 없는 건 아니다. 주당 40시간 근무제가 확대 시행되고 있고, 이에 따라 법정 연차 휴가 이외의 여름 휴가 자체를 아예 폐지해 버린 곳도 있다는 얘기이다.

이들 기업 업주(業主)들의 속사정을 모를 바는 아니다. 토요일 휴무제로 작업(作業) 일수가 원천적으로 대폭 줄어든 터에 연차 휴가란 건 늘어났고, 대체 어찌하란 말인가. 게다가 별도의 여름 휴가 타령이라니….

그러나 이분들께 일깨워 두고 싶은 게 있다. 생리적(生理的)으로라도 여름철 노동의 생산성은 대폭 떨어지게 되어 있다.

거꾸로 이 무렵에 휴식시간을 충분히 제공, 이른바 재충전의 시기가 되게 함으로써 그다음의 대폭적인 생산성 제고(提高)를 노려 보는 것도 효과적이지 않을까 싶다. 일부 꾀 약은(?) 기업들의 편법(便法)을 원용해 볼 수도 있다.

이들 기업은 몇몇 법정 공휴일에 근무하는 대신 그만큼 여름 휴가 기간을 늘리는 이른바 집중 휴가제란 걸 도입했다는 것이다. 따지고 보면, 근로자 입장에서 공휴일 하루 쉬어 봐야 낮잠 자거나 텔레비전에 매달려 있기가 십상 아니겠는가. 집중 휴가제란 것이야말로 노사(勞使)양측에 득이 될 듯싶다.

'가짜'의 후진성

인류사 이래 '가짜'가 없던 시대, 또 늘 진실만이 가득 차 있던 사회라곤 없었음을 역사는 증언하고 있다. 오늘에도 사정은 마찬가지이겠지만, 후진국일수록 상황이 더 나쁜 것만은 틀림없는 사실인 듯하다.

한국의 '가짜' 역사도 시간을 거슬러 올라갈수록 악성(惡性)의 것들이 더 많다. 사회가 후진적일수록 거짓도 그만큼 더 많이 횡행한다는 얘기가 되는지 모르겠다.

가령 이런 걸 지금 장년의 독자들이 듣는다면 퍽 기이(奇異)해 할 듯싶다.

때는 자유당 정권의 독재권력이 그 절정에 이르러 있던 무렵, 어느 날 지방의 한 도지사(道知事) 사무실에 소위 계급장을 단 청년 장교 한 사람이 나타났다. 지사(知事)가 황급히 비서실로 튀어나와 그의 손을 마주 잡았다. 며칠 동안 그 청년은 말 그대로 칙사 대접을 받았고, 용채도 두둑히 주머니에 챙긴 채 인근 도청(道廳)을 향해 떠났다.

좀 이상했던 건 한사코 관용 자동차를 거부, 우선 제 발로 걸어간 것이었다. 도지사 몇 명이 이렇듯 그 희대의(?) 젊은 사기꾼에게 농락당했다.

대체 그는 누구를 사칭한 것인가. '이강석(李康石) 소위' -당시 정권의 2인자 이기붕(李起鵬) 국회의장의 장남으로 이승만(李承晚) 대통령의 양자로 입적됐었던 인물이었고 보면 지방의 방백(方伯)들이 그렇듯 놀아날 만도 했다.

세칭 가짜 이강석 사건을 지금 돌이켜 보면 새삼 어지간히 후진적이란 느낌이 든다. 우선 사기 놀음을 벌인 그 사람이 너무 무모해 보이기도 하고, 그렇다고 그렇게 오랜 시간에 걸쳐 속아 넘어간 그 무렵 사회의 후진성이 기막힌다는 이야기이다.

반세기(半世紀)를 훌쩍 넘긴 엊그제 이 사건의 판박이 같은, 문자 그대로 희대의 가짜 사건이 터져 세상을 떠들썩하게 하고 있다. 시공(時空)을 뛰어넘은 그 후진성이라니….

무엇보다 학사 학위도 없는 사람이 석·박사 학위를 위조, 대학의 교수로 나선 그 무모함이 옛날의 그 무모함과 혹사(酷似)하다 할 만하다. 또 예일 대학인가 하는 곳에서 학위 확인서가 오지도 않았는데 무슨 대학원 부원장의 엉터리 팩스 한 장으로 이에 갈음했다는 이야기에 이르고 보면, 가짜 이강석 사건의 후진성을 뺨치지 않는가. 아직 한국 사회의 선진화는 멀어도 한참 멀었다.

노조원의 푸른 머리띠

2007년 7월

대통령의 '품격'

영국의 엘리자베스 2세 여왕이 비록 입헌군주제하의 임금이라곤 하지만, 국민들의 존경심을 한몸에 받고 있다는 사실을 모를 사람이라곤 없을 것이다. 여러 눈에 띄는 장점들이 있겠지만, 내가 생각하기론 그녀의 훌륭한 품격이 가장 압권(壓卷)일 걸로 여겨진다. 그녀는 국내외 어디에서든 우선 말을 많이 쏟아 놓지 않는다. 절제된 언어로 시의(時宜)에 맞는 말만 골라 쓴다. 지금 비록 몸은 노년기에 놓여 있지만 행동거지가 단아하여 외모가 늘 우아하게 보인다는 게 혹독하기로 이름 난 영국 언론들의 중평(衆評)이다.

한 번은 이런 적도 있다. 어떤 후진국 국가원수와 만찬을 함께 하게 되었는데, 그만 그 상대방이 식사에 들어가기 전 내놓는 손 씻는 물을 마셔 버리고 말았다.

여왕은 얼굴색 하나 바꾸지 않고 자신도 그 세수(洗手)용 물을 따라 마셨다. 말하자면 이런 게 국가나 사회 지도자의 품격 아닐는지 모르겠다. 참 또다시 입에 올리기가 역겹긴 하지만, 지금 우리들의 대통령 품격은 어떠한가. 선거법 저촉 여부는 일단 논외로 하고서라도, 어찌 한 나라의 원수(元首)가 그토록 상스러운 언사들을 마구잡이로 구사(驅使)할 수 있을까, 되 떠올릴수록 울화가 치밀다 못해 서글퍼지기까지 한다.

"제정신 가진 사람이 대운하 사업이란 것에 민자(民資)투자 하겠습니까?" 이건 한나라당 이명박(李名博) 예비 후보를 겨냥한 모멸에 찬 발언이다. 이 글을 쓰고 있는 나로서도 대운하 사업엔 다소 회의적이다.

그렇다고 해서 일컬어 대통령이란 사람이 '제정신' 운운한대서야 시정배(市井輩)와 다를 것이 없을 듯 보인다. 가령 아무리 자신을 따르는 무리들 앞이라곤 하지만, "대운하 사업 공약 같은 건 현실성이 취약해 보인다."–이쯤으로 말해두면 대통령으로서의 품격도 잃지 않아 좋고, 대운하 사업 반대론자들의 기세도 올려 주는 이른바 윈–윈 효과를 냈었을 듯싶다.

노무현 대통령, 그는 향후 몇 달 동안에 걸쳐 근신(謹愼)의 자세를 유지할 필요가 있다. 산에 오를 때보다 하산(下山)의 행로가 더 위험하다는 건 한국 정치사에서 거의 진리처럼 굳어진 얘기이다.

'독재자의 딸' 운운한 것도 법률상 명백한 명예훼손 행위이다. 명예훼손이 허위의 사실일 적에만 해당되는 범죄로 잘못 알고 있는 사람들이 적지 않지만, 공연(公然)히 사실을 적시(摘示)하는 것만으로도 충분하다.

'워터 프론트'의 추억

장년의 나이를 넘긴 독자들 가운데 왕년의 미국 명화(名畵) '워터 프론트' (부두)를 기억할 사람들이 적지 않으리라 본다. 명우 말론 브랜도가 명연(名演)을 펼치면서 영화는 무르익어 간다.

그 줄거리가 어쩌면 그렇게도 지난 날 한국 독재정권 시절의 노조(勞組)결성 탄압 상황과 혹사(酷似)한 지, 지금 다시 회고해 봐도 신기하기만 하다. 이게 검열에 통과한 걸 보면 그 옛날 자유당 정권 시절만 해도 순진한(?) 구석이 있었다고나 해야 할는지….

주인공 브랜도는 악덕 하물(荷物) 업주들의 이런저런 만행들에 부두 노동자들의 힘을 합쳐 정면 대응해 나아가기로 결심한다. 업주들의 악행은 관객들의 두 주먹을 불끈 쥐게 할 만큼 악랄하기가 이를 데 없다.

하루 몸 아파 결근하면 며칠 치 일당을 몰수하기도 하고, 좀 대들면 폭력배들을 시켜 무자비하게 구타하기 일쑤다. 드디어 주인공이 노조 결성에 들어가려는 움직임을 포착, 그를 살해하려는 음모를 꾸미다가 실패로 돌아갔고….

브랜도는 결국 승리한다. 미국의 그 작은 항구 이름은 잊었지만 지역 부두 노조가 정식 발족되기에 이른 것이다.

YH무역 여성 근로자들이 신민당 당사에서 개처럼 끌려 나오기도 했고, 청계천 피복 공장에 갇혀 짐승처럼 일하던 끝에 분신 자살한 전태일(全泰壹)의 이야기도 이제 신화(神話)의 반열로 올라간 지 오래

되었다.

오늘의 한국 노동운동 흐름은 어떠한가. 한마디로 외국인 투자자들이 고개를 가로젓는다. 저렇듯 완악한 강성(强性) 노조와 함께 어찌 경영의 배(船)를 순항시켜 나아가겠느냐고 반문한다는 얘기이다. 노조가 너무 정치화(政治化) 해 있다고 비난하기도 한다는 소식이다.

이제라도 한국 노조는 본래의 '워터 프론트' 정신으로 되돌아 갈 필요가 있다. 근로자들의 합리적 권익 보호, 이것만으로 자족(自足)할 필요가 절실하다.

근자의 신문 사진에서 오랫만에 반가운 모습을 발견, 두세 번 다시 들여다보게 되었다. 근로자들의 머리띠가 우선 푸른 색깔의 것으로 바뀌었고, 거기에 '투쟁' 대신 '상생·협력'이란 글자가 선명히 찍혀 있었다.

조선업 세계1위를 이끄는 현대중공업과 대우조선, 두 회사 노조가 종래의 강성 이미지를 벗은 걸 외국선주들에 편지로 알렸다는 해설 기사가 기분 좋게 곁들여 있었다.

가족 간 재산분쟁

가족 간 유산(遺産) 다툼은 필경 고인(故人)의 불공정한 분배 행위로부터 비롯되게 마련이다. 좀 계면쩍은 얘기이지만, 나도 그런 종류의 피해자(?)라 할 만하다.

나는 충청도 땅 천석군(千石君) 지주 가문의 장손으로 태어났다. 조부(祖父)가 매우 영민한 탓에 해방 후 토지개혁 바람도 회피, 재산을 오히려 더 늘려 놓은 걸로 들었다.

그러나 조부가 타계하신 뒤 그 적실 장남이었던 내 부친에게 남겨진 유산이라곤 이곳 저곳 오지들에 흩어져 있던 헐벗은 임야(林野)들뿐이었다. 껄껄 웃으시던 내 선친은 그때 곧장 내게 그 알량한 유산이란 걸 대습(代襲)상속시켜 버렸다.

사연인 즉, 매우 간단하다. 몽땅 소실(小室)할머니 자손들에게로 진작 증여해 놓았던 것이다. 당시 우리 부자(父子)는 그들을 상대로 어떤 종류의 싸움(?)도 걸지 않았다. 다만 그들이 지금껏 고향 집마저 차고 앉아 있어 귀향처(歸鄕處)까지 일실(逸失)한 것이 안타까울 따름이다.

객설(客說)은 이쯤 해 두고, 얼마 전엔 동아제약에서 가족 간 재산 다툼이 일어 나더니, 이번엔 오양수산에서 진기(珍奇)한 유산 송사(訟事)가 벌어지게 된 모양이다. 아닌 게 아니라 좀 괴이한 건, 김성수(金性洙) 회장이 운명하기 하루 전날에 그가 보유하고 있던 그 많은 오양수산 주식들이, 그것도 하필이면 라이벌 업체 S사(社)로 송두리째 넘어갔다는 사실이다.

그의 장남을 비롯한 오양(五洋)측 임직원들은 그 사실을 까맣게 몰랐고, 미망인과 다른 유자녀들이 적법한 절차를 걸쳐 주식을 양도했다는 이야기이다. 보도에 따르면 처음 장례식장이 난장판이 되었던 모양이다.

흥분한 회사 직원들이 장례 절차의 진행을 방해, 농성을 벌였던 때문이다. 시비곡절이야 미구(未久)에 법정에서 밝혀지게 되겠지만, 나는 문득 30여 년 전의 내 할아버지 장례식 모습을 뇌리에 떠올려 봤다.

팔순의 연치에 돌아가셨으니 그리 애달플(?) 것도 없으련만, 곡성(哭聲)이 진동하고 울음섞인 대사(臺詞)들이 웬만한 탤런트들 뺨치게 끝없이 이어져 나아갔다. 난 지금 지하의 내 조부에게 새삼 사과드리고 싶다.

그때 자칫 폭소를 터뜨릴 뻔했으니 말이다.

피가 물보다 진한 게 아니라, 돈이 피보다 진한 세상이 된 지 오래인가?

호랑이보다 무서운 세금

2007년 6월

빈자(貧者)의 세금

너무 뻔한 고사(故事)라서 되풀이하기가 민망한 노릇이긴 하지만, 혹시 아직 못 들어 본 독자들을 염두에 둬 언급해 본다.

공자(孔子)가 어느 날 제자들과 함께 제법 깊은 산 속 길을 걷고 있었다. 난데없이 외딴 집 한 채가 눈에 들어 왔고, 그 인근에서 무덤 두 개가 발견되었다.

웬 여인네 하나가 무덤들 앞에 꿇어 앉아 흐느끼고 있었다. 공자가 연유를 묻게 했다. "달포 전쯤 호랑이 한 마리가 나타나 지아비를 물어 죽였어요. 며칠 전에 또 그 놈이 와 아들을…"

공자가 입을 열었다. 왜 얼른 이사를 가지 않는 것이냐고….

여인이 대답했다. "그런데 여기에 세금(稅金)은 없어요."

공자가 탄식하던 끝에 터뜨린 어귀(語句)가 그 유명한 '가정맹어

호(苛政猛於虎)’이다. 이로써 공자는 빈자(貧者)에게 세금 물리는 것 자체를 가혹한 정치행위로 단정했다.

이런 전제 아래에서 본다면, 지금의 노무현 정부는 그 화려한 복지·분배의 구호에도 불구하고 실패한 정권임이 분명하다. 빈부 격차가 도리어 사상(史上) 최대로 확대되었고, 부동산 투기 억제책이 되었든 뭐가 됐든 간에 세금 폭탄이 우박처럼 쏟아져 가난한 사람들에게도 어김없이 유탄이 돼 돌아왔기 때문이다.

통계청이 내놓은 자료에 따르면 이른바 5분위 배율, 곧 상위 20%의 소득을 하위의 그것으로 나눈 값이 지난 1분기 중 8.4배를 기록했다. 전체 소득은 늘었다고 한다. 이건 오로지 상위 계층의 몫이다.

연초 대기업 상여금이 쏟아진 데다 배당·임대료 수입 증가로 재산소득이 25% 가까이 폭증했다는 것이다. 반면 자영업자 등의 사업소득은 2% 남짓으로 말 그대로 게 걸음이었다. 기분이 썩 좋지 않은 건 이로써 세금이 17% 넘게 올랐다는 것이다. 그뿐인가. 사회보험료 부담도 8.7%나 증가해 중위권 이하 계층을 울리고 있다.

어찌 되었건 세금 놀음은 이제 좀 그만두는 게 좋을 것 같다. 막말로 부자들 것을 빼앗아 빈자들에게 가져다 줄 것도 못 되고, 괜스레 고래들 싸움에 새우 등 터지는 꼴이 되어 가고 있다. 난 세제(稅制)문제엔 문외한이지만, 정부는 제발 중·하위 계층의 세금 곤욕을 덜어 줄 방도를 모색해 볼 필요가 있다.

물가도 공공요금을 필두로 들먹거리고 있다. 한은(韓銀)도 긴장하라.

재벌(財閥) 알레르기

얼마 전 늦은 밤, 텔레비전을 켜 봤더니 '미디어 포커스'란 이름의 프로그램이 진행되고 있었다. 한 신문이 요샛말로 떡이 되도록 얻어 맞고 있었다.

사연인 즉, 그 신문이 일컬어 보복폭행 사건을 일으켜 세상에 큰 물의를 빚은 한화(韓火)그룹 회장 김승연 씨를 두호(斗護)하는 듯한 피쳐 스토리 비슷한 걸 썼다는 것이다.

그 구체적 내용을 확인해 보진 못했지만, 아마도 그 신문이 지난 날 김 회장으로부터 경영상(經營上) 적지 않은 신세를 졌고, 또 그의 개인적 품성 가운데 이른바 깊은 의리(義理) 등을 비롯한 여러 장점 이 있는 걸 소개했던 모양이다. 그의 범죄는 물론 의법(依法) 처리되 어야 할 것이다.

그러나 한국 언론매체들의 양태(樣態)를 보면 너무 지겹도록 선정 적이다. 이건 뭐 연속극 드라마라도 쓰듯 김 씨에게 하루도 거르지 않고 십자포화를 퍼부어 왔다.

왜 재벌(財閥) 일이라면 이토록 알레르기 반응을 보이는 것일까? 분명히 해 두지만, 나는 지금 김승연 씨 개인을 옹호하려는 뜻이 아 니다. 아무리 눈에 넣어도 안 아플 만큼 소중한 아들이 얻어맞고 들 어 오긴 했지만, 김 회장의 반응은 너무도 비이성적이었다. 이에 대 한 법적(法的) 응징이 뒤따르게 될 것이다. 이쯤 됐으면 언론들은 조 용히(?) 속보(續報)를 쓰는 게 도리일 듯싶다.

언론은 말 그대로 차가운 머리로 사실들을 객관적으로 보도, 판단 은 독자들의 몫으로 남겨 두는 게 마땅할 듯싶다. 매스컴이 재벌 이야기라면 이렇듯 과민 반응을 보이니까 국민 일반의 재벌을 비롯한 기업들에 관한 정서(情緒)가 날이 갈수록 부정적으로 되어 가고 있는 것이다.

한국 재벌들의 적폐(積弊)는 물론 많다. 그 첫째가 기업 총수 자리를 무조건 무리를 해 가며 세습시켜 나아가는 것이라 할 만하다. 그 다음의 것이, 따지고 보면 그리 많지 않은 보유 주식으로 이리 저리 갈고리를 걸어 수십 개 기업 경영을 좌지우지하는, 이른바 황제 경영의 폐단이 의연히 지속되고 있다는 점이다.

사정이 이러한 데도 모두가 잊지 말아야 할 것이 있다. 한국 경제의 실체 가운데 좋든 싫든 매우 중요한 존재가 재벌이다. 따라서 울퉁불퉁 튀어나온 재벌의 흉한 모서리들을 잘 깎아 나아가는 일이 긴요하다고 해야 할 것이다.

얼마면 될까요

2007년 5월

진보(進步)의 '패러독스'

요즘의 한국 정치상황과 관련하여 날카롭게 그 핵심을 찌른 한 외신(外信)보도 내용에 나는 혀를 내둘렀다.

"한국의 현재 정치 지형(地形)은 놀랄만큼 왜곡되고 있다. 미국과의 FTA(자유무역협정) 타결에 찬성하면 보수(保守) 세력으로 평가받고, 그에 격렬히 반대하면 진보주의자로 지목된다. 이로써 종래의 보수·진보 구분이 헝클어지면서 노무현 대통령이 보수정당 지도자들의 칭송을 받는가 하면, 거꾸로 당초의 진보계열 지지세력들로부터는 국가의 자존(自尊)을 훼손했다는 등의 비난에 봉착해 있다."

일자일구(一字一句)도 틀린 게 없지 않은가. 도대체 진보(進步)란 단어의 의미 자체가 뒤죽박죽이 되어버렸으니 이 노릇을 어찌 할 것인지를 일컬어 '정치' 한다는 사람들에게 되묻고 싶어진다. 원래 진보란 현상에 붙박히지 않고 더 발전하기 위하여 껍질 등을 벗어 던지고 앞으로 나아가자는 입장이라 할 만하다.

따라서 꼭 미국이 아니더라도 세계적 경제 추세에 순응한다는 차원에서 오히려 진보 쪽에서 먼저 FTA 같은 것에 적극적인 반응을 보이는 것이 타당하리라고 나는 믿는다. 그러고 보면 진보주의자로서의 노무현 대통령의 자세는 조금도 바뀐 것이 없다고 해야 할 것이다.

미국과의 FTA타결을 밀어붙여 대미(對美) 무역량을 확대, 2만 달러 미만에 머물러 있는 GDP 등을 획기적으로 증대시켜 보자는 게 그의 복심(腹心)이었고, 이게 곧 진보의 표상일 걸로 본다. 이렇듯 유추해 보면 표변한 건 정치권 사람들이고 그 저의(底意)가 백일하(白日下)에 드러나고 있는 걸로 내 눈엔 보인다.

한마디로 대선(大選)정국에서 자신들의 입지(立地) 신장만을 겨냥, 국익(國益) 따위는 안중에도 없는 듯 정치적 계산을 일삼고 있다. 일컬어 진보파들은 반미(反美) 정서가 몸에 밴 자파(自派) 지지세력의 결속을 도모할 목표인 듯하고, 보수파들은 또 그들대로 반대의 계산을 하고 있다고 봐야 할 것이다.

보수 정파의 대표란 이가 노무현 대통령이 한 · 미 FTA타결과 관련하여 텔레비전에 출연, 발표한 담화에 대해 "어제는 정말 대통령답더라"고 칭송한 건 정말 낯간지러운 언사였다. 여기에 한술 더 떠 엊그제까지 노 대통령 밑에서 장관을 지낸 진보계열 정치인 한 사람은 이번 FTA를 '조공(朝貢)협상' 이라고 깎아내렸다.

서글프기 짝이 없는 진보의 '패러독스' 였다.

달과 세금(稅金)

'달과 6펜스'란 제목의 소설은 서머셋 몸의 작품이다. 달에 얽혀 아주 오래도록 사람들 입에 회자(膾炙)되어 온 일화가 또 한 가지 있다.

손가락을 들어 달을 가리키자 정작 보라는 달은 못 보고 하릴없이 그 손가락만 본다고 질타한 한 고승(高僧)의 담론은 유명하다.

'달과 세금'이란 뭔가? 내가 생애 처음(?)으로 작성해 본 초(超)단편 팩션이다. 이른바 팩션은 픽션(가공)에 팩트(사실)를 융합, 써내는 소설의 최신 장르라 할 만하다.

— 달빛 교교히 흐르는 어느 날 밤, 한 골목길에 두 사내가 웅숭그리고 서 있다.

한 사람이 낮은 목소리로 입을 열었다.

" 얼마면 될까요?"

질문 받은 이는 한참을 고개 돌린 채 휘영청 떠 있는 달만을 올려다봤다.

먼젓번 사내가 입에 조갈증이라도 나는 듯 마른 침을 꿀떡 목구멍으로 삼켰다.

"얼마?"

그가 다그치자 달에서 눈을 뗀 이가 대답 대신 손가락 하나를 치켜세워 보였다.

"한 개라?"

혼잣말로 중얼거려 본 뒤 그는 비로소 알겠다는 듯 머리를 크게 두어 번 끄덕거렸다.

두어 달 뒤 그 월광(月光)의 골목 어귀에서 두 사나이가 또 만났다.

한 사내의 손엔 묵직해 뵈는 보스턴 백 하나가 들려 있었다.

그 가방은 상대방의 손으로 옮겨 갔고, 가방 받은 이는 뛰는 가슴을 눌러 가며 서둘러 자신의 집으로 돌아왔다. 방문을 걸어 잠그고 돈을 세어 본 그는 화들짝 놀랐다. '1천만 원'을 생각했던 그에게 1억 원이 쥐어졌으니….

꼭 보름 뒤 세무공무원 L씨는 A씨에게 가방째로 돈을 전액 되돌려 줬다. 곧 이어 예정대로 4억 5,000만 원의 예상 고지액이 적힌 세무조사 결과가 통지되었다.

그렇지만 그는 작년 8월 수뢰 혐의로 구속되었다. 1심(審)에선 특정범죄가중처벌법이 적용돼 징역 5년의 중형이 선고되었다. 2심에선 징역 1년.

대법원은 2심을 파기, 1심을 지지했다. 3심의 판단은 옳다. 세리(稅吏)가 돈 받은 직후 이걸 되물렸더라면 그는 천만 원짜리 1년 징역을 살게 되었을 것이다.

정치엔 낭만 같은 게 좀 있어야 해

2007년 4월

정치와 낭만(浪漫)

정치엔 낭만 같은 게 좀 끼어들어 있어야 한다. 그렇지 않으면 정치판엔 승부에 눈 먼 정신적·육체적 살육의 그림자만이 떠돌게 될 따름이다—해방공간에서 남북 분단에 적극 반대, 통합정부의 수립을 주장하던 끝에 암살당한 몽양(夢陽) 여운형(呂運亨)이 남긴 말이다.

그는 한때 자신의 말마따나 잠시 낭만적 공산주의 활동을 하다가 그 허구(虛構)를 깨닫고 이를테면 좌우(左右)를 아우르는 중도(中道) 성향으로 돌아선 사람이다. 나는 지금 몽양(夢陽)에 관해 무슨 예찬론 같은 걸 펼치려는 의도가 전혀 아니다.

그러나 이제 와 그가 보인 정치적 유연성이랄까, 여유와 낭만적 경향 등을 새삼 회상케 된 까닭이야 뻔하다. 오늘의 정치판 모양새가 날이 갈수록 더 삭막해지고 있기 때문이다.

이건 낭만은 커녕, 몽양(夢陽)의 지적처럼 육신(肉身)의 위해까진 아닐지언정 정신적 살육마저 난무하고 있는 걸로 내 눈엔 띈다. 가령 이회창(李會昌) 씨를 김대업이란 사람이 정신적으로 살육해 버렸듯, 그 비슷한 사태가 재현될는지도 모를 판이 되어 가는 듯해서 불안하다.

말이 나온 김에 한마디 더 하자면, 한나라당의 대선(大選)후보 경선 방식을 둘러싸고 지금껏 빚어져 온 내홍(內訌)도 한심스럽기 짝이 없다. 예비후보들마다 각각 자신이 최종 주자(走者)로 결정되면 대통령 자리가 떼놓은 당상(堂上)이 될 듯 여기는 모양이지만, 아직 변수(變數)는 너무도 많다. 이제 더 이상 경선 '룰'을 놓고 티격태격하지 말고, 늘 이회창 씨 때의 반전(反轉)을 되새겨 봐야 할 것이다. 지금 긴요한 건 한나라당의 단합이다.

이른바 경선 불복은 제도적으로 막아 놓았지만, 한 후보의 탈당도 거의 비슷한 파괴적 효과를 낼 것임에 유의할 필요가 있다. 노무현 정권으로부터 민심(民心)이 떠나버린 속도 못지않게, 어느 순간 빠르게 한나라당에도 등을 돌려 그쪽 사람들을 온통 공포의 도가니로 몰아 넣을 개연성도 결코 배제되지 않는다는 얘기이다.

만약 남은 후보들 사이의 불화(不和)가 또 되풀이되다간 게도, 구럭도 다 잃게 될 것이다. 요컨대 꼭 자신이 승자(勝者)가 되어야 한다는 집착에서 벗어나 몽양(夢陽)이 말한바, 정치적 낭만의 행보들을 해 보라는 게 나의 충고라 할 만하고, 이로써 국민들에게도 감명을 주게 될 것이다. 이 모든 이야기들은 결론적으로 중립적 결정을 통해 나온 일체의 결과에 다들 끝까지 승복하란 것과 맞닿는다.

'샌드위치' 경제론

이건희(李健熙) 삼성그룹 회장이 일컬어 '샌드위치' 경제론을 편 건 몇 달 된 이야기이다. 중국은 턱밑까지 쫓아 들어오고 있고, 일본은 훨훨 앞서 날아가고 있다. 이런 상황에서 한국은 샌드위치 신세로 전락하고 있다는 게 그의 발언 취지인 듯 보인다.

근자에 그가 또 한국경제 위기론을 펼쳐 들고 나섰다. 자신의 기업뿐만 아니라 한국경제 전체가 자칫하다간, 길어도 6년 이내에 큰 위기를 맞게 될 것이라고 경고했다.

말솜씨는 비록 어눌하지만, 나는 그를 매우 예지(叡智) 있는 사람으로 보고 있다. 경제문제에 관한 그의 통찰력은 이만저만 날카로운 것이 아니다. 가령 외환위기 직후, 세계 반도체 시장이 침잠되어 있는 상태에서 오히려 해당 부문 시설을 대폭 확장, 나중 가공할 만한 수익을 올린 건 그 단적(端的) 사례에 불과하다. 그런 그가 샌드위치 이야기에 이어 또 한국경제 위기론을 들고 나오게 된 직접적 동기(動機)가 밝혀졌다. 일부에선 터무니없는 소리들을 하기도 하지만, 자신의 간판 기업이라 할 만한 삼성전자의 여러 부문 영업이익이 계속 줄어들고 있기 때문이란 것이다. 반도체 사업의 경우 1년여 사이에 이익이 5천억 원이나 줄었고 통신 부문도 엇비슷하게 축소된 모양이다.

에어컨이나 냉장고 등을 만드는, 이른바 생활가전 부문은 이태에 걸쳐 연속 적자를 낸 걸로 보도되었다. 이건희 씨의 고민은 지금 사업이 다소 부진한 모양새를 보이고 있는 것에만 놓여 있지 않다. 삼성의 차세대를 이끌 성장동력이 좀처럼 발견되지 않아 애가 타는 듯하다. 예컨대 삼성전자가 선정한 프린터, 또는 LSI(비메모리 반도체) 분야에서 이렇다 할 성과가 보이지 않는다는 얘기이다. 그래서 해외 우수 두뇌 유치에 더 힘을 기울이고 있다는 것이다. 삼성(三星) 이야기가 길어졌지만, 이게 곧 한국경제의 표상이고, 또 미래의 과제가 무엇인지를 상징하고 있다는 걸 깨우쳐야 할 필요가 있다. 정부측도 제발 샌드위치 신세에서 벗어날 성장동력 배양에 혼신의 노력을 기울여야 할 것이다.

다만 내가 한마디 더 부연하고 싶은 건 상황을 너무 비관적으로만 볼 필요는 없다는 것이다. 어차피 누백 년에 걸쳐 우리는 중국과 일본 사이에 끼어 샌드위치 처지로 지내 왔다.

그러나 피침(被侵)도 되곤 했지만 용케도 살아남아 왔다. 연구개발(R&D) 등에 총력을 경주, 탈(脫)샌드위치를 선언할 필요가 있다.

열린 보수, 닫힌 경제

2007년 3월

열린 보수(保守)

열린 보수(保守)라고 하면, 아닌 게 아니라 좀 이상하게 들릴 소지 (素地)가 있다고 할 것이다. 보수란 용어를 액면 그대로 풀이하면 어떤 전통적 가치를 잘 보전하여 지켜 나아가자는 취지가 된다 할 만하다. 여기에 무슨 열린이란 걸 덧대어 애초의 보수에 혼선을 가져 오고, 그래서 전통적 보수 세력의 이탈이란 손실을 자초하느냐는 게 이른바 정통 보수파들의 볼멘 소리이다.

내가 기억하기론, 열린 보수란 어휘를 국내 정계에서 최초로 작명 (作名)한 이는 이부영(李富榮) 전 열린우리당 의장이다. 당시 그는 한 나라당 부총재로 있으면서 당의 폐쇄성, 또 지나친 수구(守舊)경향 등에 관해 끊임없이 비판하는 모습을 보였었다.

그러면서 들고 나온 기치가 열린 보수로, 요컨대 한나라당이 아무리 보수 정당을 표방하고 있긴 하지만, 가령 미국의 공화당이나 영국의 보수당 등과 같이 일정한 범위의 진보적 색채도 수용함으로써 좀 열려 있는 당(黨)임을 국내외에 보여 주자는 얘기였던 걸로 지금 회상된다. 그 뒤 그는 서구(西歐)세계의 제3의 길 등을 모사(模寫)한 듯한 중도(中道) 세력의 통합을 주장하는 듯하더니, 힘의 한계를 느꼈던지 새로 탄생한 열린우리당으로 들어가고 말았다.

지금 그의 선택이 틀렸던 것임을 그 자신도 느끼고 있겠지만, 요즘의 한나라당 동태를 보면 그에 대한 아쉬움이 더 커진다. 요새 이 정당 안에서 이른바 흰밥 대 보리밥 논쟁이 뜨거워지고 있다는 얘기인데, 결국 이게 열린 보수의 후속편 같다는 느낌을 적어도 나는 짙게 받는다.

보리밥은 대선(大選)승리를 목표로 중도파나 반대파도 안고 가자는, 일컬어 섞인 보수를 말하고, 흰밥은 보수정당으로서의 정체성을 강화하자는 쪽이라고 한다. 흥미로운 건 보리밥 쪽이 아주 열세(劣勢)인 것만은 아니란 사실이다.

좌장 격인 손학규(孫鶴圭) 전 지사가 우선 말한다. 무조건 집권하는 것만이 목표가 아니란 것이다. 정당 존재의 뜻마저 들먹여 가며 여기에 공격들을 퍼붓지만, 오늘의 세계 정치의 큰 흐름에서 봐 보수냐 진보냐의 이분법적 이념 대립이 사양길에 들어서고 있음을 직시할 필요가 있다.

역시 안타까운 건 보수 골통(?)들의 화염방사기 같은 목소리—. 친북좌파와 다를 게 없는 열린우리당 2중대 의원들은 없어져야 한다는 것이 그중 백미(白眉)였던 것 같다.

닫힌 경제(經濟)

좀 지난 얘기이지만, 연초의 국내 경기 전망이 매우 나쁘게 나왔다. 현대자동차의 부분 파업 소동이 기업들의 신년 경영 의욕에 찬물을 끼얹은 걸로 한은(韓銀)은 분석했다.

한은이 전국 2,500여 개 업체를 대상으로 실시한 1월 기업경기 조사 결과에 따르면 제조업 업황 실사지수(BSI)는 80을 기록, 전달에 견줘 2포인트 하락했다. 이로써 작년 10월 이후 연속 석 달간 내리막을 기록하게 되었다는 점에 문제의 심각성이 있는 듯하다.

이런 가운데 특히 자동차 업종의 업황 BSI급락이 두드러졌다는 것인데, 한 달 만에 23포인트나 주저앉았다는 얘기이고 보면 절로 암담한 심경에 빠지게 된다. 연초 현대차 파업에다 내수와 수출시장에서 국산차가 고전을 면치 못하는 상황까지 겹쳐 자동차업종의 업황이 매우 나빴고, 이렇듯 부진한 상황이 전체 기업 업황에로까지 큰 영향을 미치게 되었다는 한은측 부연 설명이 오히려 진부한 듯한 느낌마저 던져 준다.

이런 것 말고 국내 기업들이 겪고 있는 좀 더 거시적인 경영 애로 사항을 새삼 꼽아 보자면, 환율하락과 내수 부진, 원자재 값 상승과 경쟁 심화 등이 있을 것이다. 이런 판에 기업들을 더 옥죄고 있는 게 있다. 다름 아닌 미래의 불확실한 경제 상황이라 할 만하다.

여기엔 두말할 것도 없이 정부의 이른바 닫힌 경제 정책의 책임이 크다고 나는 말해 두고 싶다. 분배의 적정화를 강조하는 것까지는 이해한다 쳐도 이게 도리어 잠재성장률마저 잠식, 거꾸로 양극화를 조장하고 있는 형편인 걸 이제쯤 정부측도 수긍해야 할 것이다. 두 번째로 독과점의 폐해에만 너무 교조주의적으로 집착, 대기업 때리기에 과도하게 나서고 있는 점도 지적될 만하다.

가령 출자총액제한 제도는 지금 당장 폐기해 버리는 게 옳을 듯싶다. 제한 비율만 다소 상향 조정한 것만으론 대기업 투자의 확대를 이끌어 내기에 미진한 느낌이든다. 또 이중대표 소송제도 당초보다 소송요건을 좀 강화한다는 소문이지만, 격화소양(隔靴搔癢)에 그칠 것이다. 요컨대 지금은 일컬어 원칙주의란 칼을 잠시 거둬들여야 할 필요가 있다.

그만큼 경제의 문이 사방으로 닫혀 있어 기업들이 매양 몸을 웅크리고 있는 상황이다. 차기 정권이 들어서고 호황이 왔을 적에 원칙주의자들이 또 나서도 될 것이다.

모피아가 무엇일까

2007년 2월

골치 아픈 대선(大選)?

1987년 7월 초순께로 기억된다. 나는 어느 날, 국내 유수의 기업그룹에서 이른바 실세(實勢)로 통하는 중역 한 사람과 점심식사를 함께 하고 있었다.

우리들은 자연스럽게 식당 창문 너머로 내려다 뵈는 서울시청 앞 광장을 응시하며, 나중에 이름 붙여진 6월항쟁이니 6·29선언 같은 것들로 화제를 옮겨 가게 되었다. 그 선언이란 게 뒷날 노태우(盧泰愚) 씨의 개인 작품이 아니라 전두환(全斗煥)-노태우 두 사람의 이른바 '짜고 친 고스톱'인 걸로 밝혀지긴 했지만, 어쨌거나 박정희(朴正熙) 씨의 유신체제 선포 이후 오랫동안 빼앗겨 왔던 대통령 직선제를 되찾게 되었다는 점에 우리 두 사람도 기쁨을 표시했다.

그러다가 돌연 그 기업인의 안색이 좀 어두워지더니 가벼운 한숨까지 내쉬는 게 아닌가. 내가 연유를 물었다. "또 우리네 기업들로선 골치 아프게 됐어요. 지금까진 한곳에만 신경 쓰면 되었는데, 고차(高次) 방정식을 잘 풀어야지 자칫하다간…."

다른 얘기가 아니었다. 그들 대기업들로선 대통령후보들에게 각각 이른바 선거지원금이란 걸 안 돌릴 수도 없고, 게다가 이걸 당선 가능성 순위별로 수학공식 풀듯 차등 지급해야 한다는 것이었다. "최악의 경우 돈 내 주고 감옥에 가기도 하지요."

이래서 대선(大選)이란 게 돌아올 때마다 기업들로선 골치가 지끈거리게 된다고 그는 덧붙였다. 정치자금법 개정이니 '영수증' 받기이니 하는 것들도 다 소용없는 얘기란 그의 말에 나도 딱히 위로할 말이 떠오르지 않았다. 이제 그때로부터 벌써 20년이란 세월이 흘러갔다. 대통령 리더십의 추락이니 경제 파탄이니, 어두운 담론(談論)들이 무성한 가운데 또 대선이란 게 어김없이 다가오고 있다.

불행한 일은 아직도 기업인들의 대통령 선거 공포증(phobia)이 여전하다는 점이다. 한 경제연구소가 CEO들을 대상으로 올 한해 우리 사회에 가장 바라는 것이 뭐냐고 물었다. 놀랍게도 경제문제들은 차순위로 밀린 채 차분한 대선 정국과 정치적 안정을 첫 손가락에 꼽은 걸로 보도되었다.

새삼 정치와 경제의 상관관계를 따져 본다면 전자는 늘 후자의 발전에 기여해야 할 요소 역할을 하는 것이 마땅하다고 나는 믿는다. 노무현(盧武鉉)정권 출범 이래 지금껏 기업의 투명성만을 외쳐댔지, 잠재성장률마저 훼손된 것이 저간(這間)의 현실이다. 오죽했으면 CEO들이 대선에 지레 겁부터 먹고 있을까?

'파벌'의 폐해

나는 나이 마흔이 다 되어서야 갑작스럽게 경제 기자(記者) 노릇을 하게 되었다. 경제란 것과는 전혀 인연 없이 지내 온 나로선 고충이 이만저만한 게 아니었다. 게다가 부서 직급이 차장(次長)이었으니 체면상 아무에게나 함부로 경제 용어 등에 관해 물어 볼 수도 없는 처지였다.

객담(客談)이 길어져 안 되었지만, 어느 날 '모피아'란 용어에 부딪쳤다. 저게 대체 무슨 소리인가. 경제기획원의 영문 약칭은 EPB요, MOF는 재무부인데 '모피아'는 무엇인지? 알고 보니 모피아(mofia)는 재무부 출신 관료집단을 서양의 '갱' 조직 마피아에 빗대 붙인 별칭이란 것이었다. 그만큼 결속력이 강하고, 또 실제로 관복을 벗고 나와서도 그 우애(友愛)가 끈끈하여 서로 직장을 알선해 주는 등 상부상조가 보통이 아니란 얘기였다. 나중 내 눈으로 본 바로는 EPB도 대동소이-.

어쨌거나 이들 두 파벌 간의 알력, 좋게 말해서 경쟁은 순기능(順機能)보다는 그 폐해가 더 많다는 게 내 의견이다. 보도에 따르면 요즘은 EPB 전성시대라고 한다. 경제 관가(官街)의 주요 부처 장관직을 기획원 출신 관료들이 싹쓸이하다시피 하고 있다는 것이다.

반면 몇 년 전까지만 해도 경제 관가를 주름잡던 이른바 모피아들은 '찬밥' 신세가 돼 금석지감(今昔之感)이 완연하다고 보도는 덧붙였다. 어느 세상에서나 파벌은 있게 마련이고, 이걸 이를테면 파워 게임으로 몰고 가지만 않는다면 순기능적 측면이 더 부각될 수도 있을 것이다.

가령 EPB출신이 되었든, 모피아가 됐든간에 경제부처의 장(長)자리에 고루 섞여 있는 것이 좋다. 예산을 알고, 또 정책의 밑그림을 그려 본 기획원 출신도 필요할 것이며 금융과 재정에 익숙한 재무부 쪽 사람들도 꼭 있어야 할 것이다.

더구나 정책의 실용성 여부, 그 문제점 등을 짚어 내는 능력을 모피아들은 갖고 있다. 따라서 두 집단 사이의 견제와 균형이 이뤄지는 게 정상적이라고 본다. 지금껏 이런 순기능보다는 권력쟁취에만 집착하는 역기능이 더 많았던 게 사실이다. 그러다 보니 안팎이 서로 봐 주다가 왕왕 부정사건에 휘말리기도 하고, 행시(行試) 동기들끼리 원수가 되는 불행한 일도 적지 않았다.

따지고 보면, 조선(朝鮮)왕조 시대 이래로 한국 사회처럼 파벌 싸움이 극심한 나라도 드물 성싶다.

아직도 제조업을 하십니까

2007년 1월

제조업의 쇠락

한국의 제조업은 머지않은 장래에 붕괴의 길로 들어서게 될 것이란 이야기가 한 일본 경제평론가의 입에서 흘러 나왔을 때만 해도 몹시 불쾌했던 기억이 새롭다. 그러나 그의 말이 이제 서서히 현실이 되어 가고 있으니 이 일을 어쩌랴?

한국 제조업의 쇠락은 이미 오래전부터 그 전주곡(前奏曲)을 울려 왔었다. 오죽해야 한때 "아직도 제조업을 하십니까?"란 냉소적 유행어가 번졌던 적이 있음을 다들 기억해 내기에 어렵지 않을 것이다. 좀 먹고 살만 해졌다고 제조업을 이른바 3D업종 중에 하나 포함시켜 도무지 '일'을 배우려는 젊은이가 없다고 업주(業主)들마다 하소연했었다.

제조업 쇠락의 속도가 근자에 들어 한층 숨 가쁘게 빨라지고 있음을 알리는 경제통계 하나가 나왔다.

산업연구원(KIET)의 한 보고서에 따르면 국내 제조업체들이 급속히 영세화(零細化)하고 있다는 것이다. 제조업체 숫자는 많이 늘고 있지만, 이게 속(俗)된 말로 빛좋은 개살구이다.

직원 숫자라야 기껏 9명 미만의 영세 소기업이 대부분이고, 대기업과 중견기업의 경우 날이 갈수록 그 수효가 줄고 있기 때문이다. 보고서를 더 인용해 보면, 종업원 9명 미만의 제조업체 숫자는 1990년의 경우 총 사업체의 31.4%였지만, 2004년 것을 조사해 보니 이게 전체의 절반을 넘어서고 말았다.

반면 종업원 300명 미만의 중기업은 12.8%에서 7.2%로, 대기업이란 곳들도 1.7%에서 0.6%로 대폭 축소되었다. 제조업의 '비극'을 알리는 지표는 아직 더 남아 있다.

영세 제조업체의 종업원이 전체 제조업에서 차지하는 비중은 61.7%에서 75.7%로 높아졌고, 이들의 부가가치 생산의 비중도 44.3%에서 49.4%로 확대된 것이 눈에 띈다.

이 모든 결과들이 또한 정부의 정책실패에서 비롯된 것이라 할 만하다. 늘 입으로는 제조업 부흥과 중소기업 육성을 부르짖고 있지만, 가령 병역특례이니 연구개발(R&D)비용 지원이니 하는 것들을 효율적으로 집행하지 못하고 있음이 뚜렷하다.

노동력이 고임금 기업에서 저임금 기업으로 대거 이동한 결과란 분석 등 여러 견해들이 있지만, 내가 보기론 한국 제조업의 쇠락은 기업인들의 안이한 정신 자세에서 비롯된 부분들이 더 크다. 말하자면 장인(匠人)정신의 실종 같은 것이다. 동경대(東京大)출신의 아들이

'센베' 가업을 이어 받는 일본 풍토의 벤치마킹이 아쉽다.

'배고픈 설움'

눈물 젖은 빵을 먹어 보지 못한 사람은 인생의 의미를 모른다고 독일 문호 괴테는 갈파했지만, 나는 일컬어 '배고픈 설움'을 알지 못하는 이는 삶의 참 뜻을 이해하기 어려울 것이라고 말해 두고 싶다. 배고픈 설움— 이건 정말 우리 민족 조상 전래의 숙명적 어휘라 할 만하다.

지금 나이 중년 이상의 사람들 치고 아마 '보릿고개'란 말을 기억하지 못할 이라곤 없을 것이다. 중농(中農) 이하의 영세농가나 근근이 소작농을 부쳐 먹는 농민들의 경우 봄의 문턱에서 식량이 떨어지고 만다. 어째 볼 도리 없이 보리가 익는 초하(初夏)에 이르기까지 굶기를 밥먹듯 한다.

지주(地主)들은 가혹하다. 장리(長利)쌀이라 하여 조금의 쌀을 내주곤 가을 추수 때에 몇 곱절로 갚게 하는 걸 나도 유년시절 그 잔혹한(?) 지주의 종손으로서 구경한 적이 있다.

6·25동란기엔 또 어떠했는가? 허기진 배들을 움켜잡고 미군(美軍)부대 주변을 배회, 빵 부스러기들을 구걸했고, 이른바 꿀꿀이 죽이란 게 돈 받고 팔려 나아가기도 했다. 이 무렵에 국제아동 보호기구 유니세프가 우리들을 참말 많이도 도와 준 걸 다들 잊지 못할 것이다.

동란 중 무려 6,300만Kg의 분유와 30만 장의 담요 등 수다한 구호물품을 지원했다고 한다.

유니세프의 창설 연도는 1946년 12월. 당시 제2차 세계대전이 끝난 뒤 배고픈 설움 속에 빠져 있던 유럽 일대와 중국 등지의 어린이들을 도울 목표로 창설되었다. 이제 창립 60주년을 넘기게 되었다. 1994년 드디어 유니세프 한국위원회도 설립돼 그동안 제법 많은 구호활동을 펼쳐 온 걸로 보도된 걸 봤다. 기특한(?) 일이다. 유니세프 사상(史上) 도움받는 나라에서 도움을 주는 국가로 성장한 유일한 나라가 되었다는 것이다.

지금 후원자 숫자도 당초의 5,000여 명에서 15만 명으로 불어나 있고, 각양각색의 직업인들이 아프리카 오지 등 세계 곳곳으로 뛰어다니며 빈곤아동 돕기에 나서고 있다고 한다. 삶의 가치를 인류애(人類愛)의 발현에서 찾는다는 건 오히려 스스로를 행복하게 하는 일이라고 나는 믿는다.

조금 더 가진 이들이 십시일반으로 '배고픈 설움' 들을 치유해 줬으면 한다.

야당의 한 길을 걸은 정치인

2006년 12월

야당(野黨)의 길

이미 오래전에 작고한 정치인 유진산(柳珍山) 씨는 평생 야당의 길만 걸은 사람이다. 자유당 정권 시절 10여 년 동안에도, 또 공화당 박정희(朴正熙)정권 기간에도 병사(病死)하는 그날까지 야당 생활만 했다.

누가 그에게 물었다고 한다. 독재정권 치하(治下)에서 그 고달픈 야당의 길만을 걸어 봐야 무슨 실익(實益)이 있겠느냐, 차라리 정치를 그만 면 여생(餘生)의 삶이 덜 고달파지지 않겠느냐?

진산(珍山 · 아호로도 씀)은 이렇게 대답한 걸로 전해진다.

"이나마라도 야당을 끌어가지 않으면 독재가 더 기승을 부려 나라와 국민의 안위(安危)가 벼랑 끝으로까지 몰릴 수 있다." 아닌 게 아니라 그는 공화당 정권 시절에 야당의 명맥을 이어 나아가기에 혼신의 힘을 다 기울였다. 한때엔 자신의 지역구를 돈 받고 팔고 전국

구(全國區)로 돌아섰다고 해서 '비열한 정상배'란 오명을 뒤집어 쓰기도 했다.

나중 오해가 풀리긴 했다. 총선(總選)을 치르는 데에 야당 총재로서 너무도 자금이 달려 고육책을 썼다는 것이다.

그가 별세한 뒤에 유산이라곤 땡전 한푼 없고, 덕지덕지 저당권들이 설정된 서울 상도동 소재 집 한 채만 덩그러니 남아 있더란 얘기를 박(朴)대통령이 전해 듣고 저당 잡힌 것들을 모두 풀어주란 지시를 측근에 내렸다는 건 이제 한 전설이 되었다.

"자고 나도 야당의 길…" 진산(珍山)은 소주 한잔 걸치면 이렇듯 옛 유행가 곡조를 읊조렸다고 한다.

나는 왜 이토록 느닷없이(?) '야당의 길'을 강조하는가? 양(洋)의 동서(東西), 때의 고금(古今)을 막론하고 모든 정치사(政治史)에서 야당 역할의 몫이 여당의 그것 못지않게 매우 막중했고, 또 중요하다는 점에 주의를 환기시키기 위해서다.

한마디로 압축하면 정부·여당의 일방적 독주에 제동을 거는 역할처럼 긴요한 게 따로 있을 것 같지 않다. 이런 맥락에서 봐, 열린우리당은 이제 야당을 할 마음의 준비 태세를 갖춰 나아갈 필요가 있다.

김대중(金大中)정권 5년에 노무현(盧武鉉)정권 5년을 합치면 여당 생활 10년이다. 게다가 정치 채점표가 20점도 못 되고 보면 정권 내놓는 게 순리이다.

통합신당이 어떻고, 리모델링이 어쩌고 하는 것들은 또 한 차례 더 국민을 기만하는 짓에 다름 아니다.

사법권(司法權)의 의미

이용훈 대법원장이 재판의 권력은 국민으로부터 위임받은 것이라고 한 발언은 한때 무슨 때 아닌 포퓰리즘적(的)인 언행인가 하는 오해를 불러 일으켰던 게 사실이다. 그러나 이런 이야기는 한 번만 뒤집어 보면 너무도 당연한 상식적 언급 이상의 것이 아니다.

우리의 헌법 조문 내용을 확인한 것에 불과하기 때문이다. "대한민국의 주권은 국민에게 있고, 모든 권력은 국민으로부터 나온다." 중등학교 학생이라도 다 알 만한 내용 아닌가.

문제는 이용훈 원장의 그다음 설화(舌禍)였다. 법조3륜(輪)이란 것 가운데 법원 이외의 두 축인 검찰과 변호사 집단을 사정없이 비하, 양측의 격렬한 반발을 샀던 것이다.

실언(?)을 한 장본인의 사과를 듣고서야 대법원장 사퇴 주장이 가까스로 가라앉는 듯 싶었다.

웬걸, 법원·검찰측 사이의 제2라운드 난타전(亂打戰)이 국민들 앞에 전개되었다. '론스타' 관계자의 영장 기각을 두고 아무래도 감정 싸움일 게 분명한 양측의 치고 받기 드라마가 상영되었던 것이다.

세상에, 명색 엘리트 집단을 자처하는 사람들이 '인분(人糞)'이 어떻고, '코미디'가 어쩌고 하는 소리들까지 내뱉었다. 그래도 그렇지, 영장을 재청구하면서 자구(字句) 하나 손대지 않고 전날의 그걸 그대로 들이민 검찰측 처사는 유치하기 짝이 없는 것이었다.

하기야, 이보다 더 국민 일반을 아연케 했던 법원·검찰측의 육박전이 전개되었던 적도 있다. 현장조사차 출장을 간 법관에게 변호사

측에서 소주 두어 병에 오징어 몇 마리, 거기에 '슬리퍼'를 사 줬다 하여 '수뢰죄'로 검찰이 기소했던 바로 그 사건 말이다.

전국 각급 법원의 판사들 모두가 집단 사표를 던지고, 대법원장과 검찰총장이 막후 협상을 벌이고…. 이른바 사법(司法)파동은 유야무야 수습됐었다.

이들 두 집단 간의 싸움은 국민의 눈으로 봐, 요컨대 사법(司法)패권 다툼 이상의, 또 그 이하의 것도 아니다. 공판중심주의란 사법개혁을 앞두고 요즘 또다시 힘겨루기가 벌어진 것 같다. 사법권력이란 어디까지나 국민의 위임에 의한 것이란 진리를 제발 깨우칠 걸 촉구해 둔다.

북핵 소동으로 여론이 들끓는다

2006년 11월

박근혜의 '조건'

이탈리아의 여성 언론인 올리아나 팔라치는 인터뷰의 귀재(鬼才)로 잘 알려져 있다. 세계의 무수한 유명 정치인 등과 대담(對談)하면서 상대방 주장들에 끊임없이 반론을 제기, 인터뷰 당사자들을 격분시킴으로써 끝내 그들 자신의 속내를 털어 놓게 하는 걸로 정평이 나 있다.

국내의 한 라디오 시사(時事)프로 진행자도 다분히 이런 방식을 원용하고 있는 듯 보인다. 그러나 그는 좀 안된 말이지만 그 수법이 다소 미숙, 상대방의 말초신경만을 자극할 때가 더러 있다. 그래도 대개는 청취자들을 의식, 원색적으로 화를 내는 경우는 없었는데, 하루 아침엔 드디어 방송사고가 터지고 말았다.

"지금 나하고 싸우자는 거예요?" 금속성 음성을 낸 사람은 박근혜(朴槿惠) 당시 한나라당 대표ㅡ. 방송 앵커가 당황망조하던 끝에 전화를 끊었다.

"아하, 저 사람이 대통령 감으론 아직 멀었구나." 나는 이런 느낌과 함께 한동안 그녀의 대통령 당선 가능성에 아주 낮은 점수를 매겨 왔음을 고백한다.

정치는 일컬어 '생물'이라더니 그녀의 정치 가도(街道)에 일대 전기가 왔다. 안면 일부를 칼로 찢기는 테러를 당하고서도 그녀는 매우 의연했다. 휘하 당직자들에게 '오버 액션' 같은 걸 하지 말라는 당부까지 했던 걸로 보도됐었다.

꼭 이때문만은 아닐지 몰라도, 어쨌거나 그의 인기가 지금 하늘 높이 치솟고 있다. 당내(黨內) 사정만을 보면 이명박(李名博)을 거의 하프 게임으로 제치고 있다는 소문도 있다.

두 사람이 지금 약속대로 후보 단일화에 성공, 박근혜가 한나라당 최종 후보로 나설 경우엔 한국 최초의 여성 대통령이 나올 개연성이 절대로 배제되지 않는 상황이 방금 만들어지고 있는 중이라 할 만하다.

'오픈 프라이머리'가 대세를 뒤집을 결정적인 변수는 못 된다고 나는 믿고 있다. 그래서 나는 박근혜의 지지자는 아니지만, 그녀에게 서둘러 두어 가지 사항을 당부해 두고 싶다.

앞서의 방송사고에서 보인바, 칼칼한(?) 개성의 순화에 더 노력하라는 게 그 하나이다. 다 알다시피 작고한 그녀의 부친에겐 독재자란 딱지 하나가 숙명처럼 붙어 있다. 그걸 그녀는 숙지(熟知)해 두고 있어야 할 필요가 있다.

또 다른 하나는 부친에게 피해를 입은 모든 이들에게 공식 사과하라는 점이다. DJ에게 한 걸로만 끝내선 안 될 것이다.

비탈에 선 기업들

지금 국내 기업들이 비탈길에 서 있다. 앞으로 나아가지도, 또 뒷 걸음질도 치지 못하는 채로 그냥 거기에 위험스럽게 웅숭그리고 멈춰 있다.

투자확대에 나서라고, 또 일자리를 늘리라고 사방에서 아우성들이지만 이른바 분배(分配)우선주의 정부 정책에 숨통이 막혀 있는 그들로선 어찌 운신(運身)을 해 볼 재간이 없는 것이다. 더 가관(可觀)인 건 지금 경기가 바닥에 처져 있는 판에 투자를 종용하면서도 정부측이 계속 기업들의 독점 억제를 명분으로 새로운 규제정책들을 쏟아 내놓고 있다는 사실이다. 가령 이중(二重)대표소송제 같은 걸 상법 개정안에 포함시킨 건 불길 속에 기름을 끼얹는 격(格)이라 할 만하다.

객담이지만, 나는 원래 재벌옹호론자가 아니다. 독과점의 폐해는 늘 경계대상이어야 하고, 세칭 문어발 확장 같은 대기업들의 종래 고질(固疾)도 교정돼 나아가야 한다고 믿는 사람들 가운데 하나이다. 그러나 이 모든 것들엔 이를테면 타이밍을 맞출 필요가 절실하다. 지금은 결코 때가 아니다.

성장률이 각일각(刻一刻)으로 떨어져 내리고 청년 실업률이 가위 살인적인 형국에서 분배 염불만 외우다간 끝내 분배 그 자체를 몽땅 다 늪에 빠뜨려버릴 우려가 있다. 제발 경제정책에 신축성을 부여해 볼 걸 권유해 두고 싶다.

이런 맥락에서 보면, 김근태(金槿泰) 열린우리당 의장이 내놓은 바 있는 '뉴딜' 정책이란 건 수용할 가치가 있어 뵌다. 이걸 가리켜 보수(保守)로의 회귀라느니 진보와 개혁의 패퇴라느니 해 가며 비방을 퍼붓는 모습은 안타깝기 그지없다.

출자총액제를 폐지하고, 이런저런 수도권 규제 덩어리들을 일소(一掃)하는 한편 한시적으로 노사(勞使)무분규를 지켜 가는 것 등을 조건으로 재계 전체가 적극적인 투자확대와 일자리 창출에 나서기로 한다는 게 이른바 뉴딜 정책의 내용이다.

진보주의자로서 김근태를 넘어설 만한 사람이 한국 정계에 있는가? 또 애국심의 척도로도 그를 능가할 만한 이가 별로 있을 것 같지 않다. 어떤 이는 김 의장이 대권(大權) 표에 눈이 어두워졌다고 막말하기도 하지만, 나는 오히려 그런 소리 하는 사람의 마음이, 또 가슴이 닫혀 있다고 말해 주고 싶다. 그 누구보다도 먼저 노무현 대통령의 마음이 열려야 할 필요가 있다.

북핵(北核)소동으로 경제가 흠씬 더 나빠지고 있다. 손길이 시급하다.

북핵(北核)파동

북한 핵실험 실시와 관련하여 국내외 사회가 온통 강경론으로 들끓고 있는 듯하다. 그럴 만도 하게 되었다. 북한측의 '배신' 행위에 남한은 물론 미국을 위시한 국제사회가 분노했고, 오죽해야 중국과 러시아 등 북한의 전통적 우방국가들마저 유엔의 대북(對北)제재 결의 안 채택에 동참했겠는가?

이 서슬에 가령 중도론(中道論) 같은 건 파도 속에 묻혀버렸다. 중도론이란 게 다른 것이 아니다. 인내심을 갖고 또 한 차례 더 대북 유화책을 펼쳐 그들을 협상 테이블로 이끌어 내 본다는 것이다. 프랜시스 후쿠야마는 다 알다시피 미국의 '네오콘(신보수주의)' 이론가이다. 그런 그가 근자에 조지 부시 미(美)대통령의 대(對)북한 정책을 맹공하고 나섰다. "매우 우둔하고 비현실적인 것"이라고—.

요컨대 북·미(北美) 양자 대화를 통해 문제를 풀어 나아가도록 힘써야 한다고 그는 강조했다. 북한은 가령 이라크 등과는 전혀 달라 결코 침공 대상이 못 되며 이른바 '외과적 공격(surgical attack)'이란 것도 허구(虛構)일 따름이라고 그는 덧붙였다. 따라서 한반도에서의 긴장을 줄여 동북아 지역 세력균형을 유지케 하려면 북·미 간 수교(修交)도 불사, 북한측으로 하여금 스스로 핵(核)폐기에 나서도록 유도할 필요가 있다는 것이 후쿠야마 교수의 결론이다.

나는 그의 말에 전폭 동감이다. 북한이 각양각색의 채찍에 몰리다 끝내 리비아의 카다피처럼 미국에 굴복할 가능성은 매우 적다. 단도직입적으로 말해 보면 그들에겐 두 개의 결정적 인질이 확보되어 있다.

그 하나는 허리를 맞대고 있는 남한이요, 다른 하나는 일본이다. 어차피 궁경(窮境)에 놓여 있는 그들로서 중동지역 자폭 테러를 언제라도 흉내 낼 각오(?)가 되어 있다고 봄직하다.

금강산 관광 길 끊는 건 물론이고 개성 공단도 파장내라는 목소리가 보수 정객들을 중심으로 확산되어 가고 있다. 햇볕정책이니 포용정책이니 하는 것들을 아예 폐기처분하라는 소리도 귀따갑게 들린다.

현실은 무슨 용맹성 따위로만 타개되는 것이 아니다. 미국의 핵㈜우산도 물론 소중한 것이지만, 이미 이성적이 아닌 듯한 북한측을 더 조심스럽게 다뤄 나아갈 필요가 있다.

한국 경제 밑지는 장사 했나

2006년 10월

밑지는 장사

밑지면서 판다는 장사꾼들의 말은 죄다 거짓말이라는 게 정설처럼 되어 있다. 일단 장사를 시작했으면 결코 밑져선 안 된다는 이야기의 반어법(反語法) 같기도 하다.

오죽해야 작고한 이병철(李秉喆) 씨 같은 이는 사업보국이란 팻말을 그 드넓은 삼성그룹 내 계열사 곳곳에 내걸고, 적자를 내는 기업인은 필경 매국(賣國)을 하는 셈이라고까지 일갈, 휘하 전문경영인들의 등에 진땀이 나게 했다. 어쨌거나 규모의 대소를 막론하고 예나 지금이나 장사의 세계는 가혹하다. 말이 좋아 '윈-윈' 이란 것도 있다지만, 듣기 좋은 꽃노래일 따름일 뿐 끝내 승자와 패자가 갈리는 게 '경제의 게임' 이라 할 만하다.

지금 한국 경제의 시장 마당에서 판판이 밑져 가면서 이러지도 저러지도 못한 채 질질 끌려 다니는 부문들이 있다. 해마다 되풀이되는 소식이지만 올해에도 어김없이 또 우울한 내용의 보도가 튀어나왔다.

우리 쪽 국민들이 해외에 나가 쓴 돈은 또다시 사상 최고치를 갈아치웠다는 얘기이고, 국내에 입국한 외국인들의 씀씀이는 되레 작아져 올 상반기의 경우 작년 같은 기간 대비 4%나 줄어들었다는 것이다. 한은(韓銀) 통계에 따르면, 이건 ‘사스(중증 급성호흡기증후군)’ 탓에 아시아 전역 관광이 얼어붙었던 2003년 상반기보다도 600억 원가량 감소된 수치란 점에서 우리들을 더 긴장시킨다.

물론 환율이 자꾸 떨어져 달러 등 외화 가치가 하락, 외국인들의 지갑이 잘 열리지 않은 까닭도 있긴 하다. 그러나 이 분야 전문가들의 말에 정부당국이나 우리네 소비자들이나 다 함께 보다 더 진지한 태도로 경청하는 자세를 보여야 할 필요가 있다.

교육과 관광, 또 의료 등 외국인들을 유인하지 못하는 서비스 분야의 뒤처져 있는 경쟁력을 끌어 올리지 못하고선 이 분야는 줄곧 ‘시짚스의 돌’ 신세를 면치 못하리란 진단이다. 예컨대 영화 산업이나 할인점 영업 부문 등을 벤치마킹 할 필요가 절실하다는 얘기이다. ‘왕의 남자’ 니 ‘괴물’ 이니 하는 국내 영화들이 적은 자본으로도 성공한 까닭은 꼭 그 작품성 때문만이 아니다. 스크린 쿼터 축소에도 불구하고 결국 개방과 경쟁을 통해 그 경쟁력이 다져진 결과라 할 만하다.

해외 여행이니 유학이니 해서 밖에다 쏟아 부은 돈은 올 상반기 중 8조 원에 육박했다. 제발 자제가 절실한 시점이다. 가령 마구잡이

조기 유학은 좀 더 숙고할 필요가 있다.

황혼(黃昏) 이혼

젊은 날에 본 외화(外畵) 가운데 '황혼(twilight)'이라는 게 있었다. 감수성이 예민했던 시절이라 더 그랬는지 몰라도, 영화가 끝난 뒤에도 한참을 자리에 주저앉아 눈물을 쏟아 냈던 기억이 난다.

큰 호텔 경영자였던 남자 주인공 앞에 어느 날 묘령의 처녀가 나타난다. 뮤지컬 배우의 꿈을 안고 막 시골서 상경한 참이었다. 이름은 '캬리'―.

남자 주인공 X는 캬리의 재능을 발견하고 물심양면으로 그녀를 돕는다. 그러다가 둘은 사랑에 빠졌다. 캬리는 하루가 다르게 빅 스타로 성장해 나아갔지만, X는 동종 업계에서 부도덕한 인물로 지탄받게 되고, 캬리를 거의 광적(狂的)으로 돕느라 재산이 축 나던 끝에 빈털터리가 되고 만다. 아내에게선 요샛말로 이른바 황혼(黃昏) 이혼을 당했다.

캬리는 말 그대로 특급 배우가 되었다. 전국 순회 공연에 나서느라 다른 생각이라곤 할 짬도 없었고, 따라서 X의 몰락을 알 턱도 없었다. 카메라는 잠시 거지꼴이 된 X의 '육체의 길' 모습을 관객들 앞에 클로즈 업 시켜 준다. 그는 쿨룩쿨룩 기침을 멈추지 못하며 어느 소도시 시장 한 귀퉁이의 노숙자 숙소 방 한칸에 누워 있다. 말이 방이지 사면이 판자로 둘러쳐진, 금방이라도 땅 아래로 꺼져버릴 것 같은 마룻바닥이다.

어느 날 그는 거리를 배회하다 한 극장 앞에 선다. 아, 거기 대형 광고판에 캬리의 전신상(全身像)이 그려져 있다. 몇 시간을 서성이다 마침내 캬리와 마주친다. 그녀는 울며 불며 그를 식당으로 데리고 갔고, X는 캬리가 잠시 화장실에 간 사이 그녀의 핸드백에서 동전 몇 닢만을 꺼내 가지고 표표히 자취를 감춰 버렸다. 망연히 눈물 흘리고 서 있는 캬리의 모습이 관객들의 시선에서 점점 멀어지며 영화는 '엔딩 벨'을 울린다.

근래에 들어 이른바 황혼 이혼이 부쩍 늘어나고 있는 모양이다. 대개는 여자 쪽에서 먼저 요구하고 있는 듯한데, 요컨대 자식들도 다 출가시킨 마당이니 남편의 이런저런 구속에서 해방되고 싶다는 걸로 전해진다. 일리 있는 얘기인 듯싶다. 노년기 남편들의 주의가 요망된다 할 만하다.

전경련 회장 강신호(姜信浩) 씨의 이혼은 경영권 다툼이 그 불씨라니 이야기가 너무 삭막하다.

노병은 죽지 않는다

2006년 9월

아버지와 아들

조순형(趙舜衡)이 극적으로 정계에 복귀한 지도 달포가 넘었다. 사람들에 따라선 그의 '롤백'에 매우 큰 의미를 부여, 마치 그가 중심이 된 민주당이 열린우리당을 일거에 함몰시키고 내년 대선 이후 집권당이 될 듯 점치기도 한다.이런 가상 속엔 물론 고건(高建)의 영입이 들어 있다.

고건 씨 개인 단위의 옹립이 아니라 차제에 광범위한 정계개편이 이뤄지고, 고(高) 대통령 만들기에 조순형·한화갑(韓和甲) 등이 선도(先導) 역할을 하게 될 것이란 시나리오가 벌써부터 나돈다. 또 이런 방도만이 한나라당 집권을 저지할 수 있는 유일한 길인 것처럼 얘기하기도 한다.

그럴싸한 추론이란 점에 나도 동의한다. 정치란 게 아무리 예측불

허의 '생물'이라곤 하지만 지금의 형세로 봐서야 박근혜니 이명박이니 하는 사람들의 저렇듯 맹렬한 기세가 호락호락 꺾일 것 같지가 않고, 따라서 조순형-고건 집단의 대연합 같은 비상한 수단을 상정(想定)해 보게 되는 것이다.

그러나 이런 기대(?)에 조순형 씨가 먼저 찬물을 끼얹고 나왔다. 그는 자신의 별명처럼 '쓴소리' 일석(一席)을 하기를, 정치적 계산에 따른 정계개편에 반대한다는 것이었다. 또 고건 지지세력의 정체성이 분명치 않다고 토를 달았다.

결론적으로 그는 민주당이란 작은 성(城)의 유지·보수에만 만족하려는 듯 보인다.

이 대목에서 나는 엉뚱한 상상의 나래 한 자락을 펼쳐 봤다. 가령 그의 선친 조병옥(趙炳玉) 박사가 지금 살아 있어 아들에게 훈수를 둔다면 어찌 될까. 나는 단연 유석(維石·조병옥의 아호)이 고건 등과의 합작을 권유할 걸로 추리해 본다. 예컨대 김영삼이 노태우와 합작한 건 그의 정치 스승이라 할 만한 유석(維石)에 영향받은 것임이 분명하다. 하물며 어찌 고건의 정체성을 탓한단 말인가.

더 말할 것도 없이 정당의 존재 의의(意義)는 정권의 획득에 놓여 있고, 이를테면 순혈주의 같은 건 정치의 진면목이 될 수 없다고 해야 할 것이다. 조순형은 이미 칠순을 넘겼으니 그의 부친에 얽힌 정치사 한 토막을 익히 기억할 것이다.

정적 이기붕과 협상, 국가보안법 통과 후 선거법 개정을 통해 민주당 의석을 배증시킨 사건. 아버지의 굴신(屈伸)능력을 배워 볼 일이다.

현대가(家)의 '법통'

신문사에 몸 담고 있던 장년 시절, 정주영 회장과 두어 번 단독 회견을 가진 적이 있다. 한 번은 그에게 현대그룹 산하의 여러 기업들 가운데 어느 회사에 가장 애착이 가느냐고 물었던 걸로 기억된다. 그러면서 나는 열 손가락 깨물어 안 아픈 곳이 있느냐는 투의 대답이 돌아올 걸로 짐작하고 있었다.

내 예측은 여지없이 깨지고 말았다. 그는 대뜸 '현대건설'이라고 답변하고, 그 까닭을 좀 길게 설명했다.

자신이 당초 인천 부두의 노동자로 출발했다가 서울로 올라와 한 싸전 가게의 점원을 거쳐 요즘 말로 하면 자동차 공업사 같은 걸 한 뒤, 처음으로 기업 형태를 갖춰 사업을 시작한 게 현대건설이라고 했다. 젖 먹던 힘까지 기울여 회사 발전에 매달려 왔고, 여기에 호운(好運)마저 따라와 줘 현대건설이야말로 오늘의 현대그룹의 초석이 되었다고 그가 술회한 걸로 회상된다.

그 현대건설의 좌초를 그가 만약 지금 살아 있어 바라보게 된다면 아마도 그는 좌절감을 나타내기보다, 오히려 형제들, 또 그 자식들에게 호통을 쳤을 걸로 난 짐작해 본다. 현대건설의 탈환을 명령했을 것이란 얘기이다.

은행 채권단이 곧 현대건설의 매각작업에 들어갈 걸로 알려졌다.(이 글이 활자화 했을 무렵 상황이 어떻게 전개되어 있을는지 모르겠다.) 현정은(玄貞恩)과 정몽준이 정면 대결을 펼치게 될 걸로 보도된 것을 봤다.

현정은은 작고한 남편 몽헌(夢憲)의 소유였던 만큼 자신이 되찾아

오는 것이 마땅하다는 듯한 입장인 모양이다. 몽준 씨의 생각은 어떤 것일까?

그가 직접 입을 뗀 적은 없지만, 나의 추리로는 이런 것이 아닐까 생각해 본다. 현대건설은 현대가(家)의 상징 같은 걸로 이 현대 법통(法統)의 표상이 정(鄭)씨 아닌 타성(他姓) 사람에게로 넘어가는 건 용납될 수 없다는 생각 아닌지 모르겠다.

내 짐작이 맞다면 몽준 씨의 입장에 더 무게가 실릴 수 있을 걸로 판단된다. 지난번 처음의 현대가(家) 내홍(內訌) 때에야 이야기가 다른 것이었다. 몽헌 씨가 돌아간 마당에 장성한 아들이 없다는 이유만으로 미망인의 권리를 박탈할 순 없는 노릇이었다.

그러나 이번만은 현(玄)씨가 한발 물러서 정(鄭)씨 가문의 체통을 세워 주는 게 온당할 듯싶다.

'맥아더' 논쟁

나이 팔순의 한 원로 미국 하원 의원이 방한(訪韓) 길에 일부러 인천에 들러 맥아더 장군 동상에 참배하는 모습이 사진으로 찍혀 신문에 나온 걸 봤다. 그는 휠체어에 백발의 노구를 싣고 있었다.

그가 한국 기자들에게 남긴 말 가운데 한 대목이 나를 뜨끔하게 했다. 한국에서 맥아더를 통한(統韓) 방해의 주역으로 지목, 그 동상마저 파괴하려 했던 사건이 있었음을 그는 상기시키고, "아닌 게 아니라 맥아더가 아니었더라면 통일은 되었을는지도 모른다"고 덧붙인 걸로 보도되었다.

그다음의 언급이 우리들을 더 부끄럽게 한다. '자유' 없는 통일이 무슨 의미가 있겠느냐고 그는 반문한 것이다.

나는 물론 맥아더 장군을 무슨 신주 모시듯 지나치게 떠받들어, 금방 사당(祠堂)이라도 만들 것처럼 수선 떠는, 이를테면 극우적(極右的)인 모습들에도 눈길 주기가 거북함을 느낀다. 또 지금 어찌 됐건 북한과 평화 공존을 모색하고 있는 마당이 아닌가.

그러나 분명한 건 맥아더가 군인의 신분으로 자신의 직책에 충실했고, 그 뛰어난 능력에 힘입어 우리들이 위기에서 벗어날 수 있었다는 사실이다. 그 '은공' 만은 잊어선 안 될 것임을 미국의 한 노(老)정객이 일깨워 주고 있는 것이다.

여기에 웬 얼토당토 않은 이념이 끼어들어 이른바 보수 기치 아래의 사람들은 과도할 만큼 맥아더 숭배에 나서고, 진보를 말하는 이들은 억지로 그로부터 고개를 돌리려 한단 말인가.

"노병(老兵)은 죽지 않는다. 다만 사라져 갈 뿐이다." 맥아더 장군이 자신의 퇴역에 앞서 의회에서 행한 연설의 한 대목을 새삼 떠올려 본다. 그의 영혼이 한국에서 벌어지고 있는 '맥아더 논쟁' 엔 어떤 코멘트를 날릴까.

"역사는 변조되지 않는다. 늘 그냥 거기에 남아 있을 뿐이다." 내가 그의 어투를 한번 흉내 내 봤다.

김우중의 휴머니즘

2006년 7월

아! 김우중

김우중(金宇中)이 '대우실업'을 창업하기 전, '한성실업'이란 중견기업에서 과장 노릇을 하던 때의 일이다. 천성이 부지런한 사람이어서 그날도 밤늦게까지 바삐 일하다가 그만 야간 통금을 알리는 '사이렌' 소리를 노상에서 듣게 되었다고 한다.

그는 자진하여 서울 시내 J경찰서로 들어섰다. 담당 경관을 붙들고 통사정을 했다. 즉결심판에 넘겨져 벌금 무는 일은 겁나지 않으나, 하필이면 당일 오전 일찍 중요한 외국 '바이어'와의 약속이 잡혀져 있음을 설명하고 선처를 호소했다.

그의 청원은 받아들여지지 않았다. 경찰서 유치장 속에서 그는 "하, 이거 낭패인데…."를 연발했다. 때마침 그의 눈을 번쩍 빛나게 하는 인물 한 사람이 유치장 밖을 스쳐 지나고 있었다.

"아! P형 아니시오?" 김우중은 고함 쳐 그를 불러 세웠다. 그는 평소 안면이 좀 있던 D일보의 기자였다. 그 기자의 도움으로 그는 자신으로선 매우 중요한 비즈니스를 망치지 않게 되었다.

세월이 한참 지나 김우중의 대우실업이 제법 번창해져 있었을 적에 P기자가 돌연 신문사에서 해고되었다. 매우 중요한 기사를 그가 실수로 낙종했던 것이다. 김우중이 그의 집으로 비서도 대동하지 않은 채 몸소 찾아갔다고 한다.

대우실업 입사를 권유했지만, 그 불운의 인물은 완강히 거절했다. 자신은 기업과 맞지 않는 사람이라는 게 이유였다고 전해진다. 김우중은 그에게 난데없이 인쇄소 하나를 차려주었다. 그런 뒤 일체의 대우그룹 인쇄물을 그에게 도급 줬다는 얘기가 전설처럼 한동안 재계를 풍미한 적이 있다.

이야기가 좀 장황해졌지만, 김우중의 '휴머니즘'이 잘 묻어나고 있는 일화이다. 그의 적선(積善)은 이밖에도 많다. 창업 동지가 퇴사할 때엔 꼭 퇴직금 외에 '플러스 알파'의 돈을 챙겨줘 그의 생활이 곤궁해지지 않도록 했다는 얘기 하며, 주변의 무수한 불우 이웃들을 도운 미담들을 다 열거하기가 힘들다.

김우중, 그가 오늘날 저렇듯 병색(病色)의 초라한 몸으로 법정에서 10년 징역형에 21조 원의 추징금을 내라는 판결을 받게 된 까닭, 아니 그 연유를 대체 어디서 찾아야 한단 말인가? 나는 두 가지 갈래에서 그걸 찾는다.

하나는 그가 '빚'을 무서워하지 않은 점, 또 다른 하나는 그의 지나친 팽창욕이 '영웅'을 실족케 했다고 본다. 아무쪼록 그가 건강해

지기를 빈다.

'칸트' 의 경고

중국의 순자(荀子)는 성악설(性惡說)을 주장했다지만, 근대 서양철학의 최고봉이라 할 만한 임마누엘 칸트도 인간의 속성(屬姓)과 관련하여 부정적인 진단을 내려 놓은 바 있다. 그에 따르면 인간은 본래 '방자(放恣)한 동물' 이며, 따라서 늘 억제되어야 할 필요가 있다는 것이다.

나도 나이 먹어가면서 자꾸만 두 사람 견해 쪽으로 마음이 움직여짐을 느낀다. 지금 인간들의 '방자한 행동' 은 어디라 할 것 없이 지구 전역에서 창궐하고 있다.

가령 요즘 영국에선 밤마다 불량 청소년들이 떼지어 다니며 행인을 폭행하는가 하면, 남의 집을 급습, 행패를 부린다는 얘기이다. 오죽하면 정부에서 '사회적 존경심' 회복운동이란 것까지 펼쳐 들고 나왔겠는가. 미국의 사정도 별반 다른 것 같지 않다. 이른바 '무관용(zero tolerance)' 정책을 각급 학교에 권장하고 있는 형편이란 소식이고 보면, 학생들의 기강 해이(解弛)가 어느 정도인지를 짐작할 만하다. 적어도 내가 판단하기론, 한국의 사정은 최악이다. 이건 청소년들의 일탈(逸脫)행위에서 한술 더 떠 낫살이나 먹은 이들의 부도덕한 행태가 줄을 잇고 있기 때문이다. 세칭 '묻지마' 살인이란 게 속출하고, 각종 성(性)폭행 사건도 기승을 부리고 있다.

내가 예서 더 절망한 건, 지방의 어느 초등학교에서 백주(白晝)에 터진 일이다. 담임 여교사가 급식 시간 문제로 아이들을 벌 줬다 하

여 그 어머니들이 떼로 몰려 가 욕설을 퍼 붓고 사표 낼 걸 강요, 끝
내 교사가 무릎을 꿇고 빌었다는 이야기. 난 차라리 살인사건 같은
것보다 이 '참혹한 장면'을 텔레비전에서 보면서 온 몸에 전율을 느
꼈다. "이×아, 우리도 다 지식인이야." 이런 육성(肉聲)엔 '칸트'의
경고가 다시 떠올라왔을 밖에….

거꾸로 털어놓은 세상

지은이 | 김덕중
펴낸이 | 김경태
펴낸곳 | 한국경제신문 한경BP

제1판 1쇄 발행 | 2012년 4월 10일
제1판 2쇄 발행 | 2012년 6월 22일

주소 | 서울특별시 중구 중림동 441
기획출판팀 | 02-3604-553~6
영업마케팅팀 | 02-3604-595, 583 FAX | 02-3604-599
홈페이지 | http://www.hankyungbp.com
전자우편 | bp@hankyungbp.com
T | @hankbp F | www.facebook.com/hankyungbp
등록 | 제 2-315(1967. 5. 15)

ISBN 978-89-475-2848-1 03330
값 14,000원

파본이나 잘못된 책은 구입처에서 바꿔 드립니다.